武当赵堡承架太极拳阐秘（下）

李万斌　罗名花　著

人民体育出版社

图书在版编目(CIP)数据

武当赵堡承架太极拳阐秘.下 / 李万斌，罗名花著.
—北京：人民体育出版社，2019
ISBN 978-7-5009-5209-1

Ⅰ.①武… Ⅱ.①李… Ⅲ.①太极拳-研究 Ⅳ.①
G852.11

中国版本图书馆 CIP 数据核字（2017）第 180350 号

*

人民体育出版社出版发行
三河紫恒印装有限公司印刷
新 华 书 店 经 销

*

880×1230 32 开本 10 印张 240 千字
2019 年 1 月第 1 版 2019 年 1 月第 1 次印刷
印数：1—3,000 册

*

ISBN 978-7-5009-5209-1
定价：36.00 元

社址：北京市东城区体育馆路 8 号（天坛公园东门）
电话：67151482（发行部） 邮编：100061
传真：67151483 邮购：67118491
网址：www.sportspublish.cn
（购买本社图书，如遇有缺损页可与邮购部联系）

自 序

吾自幼喜爱体育，对武术更是痴迷，上小学时即入选业余体校。1977年高中毕业时，恰逢恢复高考制度，有幸以优异的成绩考入西安体育学院运动系武术专业班。四年后，我刚走出校门不久，或许是专业的原因，或许是我又特别喜欢太极拳的原因，又让我有幸结识了赵堡太极拳大师侯春秀和他的高徒刘会峙、刘晓凯、赵策、王喜元、侯战国、侯转运，同时结识了刘瑞、李随成、宋蕴华等名家高手，在拜于刘会峙先生门下的同时，还有幸接受这些高手名家的指导培养，由此，产生了一种责任感，几十年练功不辍。

由于众所周知的原因，使得赵堡太极拳的真正历史和技击核心长期埋没，能使其发扬光大，是我一直以来的心愿。这两个任务即促成了撰写此书的目的。

首先我想说说，现在太极拳源流研究的基本情况。

早在2000年12月15日星期五《人民日报》的第10版“体育天地”栏目即发表了蒙一丁先生《集体智慧的结晶——纪念邓小平“太极拳好”题词22周年》一文，这是一篇极好的文章，说出了各派太极拳的心声。他讲道：

太极拳作为中华民族的一种优秀传统文化，不是某一位宗师的独创，更不是所谓神仙的传授，而是经历了十几代几十代乃至更久远的中国人长期揣摩、辛苦砥砺的结果，是勤奋、勇敢、善良、聪明的中国人群体智慧和汗水的结晶。

太极拳有着极其悠久的发展历史。据史料记载，唐代的许宣平、李道子都练“太极功”，共37式，其功法练起来犹如长江流水，滔滔不绝，又名先天拳。后梁时代，有个安徽人程灵洗，曾师从韩拱月学得“太极功”14式，其各式名称大多流传至今，这可谓太极拳的雏形。

现代太极拳，既是中国古代太极拳文化的间接传承，又是现代人们不断创新和现代发展的新成就。没有古太极拳文化的深厚基础，就没有现代太极拳的博大精深。而没有现代人们的继承、发掘和再创造，也就没有太极拳文化光辉灿烂的今天。在现代太极拳形成和发展的过程中，有两位功不可没的太极拳宗师，一个是杨露禅，另一个是武禹襄，他们对现代太极拳的形成和发展作出了具有划时代意义的贡献。

河南温县陈家沟人陈王廷于明末清初创太极拳之说曾盛极一时，而王宗岳《太极拳谱》公之于世之前陈氏拳留下来的所有资料中都未提及过太极拳字样，更未提及过太极拳“八法”之要领。由此可见陈氏拳本非太极拳的判断乃事实无疑。从最近河南温县发现的资料证明，王宗岳乃明万历年间山西太谷县小王庄人，其师承有待进一步考证。河南温县赵堡镇小留村的蒋发曾随王宗岳学艺7年，艺成归里，代有传人。可见，赵堡拳乃是王宗岳太极拳的直接传承。遗憾的是由于保守思想的禁锢，无论是陈氏拳还是赵堡拳，都长期不能被世人所了解，乃至发展甚微，几近失传。直到19世纪中期，河北省永年县人杨露禅学得了陈氏拳后，才在社会上公开传授。同一时期，杨露禅的同乡人武禹襄爱其术，学得大概，再拜陈青萍（清平）学习赵堡太极拳，得王宗岳《太极拳谱》。武禹襄按照《太极拳谱》的理论深入研究陈氏拳和赵堡拳，备悉理法，融会贯通，更有发悟，遂将王宗岳《太极拳谱》传抄公之于世。

拳谚云："理无拳不明，拳无理不精。"自从太极拳和《太极拳谱》公之于世后，社会上出现了一个用《太极拳谱》指导、研究陈氏拳的新热潮。可以说，现代太极拳，无论杨式、武式、吴式、陈式等各种流派，都与陈氏拳的练法和《太极拳谱》的理论密切相关。现代太极拳是二者结合的再创造、再加工、再升华。而在这个过程中，又凝结了数不清的太极拳家的辛勤汗水和聪明才智。我们说太极拳是中国人群体智慧的结晶，实在是名副其实，当之无愧。

这基本阐述了太极拳的真正历史！

再有周荔裳先生在台湾《太极学报》1995年第4期发表"赵堡太极拳考源——太极拳源流考之一"的论文，她讲："在职任《中华武术》杂志副主编兼记者期间，结识了不少太极拳名家，涉猎了不少流派的太极拳，参加了一些太极拳的学术活动并就太极拳的源流、技术特点等问题与各流派太极拳传人进行过探讨。还于一九九三年八月亲赴河南温县的陈家沟及赵堡镇进行过采访和调研。在赵堡镇与赵堡太极拳总会的核心人物及赵堡镇一些太极拳传人进行座谈；深入各老拳师、各太极拳辅导员家，在赵堡学校观看了赵堡太极拳、械的表演，阅读了他们各自保存的赵堡太极的重要资料，如陈鑫《太极拳图画讲义》的手抄本、杜元化所著《太极拳正宗》，观看了《永安寺碑记》，并对以上情况做了摄影和报道。"

她的考察研究结果也认为，赵堡太极拳不是陈氏太极拳新架，为蒋发所传，传承脉络清晰，有据可考。得出三点结论：1. 赵堡太极拳由蒋发所传。2. 蒋发所传之太极拳是老子太极拳式、张三丰太极拳——即道家太极拳，而不是陈沟太极拳。3. 陈王廷是陈氏太极拳之创始人，而不是太极拳之创始人。

还有，于志钧教授在这方面的研究，则更加具体和深入。他完成了《中国太极拳史》一书的编著和出版，填补了这项历史空白，作出了巨大贡献。书中的结论大约包括如下内容：

1. 陈家沟除“陈氏拳手有战大刀可考”“闷来时造拳”以外提供不出任何证据。

2. 研究太极拳源流，不需要过多的行政干预。

3. 所有关于陈王廷的“造拳”史料，全部都是出自戚继光。

4. 如果说《拳经总歌》是太极拳理论，那么太极拳的发明人就是戚继光而不是陈王廷。

5. 陈家沟只存有族谱，没有拳术传承谱。

6. 陈家沟长拳就是山西洪洞通背拳，显然是从外面传入的。

7. 赵堡太极拳的传承，得到陈家沟陈氏的部分验证。

8. 陈家沟陈氏对于其拳术的历史本来就有多种说法。

9. “明末抗清战将”，是有人处心积虑为陈王廷捏造的。

10.《长短句》的真正作者是陈鑫，说的“蒙恩赐”实际上说的是他的父亲陈仲甡。

11. “黄庭一卷随身伴”实际是指陈鑫自己。

12. 是陈鑫自己在“造拳”。

13. 写《长短句》的确非陈王廷，实乃陈鑫也。

14. 陈王廷画像随意变化几易其稿，就是为证明武艺高超的蒋发从陈王廷的友人变徒弟。

15. 陈家沟《拳经总歌》是抄袭戚继光《纪效新书·拳经捷要篇》之作。

2012年3月《太极拳源流与发展研究》一书出版发行，书中在第八章“赵堡太极拳的历史功绩”的第一节即讲 “赵堡太极拳的拳史无可非议”，并认为其是我国太极拳最早的门派，是现代太极拳六大派的母派。

另外，通过本书揭示赵堡太极拳技击核心的不传之秘。赵堡太极拳以其古老、实用、追求技击而著称。当代赵堡镇人侯春秀（1904—1985）所传的拳术，就是这一古老太极的一根主脉，它那丰富而细腻的技击方法深受西安太极拳界的称颂，被称为太极拳中的“土特产”。他所传拳架为七十五式，极讲究拳架、推手、散手三合一，故谱云“太极三合一，承架传授稀”。就推手而言，即讲究上中下三盘明暗48字秘技（挪捋挤按，採挒肘靠，攦扣锁撅，叠挫扯掷，起落进退，腾闪圆转，含拔通挺，环管吞吐，缠跪挑撩，劈壁挂蹬，勾掰截点，绷跐滚蹉），其技法十分丰富。此外更有四门捶、五十捶之秘传散手和鞭杆、刀、枪、剑、棍、长杆、大刀等器械套路，是赵堡太极拳技击运动的一枝独秀。

然而，在太极拳技击功理功法的传授上，历来有“宁传一斗金，不传一口真”“宁教一手，不教一口”的门规祖训。所谓“一口真”，指的就是成就功夫和高效率的练功方法。它被各门派视为生命，是立足武林的法宝，绝不肯轻易丢失和泄露，甚者达到“传子不传女”的程度。所以，这些秘籍即便是谈及，也是只言片语，零散无绪，使学者无从下手，极难很快获得太极拳技击真功夫。

为了进一步深入细致地探索赵堡太极拳技击训练入门的高效方法，我们经过几十年的不断努力，以自己的实践经验体会，并继续结合众多太极拳同好、专家、先辈们的真实体验和诸多论述，在《武当赵堡太极拳技击秘诀》一书的基础上，撰写了这本《武当赵堡承架太极拳阐秘》。撰写本书的目的是：在技击方面揭示“一口真”，力求更加系统论述太极拳的理法概念和练功层次及其方式方法。追求真功夫训练的高效率，打破传统的师父带徒弟几十年难成材的老路。为太极拳技击爱好者寻求练功秘本和金钥匙，并成为广大武术爱好者及武术专业工作人员的参考书。

“实践是检验真理的唯一标准”。这部分内容基本都是“实践者”的质朴语言，诚望太极拳同行踏踏实实身体力行，注重对抗实践，重视技击方法上的实效训练，以真实的对抗为出发点。只有这样，才能在实践中不断总结有效的经验，真正地为太极拳的挖掘、继承和发扬光大作出贡献。

当然，这方面的工作，我们还要进一步尝试。由于资料的缺乏和作者实践经验的不足，加之技术水平和理论水平不高，致使书中的某些提法和观点不一定妥当，甚至是错误的，这将有待于我们今后进一步实践探索和研究。总而言之，笔者真诚希望不断听到读者的批评和斧正。毫无疑问，多方面的批评指正本身就是我们学习的过程，有助于学术思想的进步，有利于开拓我们的视野和思路，帮助我们纠谬补缺，为太极拳运动继承和发展作出应有的贡献。

总目录

上部

卷一　拳史源流阐秘

卷二 理论信念阐秘

卷三　承架要求阐秘

《下部》

卷四　追求武技阐秘

卷五　技术方法阐秘

卷六 先贤练功阐秘

卷七 功技训练阐秘

卷八　拳经歌诀阐秘

卷九　承架当代传人

卷四

追求武技阐秘

理不通，艺难精

——赵堡太极拳技法练习谈

先贤不讳劲与力，整活旋力贵用意。
法对出功有效果，火候到时降十会。
夯坠千斤从脚起，顺达手指发于彼。
理通艺精功不难，认真体悟仔细研。

有人认为太极拳劲与力是有区别的，实则先贤并不讳言力，说明在这一点上，不必过多纠缠。且看：

（1）王宗岳说："然非用力之久，不能豁然贯通焉。"没有用力的过程，怎能体悟太极拳之妙呢？

（2）武禹襄说："每一动，惟手先著力，随即松开，犹须贯串，不外起承转合。"你不给力，何能得到对方之反力，又何以随即松开以化掉或借之呢？

（3）李亦畬说："彼有力，我亦有力，我力在先（以我力控制彼力，即以力制力）；彼无力，我意仍在先（我的准备总抢在彼前）。"这样可以做到有把握控制对搏的局势。

从以上可以看出，先贤并没有说用力不好，也没有说力大不好，只是说拙力不好。何为拙力，不外乎三种情况：

第一，虽有大力却不能灵活运用。这就是需要懂得阴阳虚实、刚柔之道及技击技巧，然后拙力就变成活力了。

第二，善于使用局部力，而不善于使用整体力。这就需要懂得“劲起于脚跟”“运劲如抽丝，发劲如放箭”，以及出入螺旋劲等，如果久久练之，便能练出整体力或曰整体劲。

第三，虽懂活力、整体力，在技击时却不会用意。用意和善于用意实非一朝一夕之功，既要学习又要揣摩，更须实践。一切活力、整体力、螺旋力等，均需在意念指挥下以发挥更大效果。武禹襄说：“心为令，气为旗，神为主帅，身为驱使，所谓意气君来骨肉臣也。”善于用意，进而阶及神明，则开始进入武学的阶梯了。

其次是方法要正确，锻炼才会有效果。方法不正确，出不了好效果，或出现负作用。有了正确的方法，还要进行艰苦的锻练。若要功夫深，铁棒磨成针。

一百个技术动作，日练三遍，不如一两个动作，日练三百遍。在时间少的情况下，多练不如精练。除了方法好，还要练得勤，久练功夫才能上身。功夫不上身，或火候不够，虽习上乘功夫，也打不过习基本功夫而功力深厚者，用局部劲力也能打败你那点粗浅的整体劲。拳谚说：“一力降十会。”实际降的就是你那没有过关、没有功力的十会。

再次就是要懂得发力的中线、力道，即劲起于脚跟。一位著名科学家说过：“如果给我一个支点，我可以撬动地球。”人的脚跟便是人的支点。

太极宗师李亦畬说：“劲起于脚跟，主于腰间，形无手指，发于脊骨。”何以劲起于脚跟？因为脚跟是人体站立时的支点，是站着发劲的根源。最典型的例子莫过于推车时的两脚后蹬，身体前倾，一心一意，双手用力前推；拔河比赛时精神贯注，两脚前撑，身躯后倒，双手用力后拔。这里不管是前者还是后者，都真正做到了劲起于脚跟而又形于手指了。这就是整劲。也就是说，当人体处于支撑状态时，在心意和肌肉的协调配合下，给支点（地面）以最大的作用力，地面才能同时给人以最大的支撑反作用力，这反作用力就起于脚跟，主于腰间，形于手指，用于技击时，则发落点对于彼身就是这层道理（不讲而自明了）。

在太极拳的实践中，我们应当细心体会和揣摩劲起于脚跟而形于手指的整体力，如果脚上的劲传不到手指，那就是一个松垮的技术动作，不能用于发整劲的技击。所以说，要在练功实践中认真体悟，仔细研究，只要理通艺精，成就深功高手并不是非常困难的事。

太极拳技 搏人之术

——太极拳的出名缘于“无敌”拳法

太极拳创拳之初，即为搏人，而且是极其高明的搏人之术，这已被王宗岳、蒋发、张宗禹、张彦、陈清平、陈长兴、杨露禅、武禹襄、李亦畲、郝为真、杨班侯等历代太极先辈们那出神入化的功夫所证实。

太极拳技击术是古人留下来的珍贵遗产，这种由东方文化所蕴育的神奇武学，从理论、观念乃至功法，很难使现代人充分理解和接受，因而往往被人讥为“豆腐拳”和“意识体操”。然而作为一门武功来讲，它的的确确是一项对抗性极强的技击运动项目，亦有它许多的优越性。

一、无力不成拳，太极拳亦追求动急则急应，发劲快速有力

武术的对抗是力量、技巧、精神等方面的角逐，力量是第一位的。太极拳论提出的“用意不用力”，这是太极拳作为功技拳的特点所决定的。其求力或劲的方式，即在对抗中求用意，正如拳论所讲“凡此皆是意”。太极拳行功中，通过放松入静，以意贯注于招招式式之中，使周身气血畅通，渐渐产生出一种内劲，这是内在的力量，即太极拳论中的柔中之刚。

太极拳不能只柔无刚，无刚就如同没有武器，技击中轻柔似和风细雨（避实虚就），刚猛则如雷霆万钧（发人于丈外），这种刚劲则是太极功夫的精华。这种刚劲深厚、沉重，要哪有哪，变化迅速。有人称这种刚劲为掤劲，有人称为太极劲，无论怎样称呼，都是力的体现。陈发科说过："力与巧是应当结合的，但力是基础，巧是拳法。"洪均生也讲："应当把'意'理解为合乎拳法、拳理的一种思维活动，是一种理想而非空洞的幻想，应当承认力是第一个应当具备的条件。"此可谓一针见血。

二、太极拳技击手必须具备抗击打的素质

我们在散手实战中常可见到这样的拳手，由于自身抗击能力不强，往往经不住重拳进攻而败北的现象。这说明了武术对抗是力与力的碰撞，从力学角度讲，力是相互作用的，你用多大力去进击，对方反过来的力也同样多大。尽管太极拳法主张柔化、惊闪，但激烈的对抗中难免不挨上一拳一脚，如果没有一定的抗击能力，那就真成了"豆腐拳"。拳谚云："未学打人，先学挨打。"恐怕就是这个道理。

三、"快"是太极拳技击的法宝

虽然太极拳主张以静制动，后发制人，拳论亦云："彼不动，我不动；彼欲动，我先动。""动急则急应，动缓则缓随。"可是，技击中要因敌而变，试想对手出拳如风，你如果不比对手更快，如何后发先至，又如何动急则急应？出手慢则意味

着挨打，慢是不符合技击对抗规律的。故而传统实用的太极拳对搏击方法有非常精粹的描述。如太极拳《用武要言》中论交手法时写道：“心如火药手如弹，灵机一动鸟难飞。身似弓弦手似箭，弦响鸟落显神威。起手如闪电，闪电不及合眸。击敌人如迅雷，雷发不及掩耳。”看！这讲得多么精彩。

四、太极拳挨着何处何击是不拘于招式的

由于武术对抗是一种下意识的肢体攻防运动，太极拳与推手的慢练法是以“意识为主宰”，就是能使练拳者有时间来分析拳式的动作要领和强化心理意识，逐渐形成下意识的肢体运动，这在太极拳中叫作知己功夫。太极推手仅是经过肢体的有规律的磨合再进行有条件的对抗反射运动，而功夫高深者可达到“一羽不能加，蝇虫不能落”的境界。这一阶段在太极拳中称为知人功夫，太极拳手就是依赖于这种平素练就的下意识肢体反射能力，来应付各种复杂的技击场面，才能比单纯的招式技高一筹。亦如拳论所云：“拳无拳，意无意，无意之中（百发百中）是真意（下意识，自动化反射），挨着何处何处击（顺机势而发，浑身都是手）。”此乃太极拳技击的高境界。“以无法为有法，以无限为有限（李小龙译）”才是技击实战的巅峰。

浑身是胆　霸气四射

——赵堡太极拳技击之练胆求功

武术技击家常讲“一胆、二力、三功夫”。戚继光也讲，“对敌人若无胆向，空自眼明手便”。更有古人讲：“两强相遇勇者胜。”由此可见，胆气的雄霸是技击的关键。太极拳是一门技击艺术，特别是赵堡太极拳，是极重视技击实用训练的，有一套较为完整的训练方法和要求，实践证明是行之有效的。

一、树立信念，浑身是胆

练武之人，特别是欲求技击真功的人，要时时意想自己顶天立地，神功盖世，无论对手是什么怪物或恶徒都经不起自己“出手见红”的一击，而且这种意念要越真切越好。

当然，这种信念也不是凭空进行的，要有一定的真功基础，这就是人们常说的“艺高人胆大”，要努力提高自己的功夫，苦练自己的技术，使之形成胆大艺更高。

赵堡太极口头禅“出手要见红，举手不留情”“不在技术学会，而在胆气精神”“练拳时无敌似有敌，对搏时，有人似无人”“打人如走路，看人如蒿草”，在心态上要有视敌如蝼蚁、草芥，目空四海，横扫一切敌手的霸悍气势。这就是对树立信念、浑身壮胆之一针见血的描述和注解。

二、悟透拳经，霸气四射

心意激发惊四梢，心战暗示实在妙；彻悟拳经增斗志，浑身是胆霸气足。《拳经》云："盖发为血梢，甲为筋梢，牙为骨梢，舌为肉梢，四梢齐则内劲出。至于齐之法，必发欲冲冠，甲欲透骨，舌欲摧齿，牙欲断金。心战而内俱动，气自丹田生，如虎之狠，如龙之惊，声随手发，手随声落，故一枝动而百枝摇，四梢无不齐，内劲无不发矣。"古人云："怒从心头起，恶向胆边生。"如果一个人处于"发欲冲冠，甲欲透骨，舌欲摧齿，牙欲断金"这四种激发状态，他肯定是怒不可遏了。如果愤怒到头发把帽子顶起来、手一握能把对手骨头捏碎、牙齿一合能把金属棍咬成两段、舌头一抵将牙齿顶倒，试想此人一定是愤怒到失去了常态（到了发疯的程度），这时他面前的任何人（甚至是豺狼虎豹）都会被他摧毁，别说是一个经过多年系统太极拳训练的人，就是一个普通人（简单的例子就是一个疯子，多人都无法控制一样，说明人的潜能是非常大的），他这时也罕有对手。其原因是人在心意激发而愤怒时，体内激素等各方面会发生复杂的变化，使人力量倍增。汉刘向作《列女传》"怒气张弓，息气放箭"，戚继光解说："盖怒气张弓，则力雄而引满，息气放箭，则心定而虑周。"就是这层意思。

"心战而内俱动"是要求心意的激发，要与四梢的齐聚怒起与身体技能结合应用。"心战"的"战"，古也通"颤"。因而这里的心便指思维，"颤"便是极快的一动。故《拳经》中说："惟颤劲出没，其捷可使日月无光，而不见其形。"可见是多么的快，目不及瞬。"心战"即思维一闪。"内俱动"，心为五脏六腑之大主，而总统魂魄，兼该志意，故忧动于心则肺应，思动于心则脾应，怒动于心则肝应，恐动于心则肾应，此所以五志惟心所使也。心一动，身体内部便立即配合，气自丹田而生。《十法摘要·内劲论》中曰："气者，体之充也，心动而气即随之，气动而力即追之。"在思维（暗示激发）唤起愤怒的瞬间，身体也同时调动了起来，于是气自丹田而生，丹田催心，心催胸，肩催肘，肘催手，胯催膝，膝催足。"如虎之狠""狠者，动不容情""如龙之惊""惊者，惊天动地""气发而为声，声随手发，手随声落，一枝动而百枝摇"。说明当触动了身体的无论内外哪一部分，哪怕是"四梢"这样无中生有的自我激发暗示，全身各个部位也会在瞬间全部调动起来以应敌，正所谓"劲欲爆发，胆力四射"。

三、身处恐境，俱静实修

通过人为地制造令人恐惧的环境与气氛，并不断升级，使受训者逐渐增强适应能力，以提高习武者之胆量，也不失为一个好的方法。此类训练方法中一个典型例子便是，于月黑人静之夜，选一荒僻之所或荒坟野冢之地，或是选白天也可让人谈之色变、望而生畏的地方，眼观六路、耳听八方，集中精神以习武练拳增胆。这种方法不但可以锻炼警觉，也可以练出不怕鬼的胆量。把这种身处恐境，实修作为练胆的一个辅助性训练，长期坚持，用心体认，并将用于日常生活中，直至完全成为一种习惯，练胆不但会成功，而且会使胆量与日俱增，终成技击功夫"浑身是胆，霸气四射"。

一蓄 二发 三击打

——谈赵堡太极拳劲力蓄发窍要

古老而传统的赵堡太极拳特别讲究“出手见红”“举手不留情”，认为“杀伤无劲事不成，枉费太极显神威”。这说明赵堡太极拳技击术把劲力蓄发、打击对方要害，以快速实现和完成杀伤对方，放在了极为重要的位置。“一蓄、二发、三击打”，即指明了它训练的全过程。

一蓄，“曲蓄丹田要劲力，意欲发放泰山移”

太极拳的许多发放劲力，均源自丹田，并以丹田为中心，故有“劲力生发腰根源，丹田鼓荡威力显”“小腹丹田是一片，不是穴位不是点；上有脐位下阴连，丹田位在两中间；鼓荡丹田习内转，劲力惊弹不为难”。从内讲，丹田是五脏六腑之本，血气之海，人体动能之源。丹田内有许多器官，肠、膀胱、肝、肾、肾上腺及生殖系统等，腹腔和盆腔内存在有大量的植物神经和神经节，人体的重要穴位和经脉（任脉、督脉、冲脉、带脉都经过这里），能积蓄充足的内在能量，供应全体肌肉作劲力发放。从外讲，腰腹是人体躯干、重心、中心所在点，运动的主要枢纽，由腹腔顶部的膈肌、腹前壁的腹直肌、腹外侧壁的腹外斜肌、腹内斜肌、腹横肌、腹后壁的腰方肌、腹腔底部的会阴肌、背部的骶棘肌等肌肉群构成。以这些肌群带动周身上下各劲力肌肉发放劲力，可以保证人体发力时的重心稳固，可较好地发挥肌肉顺向收缩的速度，可调动更多的肌肉参与发力，增大爆发力道和杀伤效果。

所谓蓄力，积极储存功劲，乃发力之本。劲不蓄则为空，何谈发出？犹如放箭，必先开弓满弦，蓄而待发。

蓄力时，集中心神，意欲发放，肢节弯曲，全身放松，鼻施吸气。

1. 集中心神

心意集中，聚精会神，人体储能充足，减少消耗，劲蓄充沛，且增加耐久力。

心神集中，大脑清晰，指挥协调，内脏积极供能，为强烈发劲（能量爆发）供给足够能量和动力。

集中心神，更能使心意和机体肌肉发力协调一致，为心意支配肌肉发力做好充足准备。

集中心意，能增强心意传导功能和敏捷程度。

集中心神，最利于放松肌肉。

2. 意欲发放

“劲力未发意欲先”。劲力还没有发放，心意指令已经发出，劲力因此也呈现发力感觉，全身完全进入发劲状态，做好高度发力准备。

3. 肢节弯曲

肌肢外形要适度弯曲（太直则力矩太短，力量不易完全传导和爆发；太曲则力矩太长，必使劲力消耗增大，力量发放分散和削弱），以使肌肉收缩，作用于骨骼，带领劲力运行，产生力量和招数，且使劲力保持灵活性。

4. 全身放松

运动生物力学讲，肌肉收缩速度随肌肉的负荷减小而增大。由此可见，为了提高劲节的运动速度，必须尽可能减小肌肉的负荷。从力学上看，减小肌肉负荷的效果是使肌肉中的张力减小。也就是说，为了提高肌肉的收缩速度，从而增加劲力的打击速度，必须设法减小有关肌肉的张力，而减小肌肉的张力就意味着使肌肉放松。

除了放松劲力肌肉及相关肌肉，还要兼顾全体肌肉，讲究“一动无有不动”。人体周身的肌肉只有全体放松，才有调动和协调整体肌肉发力的可能，才能有全体的紧张，产生整体爆发，打出丹田巨大的劲力。

还应保持预备性肌肉紧张，绝不可使其他任何肌肉紧张。即“不懈不拙，弹性灵动”。懈则力慢力微，肌肉收缩速度迟缓，劲力发放丢断；拙则力乏力滞，肌肉无谓耗能，不能满蓄，力量受阻，传导不整，且没有后劲，不易反应变化。要像弹簧一样保持弹性，松紧适度，虚中藏实，灵动待发。

放松不是疲疲沓沓，漫不经心，虽然放松，注意力要集中。

5. 鼻施吸气

鼻施吸气，吸入氧气，为肌肉发力供给根本能量。吸气时膈肌下降，腰腹舒鼓柔软，全身肌肉自然放松，蓄劲完整，能打出丹田巨力。

吸气时横膈下降，使人体上轻下重，重心稳固，桩步坚定，最利发力。

二发“心意激发惊四梢，唯快不破是窍要”

“练拳容易得劲难”。心意激发，动形规矩，呼吸合法，是劲力发放的关键。

发力时，丹田疾速一动（收腹腔，拧腰胯）则全身俱动，身上下、体内外，一动无有不动，“蹬后足，踩前足”“领头首，转颈项”“降步桩，扭膝节”“沉双肩，摆脊背”“咬牙关，炯双睛”，通体紧张 ，用力坚刚，疾速呼气，心意震穿，意到力到，能量瞬间爆发，全体劲力悉数立时发放，快如闪电，烈似雷霆，无坚不摧，无人能逃。

心意、动形、呼吸是发力的三大要素，在发力的瞬间同时产生，共同具有，缺一不可。

1. 心意激发

心意激发，指发力时意想劲力无穷快、无穷大，将敌打伤打倒打死，即“心意毒”之诀。

这样，一可使心意得到强化，兴奋精神，刺激大脑神经，疏通经络，迅速供能。二可增多大脑给肌肉传导的兴奋冲动，使肌电电位变化增大，产生较强的肌电，激发肌肉动员更多运动单位参加发力，且增大每一运动神经元发放脉冲电位的频率，使每一运动单位的紧张性加强，从而提高发劲力度。三可加快运动神经传导指令信息，加快神经元发放脉冲电，使肌肉收缩增快，且增强各肌肉运动的皮层中枢的协调性能，提高劲力速度。四可激发人体潜能，提高精神对物质的反作用，将人体最大能量和潜能最大程度地调动起来。五可增加劲力的打击深度和实际效果，使劲力完全作用，且不因敌防御（化力、卸力、阻力等）而被动减弱和消失威力及速度，并能对敌防御连带摧毁，一直打到敌身，并渗透进去（硬打快进无遮拦）。

2. 动形规矩

“不以规矩，难成方圆”。太极拳发劲时，对周身各关节部位都有严格的要求。

发放丹田劲力需经过周身各部分的配合协调而产生，这必须在一瞬间完成，不得有任何断节（间断或停顿）。

以下是发劲时周身劲力的动作总则，用来指导每一劲力。但人体是一个有机整体，每一劲力的发放都有着各自不同的动作偏重，各种拳脚附融各种劲力，有着非常微妙的细节区别，且要练习者自己体认。

（1）蹬后足，踩前足。

发力时，要快速蹬动后足。作为发劲之源，与地面产生反作用，借助地面，推动整体，利用整体运动产生强大的惯性，传递于劲体，打击对方，且承受因劲力触敌所产生的反力，不影响身形和连续发力。蹬法有两种，一是用后脚前掌蹬地（脚跟抬起，似有弹性，灵活易动）。二是用后脚全掌着地用力蹬，五趾弯曲抓地，稳固坚定，所谓后脚是相对于劲力打出的方向而决定的。

踩前足与蹬后足互为因果，乃运动之必然连结。作为身体支点，稳固重心，输送全身重量，打出整体爆发力。初习者通过踩前足，可体会力量传递的大小。

（2）领头首，转颈项。

“头为帅”“百会穴领其全身”“头为六阳之首，周身之主”。头处在人体上下垂直竖线上，头端位置端正，能保证立身中正，四肢肌张力均衡；头部位置的变化能引起上体状态变化，影响肢体肌张力的重新分配。倘若左倒右歪，必会破坏身体的平衡与协调，引起劲力迟滞和松散。发力时，头应该根据发力随向领动，率领整体肌肉发劲，保持劲力的变化灵活。头要适度前低，以引导腰腹向前弯曲，使全身更加严谨，处于最佳发力状态，配合各块，加强力向肌肉强度，提高和增强力量，有一定的自护作用，（如下腭、咽喉），也比较利于进步。

（3）降步桩，扭膝节。

发力时双膝适度弯曲，稳固下盘，作为发劲之基，能使周身汇聚一体，完整充沛，亦利于调动和发放。同时也增加了与地面的争力（产生反作用力），而膝关节要随发力方向扭动，以催动腰髋关节及其他各部分快速运动，产生全体肌肉收缩和冲击。

（4）沉双肩，摆脊背。

肩节耸起，术语称作“寒肩”，乃发劲之大忌。它可致使劲力轻浮、弱小和拘滞。而肩节下沉，脊背适度前曲略探，并与头颈领发配合随需要摆动，使中节严谨一体，更易于调动上体肌肉和上体体重，打出完整沉重劲力，且利于身体的上下协调和平衡的控制及根基的稳固 。

（5）咬牙关，炯双睛。

一可兴奋心意，振荡精神；二能“惊起四梢”，使内外合一，整体严谨，提高肌肉的紧张程度，提高摧毁力和抵抗力；三易于集中气息，加快呼气。

（6）速度快，迅猛无比。

速度愈快，劲力愈大。物理学上讲，对物体以两倍的速度，可得到四倍的动能，即产生四倍强烈冲击力，可加大杀伤效果数倍。从技击上讲，只有快速，才能破敌防御。即“招无不破，唯快不破”。速度主要取决于肌肉的高度协调性和收缩机制的综合功能。

（7）通体紧张。

一可获得强大的整体摧毁力和抗打力；二可减少撞击的无畏消耗，增强击打力量。

（8）用劲坚刚。

打击体愈刚，打击力愈大，“沾身硬似铁”，会更加有效地伤损皮肤表面和产生穿透力量。这不但和发力瞬间接触的硬度有关，也和打击者平时的过硬功夫有关。用节肌肉紧缩，能具有更高的耐打抗击能力，承受反作用力，也可避免自伤。

3. 呼吸合法

发力时，疾速用鼻呼气，越快越好，呼吸适应动作，动作影响呼吸。有冲击量才有速度，气流冲击出鼻，以冲击声助发力“哼”或“哈”，力量倍增。

发力呼气可使人肌肉屈肌部分受到抑制，伸肌力量增强，快速有力。发力呼气，腹部内压增大，迫使腹肌紧张，同时膈肌上提，引起胸肌相对紧张，有利于保护五脏六腑（提高抗力，减少振荡，提高整体严谨）。发力时呼气，血液可自然地由静脉进入心脏，及时提供给头部，保持进攻时头脑清醒，反应敏捷。发力呼气可以使呼气顺利自然地完成，若吸气，则别扭难适。

用鼻呼气，体紧力大，全身机能相对紧张，气力聚到一点上，可以产生较大的爆发劲，沉重刚猛。也可用口呼吸，配合发声，频率较快，速度迅捷，易于变化和控制，且振荡精神，并能给对方某种惊吓或迷惶。

三击打，“连劲爆发若万钧，穿肌透肤打五脏”

任何劲力都不能一发即完成杀伤，倘遇敌卸力、化力、消力、阻力等，或自我失力、劲力失准、劲力低效等，都必须使劲力连续不断地变化和发放。

劲力的区别是由劲法使用、打击形式、打出距离、打击部位，作用时间、心意配合、打击速度等所决定的。太极拳打击中有两种主导杀伤劲力为震离劲力和穿透劲力，震离劲力和穿透劲力又是不能截然分开的。

1. 震离劲力

震离劲力，蓄聚明显，作用时间较长，舒展畅通，力量饱满，爆发若雷霆万钧，对敌不但内外皆有伤损，又可置敌身体于丈外之远，对重心桩身的破坏尤强。使用震离劲力的单杀技法有拍掌、搧掌、推掌、捺掌、双推掌、劈捶、圈捶、掏捶、蹬脚、跺子脚、扫脚、单飞脚、撞膝、击头、拐肘、崩臀、挤胯、靠肩等。

2. 穿透劲力

穿透劲力“穿肌透肤打五脏”，作用时间短。短形抖放，猝然冷动，遒烈透输，如迅雷不及掩耳，力透脏腑，伤进内里，令人肝胆俱裂，重者立时原地毙命，其肤肉伤害痕迹却甚小。使用穿透劲力的单杀技法有直捶、撞掌、弹腿、削掌、撩脚、捣肘、顶膝等。

劲学，乃武学之精粹，“得劲力之真窍者，乃得绝武技也”。劲力之使用优劣，能够反映出该派拳技的层次高低，也决定了修习者所能达到的境界。

彼忙我静待　知拍任君斗

——赵堡太极拳技击实战窍要

（1）同动近取，切削还击。

你打你的，我打我的，你想打我，我反而先要打到你，这是最优原则。对方离我最近之处，则为我切削的目标。

（2）目光泛视，拳从口出。

除目光注视对方头、肩部位外，余光要波及其全部。每一拳从中线发出，自动以肩保护好你的口鼻而攻击敌人的头面，这是较为安全的打法。

（3）敌强闪侧，敌弱破中。

敌方身高或是力量与技术高于我时，采取“闪走两边”的打法比较稳妥；“守中用中”直指对方中线，一般比较容易得手。

（4）动则身变，三尖一线。

一出手，即必须变换身形方位。须知你打人时，也是被人打的时候，那么，移形换位就愈及时愈好。手尖、脚尖、鼻尖保持在一线上，可以保持进退身法的灵活与完整性。

（5）遇拿便打，逢摔用坠。

“好拿不如赖打”。遇拿即打，便可立破；逢摔下坠，可以稳固重心，需认真体会。

（6）彼若乱击，抽击肚脐。

常言道：“乱拳打死师傅。”遇此胡乱打来时，对准他的肚脐射击一踢，即可如泄气之球，当场瘫倒。

（7）彼若转身，蹬臀踹腰。

敌转身必用鞭拳或后扫腿之类技法，那么，见敌一转身即照其臀部踢击，击中，则敌任何技法皆无法使出。

（8）抢机发招，唯快不破。

假如我方出手比敌快一倍，那么就根本用不着找什么机会，再加上速度本身也是一种力量，岂有不胜之理。

（9）整体发力，意透敌背。

整体发力，意透敌背，即击中有力之穿射延续至敌背后无限远之意念。如此，可以内伤敌人，谓之“击胸透背”，须认真体悟。

（10）远拳近肘，触着即打。

远用拳，近用肘，贴身即用靠，近用肘膝，远去腿击，一触即发等都是这层意思。

（11）连消带打，力出气摧。

连消带打即攻守同期，力气倍增有赖于助声发力。

（12）出手螺旋，勾挫惊弹。

螺旋钻入有抵穿之力，勾挫索得有惊弹之妙。

（13）直线攻击，弧形格化。

两点之间的直线最短，攻击的手法越短、越直越快，而格化以弧形较为省力，更便于连续不断。

（14）以斜击正，欲退先打。

以斜击正则以最小的打击力量达到最大打击效果。欲退先打，则指对敌时，若被敌过早察觉我之意图，需令敌于意料之外无机可乘，此与欲左先右、欲下先上有异曲同工之妙。

（15）着实发力，受击弹抖。

拳家有云“出手软如绵，着实硬似铁”或“如绵裹铁”之语，皆指以柔而迷惑敌人，着实则刚发，一击必杀不给敌有可乘之机。受击弹抖乃指交手中如无法避开敌之攻击，必须硬接时不能站立不动死接硬拉，或忍气吞声用硬气功之法抗之，而应向前、向下弹抖铲去部分之力，使对方不能全力击溃我，而我则寻机反击。

（16）以凸击凹，以硬击软。

人体原凹下的地方即要害，必须重点防护。太阳穴、耳根、眼睛、鼻根、心窝、肚脐、软肋、裆部等，无不是凹陷之处。你不必刻意去体认什么，在生死存亡之机，以你凸之部位，如拳、肘、肩、膝、指去全力攻击对手任一凹陷之处即可奏效。

（17）连击快攻，闪化即进。

不给对手以喘息之机，连续猛烈击打，绝不留情，直至把对手完全击溃。稍微闪开时即必须进身攻击，绝不可错失良机。

（18）动先进身，脚手齐到。

实战必须先进身逼敌，使其手脚无法发挥，我则施以任何之法速战速决。

（19）腿法实战，全在连环。

武谚云："若用腿打人，必须腿连环。"腿法连击可以求一举彻底摧垮敌人。

（20）发力之秘，惊起四梢。

欲意发力，"如忽然间火星炀肤之状"，惊炸之力穿射四梢，谓之真发力也。

（21）肘法之妙，拳肘合拍。

"拳法开路，肘法打人"，一语道破天机。

（22）实战身法，活若龙蛇。

实战中，身法要灵活多变，左旋右转，闪展腾挪，掌握运动的主动权。

（23）先至之妙，意在敌先。

要想后发先至，必要有先至之意念。敌微动，己已至，则为意在敌先。即每一招法则必须有紧逼危机感，方有“神速”之效。

（24）快拳之秘，由后超前。

欲想成“闪电”快拳手，必须记住一句话：“前手快，后手要更快。”即前手快速发出，后手以更快的速度追赶前手，争取比前手更快到达，如此之拳连击，久练自成闪电神手。

传统武术　技击精髓

——武当赵堡承架太极拳的技击特征

中国传统武术技击具有鲜明浓郁的中华民族风格和特点，其本质特性亦曾被历代武术家所认可，为广大武迷所津津乐道、倍加赞赏。

一、拳无空出　手无空回

《拳经》中讲：“拳无空出，手无空回，拳打不空回，空回不为能。”“出手如飘风，收手如狡免、出手要抖，回手要勾；出手如钢锉、回手如钩竿。”“前手领、后手追、两手互换一气摧。”“出手拳掌打，回手鹰爪抓，双拳密如雨，着着不虚发。”“手起如箭落如风，追风赶月不放松；心如火药拳如子，灵机一动鸟难飞；迎风拳掌云遮月，黑虎穿胸快如风，一环自有一环接，环环相连法无穷。”从这里不难看出，中国武术传统技击方法是出拳后随机变化，应用程度高。

二、犯了招架，便有十下

拳谚云：“练拳不练把，等于胡乱打。”把就是手法。对于技击的手法，中国武术确有独到的讲究，如“一手连二手，劲脆如电击”“手法出于中，拳掌不落空，抓打齐运用，连环如旋风”“不招不架，只是一下；犯了招架，便有十下”。也就是说一旦用招法，就要一式三招，三招九变，环环相扣，虚实并用，阴阳有方，全力以赴。用时又在手法上亦特别讲究崩、摔、捋、劈、挑、截、砸、拦、推、托、带、砍，使出拳“翻生不息，招招相接，发力迅猛，脆快连贯”。仅以咏春拳为例，就讲：双手同出同入，相互兼顾，一鼓作气快攻，一手似刀，一手似剑；一手似枪，一手似盾，攻守同期。拳法重快，攻防紧密，手法灵活，连消带打，抢占中线，毫不相让，来留去送，甩手直冲，最短攻防，时间抢先，顺势发拳，一击不中，就随机在外面变化，让对方措手不及，目不暇接。表明中国传统武术技击的技法是连珠运用，讲求实效。

三、动即生法，有感皆应

戚继光《拳经·捷要篇》曰：“学拳要身法活便，手法便利，脚法轻固，进退得宜。”“法”在技击的攻防中指全身上下多个出击点（有说为十四个，如上下九节，含左右，再加一头，一身合为十四拳），是上出下进，左击右打，有直线、弧形、侧摆、抡劈等诸多打法，其劲路、打击目标交叉变化，丰富异常，奥妙无穷。“法”在技击的方法中有拍压、截击、磕击、阻挡、架挡、闪躲等。其中最主要的，在于巧打（即闪、转）和劲硬（即劲力和功夫）。所以拳谚云：“头欲撞人，手要打人，身要催人，步要过人，足要踏人，神要逼人，气要袭人，得机发力，一打眼、二打胆、三打力、四打巧、五打分寸、六打手脚并相连。”“拳自身发，挨着何处何处击。”“遍体松紧弹簧似、灵机一动鸟难飞。”纵横自在，有感皆应。说明中国传统武术技击临战时高度警觉，实战状态能调整到最佳。

四、声东击西，贵在知变

声东击西是兵家常用、熟知之法，散手比赛更应如此。引上打下，示左击右；忽东忽西，即打即离；虚虚实实，真真假假；一正一奇，一明一暗，奇正互根；不攻而示之以攻，欲攻而示之以不攻；形似必然而不然，形似不然而必然；似为而不为，似不为而为之；欲重击而示之毫不介意，以假动作（有意卖个破绽）给对方造成刹那间的错觉，我恰因势而用招。沾上有，碰上发，我意占先去打他。

《拳经》又云：“阴阳互用手法真，一正一反技通神。世人不解法中意，须向变中去寻根。”“无中有，有中无，无有有无在变通。真是假，假是真，真假虚实见敌分。柔则刚、刚则柔、柔刚刚柔意上求。”这是技巧之变。而勇示之弱、不能示之能、进示之退、示近取远，示远取近，这是精神之变。故《拳经》又说：“精神之变法更奇，谈笑之间便克敌，任他凶猛多气力，怎奈心头一思机。”说明巧变的运用和“知变”思想又是中国传统武术技击的重要特征。

五、用腿打人，全凭连环

“若用腿打人，全凭腿连环”，这是传统武技的常用之法。

连环腿又名连环脚、鸳鸯腿，是两种不同的脚法所融会技术、战术于一体的高级实用脚法。这一传统在《水浒》中即有绘声绘色的描述，如其第二十九回中就有武松醉打蒋门神所用的鸳鸯脚："（武松）先把拳头虚影便转身，却先起左脚，踢中了便转过身来，再飞起右脚：这一技有名，唤做玉环步、鸳鸯脚。"清代亦有燕北闲人（文康）著的《儿女英雄传》，其第六回中，描写十三妹与和尚打斗时用的鸳鸯脚，写得更为具体精彩。即：（十三妹）把身子一扭，甩开左脚，一回身瞠的一声，正踢在那和尚的右肋上。和尚哼了一声，才待还手，那女子收回左脚，却脚根向上一碾，托起右腿甩了一个旋风脚，那和尚太阳穴上早着了一脚，站脚不住，咕咚向后便倒。这一着叫作"连环进步鸳鸯拐"。说明中国传统武术技击并不像现代散手多见的是一踢便收，而是多用连环腿法，讲究技术、技巧的运用。

六、撞身靠打，挨肘膝胯

拳谚所云"进身靠打，挨身肘发；肘发护心，盘肘克人；挨肩挤靠，封裆锁脚；手肘齐发人难当，贴身短打膝肘忙；肩打一阴返一阳，肘打四方人难防；远踢近打连环手，沾身用靠无处走"等，都说明了传统武术技击其灵活运用身体所有关节部位作为攻击武器的重要。

历来拳家将肘技看作拳中的精萃，其特点是短、快、硬。以肘打人，力大且猛，动作路线短，一瞬间即能完成打击动作，肘稳而隐蔽，预兆性小，特别是在脚的掩护下，能快速而突然地发起进攻，令人防不胜防（用肘可以破解搂抱）。

从运动解剖学看，肘关节与肩关节相连，故肘部的运动灵活自如，肘法巧妙多变。肘的攻击方向几乎不受限制，既可自下而上（如挑肘），也可自上而下（如砸肘）；既可自左而右或自右而左（如横肘、挂肘）；既可自前而后或自后而前（如揭肘、顶肘）。肘的击法比拳法迅疾、隐蔽。肘的攻击部位遍及前胸、后背、腹肋、头、躯干及四肢，拳谚“肘打四方”正是此意。

从力学的角度看，肘比手距离近，力臂短。据力学的力距概念分析，肘较手更能充分利用臂肩的肌肉力量，所以攻击力量较大。

从技击角度看，肘骨质坚而硬，抗击能力强，肘对拳来说，短于拳，比手脚接近身体，拳家称之为“中盘（节）”，因此在贴身近搏中具有招势隐而速、短而险、难招架、变化莫测的特点。简便易行，比手脚迅速方便，易发挥其攻击和防守效用等长处。谚云：肘击步进，步到身拥，短手能自顾。故肘为凶险利器，盖用肘者取胜常常游刃有余，在处于败势中施发，一击反败为胜。

靠打是用身体的力量打击对方，威力较大。一旦靠贴近对方身体立即发放崩炸劲，这种劲力在腿的蹬力、腰的挺力的催动下，使肩胸、肩臂、胯、臂等撞靠击打对方，其抖靠快猛，很容易使对方即扑于地。靠打包括背靠、肩撞、胯打、臀靠、肋靠、胸撞、肘摆头撞等法。

因而，《太极拳经》云：“遇敌上前迫近打，顾住三前盼七星（身体七个可用于攻击的关节部位）。”《心意拳总歌诀》亦讲：“打法定要先上身，手脚齐到方为真。拳如炮形龙折身，遇敌犹如火烧身。”此外更有“头打、肩打、肘打、手打、胯打、膝打、脚打、臀打”等《八打歌》流传。如《头打歌》曰：“头打落意在中央，浑身齐到无阻挡。脚踏中门夺地位，就是神仙也难防。”《臀打歌》曰：“臀尾打人人不知，神龙掉尾不见形。

猛虎坐坡起落势，一旦击中神鬼惊。”这里似乎中国传统武术技击的风格特色已呼之欲出……

中国功夫原本不是现代意义上的体育，而是源于各类战争、谋求生存的东西。从原始社会开始，我们的祖先要生存、要发展，就要与天斗、与地斗、与兽斗，就产生了穿房越脊纵跳如飞的逃生本领，后人美化为轻功；没有饭吃时，就要想办法抗饿，后人美化为辟谷食气的气功高功；没有X光机，又要查找疾病，就要搞出中医望闻问切四法，练出内视功夫来；没有盔甲护体就要练出金钟罩、铁布衫等抗打功夫，后人美化为抗打神功。慢慢就产生了拳打脚踢，使用石头（后来演化为暗器）、树木（后来演化为十八般兵器的打斗技术）。再后来慢慢就演化出擒拿、断骨、反关节、抓筋、拿脉、点穴、镇脉等高深武技，使人各关节都成为能致人死伤的武器。当然，作为现代武术技击运动如散手、推手等体育比赛，适当地加以舍取和限制，也是完全必要的。

听劲感知　渐悟懂劲　阶及神明

——从听知问给喂接变懂诸劲谈太极推手功夫的进阶

推手理论说："不听就不能懂，不懂就不能走，不走就不能化，不化就不能发。"把"听劲"放在"听、化、拿、发"之首，列在了前提的位置，足见先人对"听劲"的重视。这里，首先让我们对太极推手的听劲感知做以下分析。

一、"听劲"的分类

（1）触听：通过皮肤接触，听对方劲道的感觉。

（2）视听：通过观察审视对方表情、动作的变化来觉察。

（3）神会听：是高层次的听劲，由触听、视听逐步修炼臻于上乘境界，由懂劲而阶及神明，达到"神之使也"的地步。

在推手中，"行家一搭手，便知有没有"，这里首先有一个认识过程。最简单的认识活动叫感觉过程，进一步的认识活动叫作知觉过程。人的一切活动都是在感觉的基础上建立和形成的，推手训练中的听劲感知训练也遵循这一规律。

二、"听劲"感觉

（1）听劲感觉，是人脑对双方直接作用于感受器和感觉器官的刺激的个别属性的反映。

（2）听劲感觉，在人们的推手实践中，起着极其重要的作用。它是认识推手运动的开端，是推手一切知识的最初源泉，我们只有通过感觉才能分辨出推手的各个属性，人对推手的认识正是从感觉推手的个别属性开始的。

（3）依据刺激的来源不同和产生感觉的分析器不同，可以把感觉分为两大类。一类是内部感觉，即接受内部刺激，反映身体的位置、运动和内脏器官的不同状态，包括运动觉（又称本体感觉）、平衡觉（又称位觉）和内脏感觉。另一类是外部感觉，接受外部刺激、反映外部事物的属性，包括视觉、听觉、嗅觉、味觉和皮肤感觉。在太极推手中，对本体感觉、平衡觉、视觉、听觉和痛觉、触压觉等的感觉都是以直接使用为主。

三、“听劲”感觉的感受性及其变化规律

由于某种原因，丧失一种感觉能力的人，其他分析器由于锻炼而得到特殊发展，如盲人的听觉特别发达。这说明人的感觉能力经过专门训练可以不断完善和发展起来。在推手训练中就有一个阶段采用蒙目训练，就是根据感受变化的这一规律，来提高发展自己的运动觉、平衡觉、位觉等感受能力。

四、“听劲”感觉运动的目的——”知觉运动”

知觉与感觉有着密切的关系。感觉是知觉的成分，知觉是在感觉的基础上产生的，知觉极大地依赖于一个人过去的知识、经

验，受人的个性倾向性等因素的制约。知觉是感觉的深入，是比感觉较复杂的认识过程。在实际推手中，人们多是以知觉的形式直接反映，感觉只是作为知觉的组成部分存在于知觉之中。由于关系极为密切，人们把感觉和知觉合称为感知。

其次，再让我们来分析一下太极拳推手从知劲到懂劲，问劲与给劲、喂劲与变劲的不断进阶。

众所周知，推手训练作为对抗性的攻防技击训练，务必手法、身法、步法于攻防转换中灵活变化，不拘一格，它没有任何人为形式化的东西。在一定的触觉应变能力及雄厚的内力保障下，才能使推手水平有质的飞跃。

推手的目的是什么？一言以蔽之，无非懂劲而已。拳经云“一羽不能加，蝇虫不能落”“人不知我，我独知人”。所以，推手是直接服务于技击的，切不可将健身推手及竞技推手与真正传统的技击推手混为一谈。

推手训练必须循序渐进，了解其阶段性。在推手的各个阶段，最好多找一些水平比自己高的老师或拳友进行推手、接手训练，绝不要计较胜负，相反应在推手中不断总结经验教训（发现自己的不足），使自己的功夫能更上一层楼。先贤云:不知挨打之味，如何领会打人之味。在推手时必须进行各种条件下的针对性训练，才更有利于太极拳技击水平的提高。如太极拳论所言：彼不动，己不动；彼微动，己先动，后发先至，动急则急应。

武术实践与交流活动中，我们常常会遇到这样一些所谓的太极名家，他们在对敌时，常常自己的手脚尚未启动，对方的拳脚已打到他身上了，被打倒还没反应过来，所以说，能“动急则急应”的速度训练在传统太极拳中占有绝对重要的地位。一个真正的太极拳名师一定要真正展现出太极拳技击的风格特点。要能适应对方急风暴雨、风驰电掣般地攻击，必须你快我更快。对方不可能与你慢悠悠比划玩耍。必须经过一定时期的高速度、高力度、高强度、多变化的严格训练，才能使你长期积累的各项太极拳素养淋漓尽致地发挥，从而坦然地面对各派拳家。以期体现《拳经》中所讲的："心如火药拳如子，灵机一动鸟难飞；身似弓弦手似箭，枪响鸟落显神威；起手如闪电，电闪不及合眸，击敌如迅雷，雷发不及掩耳。"

先贤对太极拳技击实战高速度特征的体认，的确值得我们深思。无论何派高妙武功，没有经过"快"的训练，就很难在实践中发挥其应有的威力。要真正练好传统太极技击推手本领，体现高速度、高力度、高密度、多变化的"一羽不能加，蝇虫不能落，彼微动、己先动、后发先至、动急则急应，灵机一动鸟难飞"的风格特点，必须从实战出发，注重进行喂劲和变劲的训练，才能较好地达到这一目的。

这种训练程式为：喂劲（从问劲到给劲）→变劲→接劲快速处理。

何谓喂劲？打个形象的比喻，就像母亲给婴儿喂奶一样。在太极推手中，教师要让学生切身体验太极十三势（八门五步）的变化，从根本上对八门五步有一种直接的体认，并使学者通过习练，初步掌握其运用之法。

喂劲训练又分为问劲与给劲的两个训练过程，二者相辅相成，缺一不可。

我们首先来谈谈问劲。一个得到明师真传的太极拳习练者，通过太极功夫的修炼可以了解到，学练太极拳绝不同于习其他任何纯知识性的学问，不仅道理要明白，更需要实作训练，才能使学者真正理解和掌握，绝不能单从形式上去认识它，否则永远难以步入太极之门。对于太极拳家来说，不同的外形动作其中蕴涵的劲力可能是相同的，而貌似同一的动作中的内在奥妙也会有所不同，其中微妙之处，非经亲身实战万难得知。那么在实作时就要“问”老师要“劲”，要“问”出着力点、火候等关键处，要“问”出劲力的转换和变化的种种特征。譬如掤劲，是太极八法之首，在太极拳盘架、推手、技击中无处不在。它是一种无固定模式的劲力，是在周身气血上下贯通并与劲力等其他素养相互融合的基础上产生的。在实际应用中，并不像某些名家所描述的那样，掤仅仅是两臂圆撑。实质上对方的攻击目标绝不会只停留在手臂上，而可能是身体的任何一个部位。即以掤劲而言，如果用手臂把对方的劲力完全掤住，使对方的劲力无法进来，又怎么能够“引进落空，四两拨千斤”？如果掤不住对方，对方的劲力可直接进来指向自己的重心，则己身反受对方之制。事情就是这样矛盾，完全掤住对方的劲力，不令其进来，不足取；完全放任对方的劲力进来，亦不足取。那么到底如何才能真正认识太极拳的掤劲呢？靠秘籍或名家的口传是无法掌握的，只有切实地在喂劲训练及实战运用中去体会。在实战训练时，学者将手按于老师手臂上或身上，马上就会体会到欲用力却无处着力的感觉，并感到重心上浮，站立不稳。在对手不同的情况下，掤劲的点上的变化也是相应不同的。接触点上的变化要恰到好处，无过无不及，这些微妙的东西用语言文字是无法描述的。正如没有吃过梅子的人，无论别人如何形容，你都无法知道梅子的滋味到底如何，只有亲自品尝，才能得知其味。

太极拳内在劲力的变化绝非靠外形动作就能明白的，必须亲自体验，反复揣摩，不断寻根，求其本，才能得到深刻的认识。再拿掤劲来说，掤劲并非局限在某个点或某个部位上，而是掤在周身，周身气血鼓荡，身如气囊，无处不在，大至无外，小至无内，其中玄妙之处，难以尽述。倘若不是周身处处皆生掤劲，又怎能轻易引进落空？“掤”劲如此，其余劲法之领会亦然。

俗话说名师出高徒，其实应是“明”师出高徒，如果师父都不“明”，学生又从何学起呢？所以习练太极拳单靠字面的理解是不行的，只有认真体验到老师的劲法并有深刻的体验后才能谈知劲，而不知劲就更谈不上懂劲了。

我们再来谈谈给劲。对于习练太极拳多年的人来说，“人背我顺”“人顺我背”都是使用频度较高的词汇了。那么何谓“人背我顺”，何谓“人顺我背”？如何在“人背我顺”的情况下顺势进攻？如何在“人顺我背”的情况下化背为顺，以柔克刚？这就需要进行给劲的训练了。

在推手训练时，教师会根据学生功夫的深浅和对劲力的掌握程度，给学生一些适当的劲力来引导学生，使其得以入门，步入太极正轨。首先，在“人背我顺”的情况下，初步练习在问劲中所体会到的各种劲法，如掤、捋、挤、按、採、挒、肘、靠等劲法的应用。真正的名师首先应故意给学生一些直力让其化解，逐步由直到圆，以走随劲为主。

相对于问劲训练而言，给劲训练更进一步，是主动性的训练，习者要仔细体会自身如何随着老师的变化而变化。这一步训练在打手（推手）中较为重要，是推手入门的关键。如学生自己体会的劲法比较正确，教师则顺着学生的劲路走，如学生的劲法不正确，老师则会根据情况截化学生的动作，帮助学生寻找不足，纠正失误。这一阶段训练对习练者来说，犹如幼儿蹒跚学步，跟老师亦步亦趋，老师则如靶子，让学生把自己设想成敌人，为学生创造各种习练条件，创造各种情势，引领学生。在这一阶段训练中，负责任的明师会把自己重心点较为明显地给学生，以便学生更好地把握得机得势，不给对方留有机会。使学生熟悉如何在各种有利条件下，把握时机，战而胜之。接下来，在“师顺我背”的情况下，老师会引导示范学生，如何化背为顺，在对方攻击下后发先至，使对方失去着力点，陷于不利境地。在此阶段，相对学生而言，老师是周身无背势的，此时老师可配合学生做出任何学生认为是“师背我顺”的各种实搏形态。比如学生可双手抓住老师单手实施擒拿扛摔，甚至可以双手抓住老师一指实施反关节扭扳，也可采取任意手段发放老师，使学生处于比较有利的境地，而老师则在每一势或某一接触点上使学生无力可发，无点可击，通过劲力的巧妙运用，使学生能够更好地体会劲力，掌握其中技巧。在此阶段，学生需要认真体悟在引化发放时如何更好地把握时机，用最小的劲力发挥最大的效果，方能对劲力的运用有深一层的认识。“问劲”“给劲”在传统太极拳“打手”中是极为重要的一步，学者必须对此深下苦功，打好基础。

变劲是在问劲与给劲训练的基础上进行的，是太极拳推手的进一步深化训练，训练难度相应加大，对劲力的转化及技巧的运用要求更高。变劲训练不同于问劲、给劲训练，变劲训练是随势走势、见势打势的功夫。如果说喂劲训练还属于守规矩的层次的话，变劲训练就进入破规矩的阶段了。在喂劲阶段，学生要严格遵守训练程序，在正确的指引下学习摸索掌握劲路的正确途径，舍此别无他途。而变劲则是在喂劲的基础上进行深入训练，力求达到劲力的运用自如，在任何情况下都可承接、引化对方的来势并发放对方。实战搏击不同于竞技推手，在引进落空、开发呼放的过程中，对方是运动着的人，并非草木站着不动任你击打，更不会按你的想象方式来进攻，其施发劲力、进攻方位及接触点绝非固定不变，各种人为的特定假设用法很难应用到高水平、高质量、高速度和高强度的实战技击中去。要适应瞬息万变、凶险难测的实战搏击，生死系于一线之间，若无强有力的技击功夫做后盾，太极拳是难以盛行不衰、流传至今的。

变劲训练就是使习者具备太极实战技击功能、适应各种搏击形势的重要手段之一。变劲训练本身并无固定模式，而要求在训练中逐步适应对方一式多变，尤其要适应对方从不同角度、不同方位发起的攻势，训练在保持自身平衡的同时破坏对方的平衡。在变劲训练中，务求一种打法中包蕴不同的内涵，体现在不同情况下则有多种的技击变化，做到一式多变。从劲法角度讲，掤劲是否暗含挤、按、採、挒、肘、靠七种劲力？同样，其余每种劲力是否含掤劲？在实际运用中各种力的转换并无固定程式可循，而应随机应变，顺其自然，也即前人所讲的一劲多变。诚如古人所云："运用之妙，存乎一心，此之谓也。"在变劲阶段，对劲法的训练则更为精深，要求把劲法的运用形成自然本能，可在任何形式下运用自如。仍以掤劲为例，无论对方从你左右前后哪个方向攻来，我均可以掤劲承接、化发，对方无论采取何种劲力，我均可以掤劲承接来势。掤劲如此，余劲亦然。如此，方能对太极真谛有更深层次的体悟。

接下来便是完全意义上的实战接手（打手、比技）的实作训练，因为这一阶段的双方攻击往往是迅速而又出乎意料的。怎样才能在双方接触的一瞬间得机得势，做到我顺人背，这就需要在推手中进一步进行一接手就解决问题的接手、粘手、打手训练。解决粘手、接手是太极拳技击中最终要解决的重要问题，因为你最终面对的是各门派对武功的切磋交流，不可能人人都与你进行程式化的推手竞技，也不可能等待双方粘手，而后再实施攻击。那么，如何解决在对方高速度、高密度的攻防转换中接住对方的来劲并且粘点就能感知对方的变化，做到人不知我，我独知人？

在实战中，第一接触点对胜负有至关重要的作用，传统太极技击打手（粘手、比手）是在双方还未搭上手的情况下，遇对方突然攻击时，练习如何接住对方的来力，并在接触的一瞬间感知对方劲力的变化，同时要达到人背我顺的境地，此接触点上的感知和变化是最直接，也是变化最快的，更是最有效的。所以，对这一层次的太极拳技击真功夫的训练，必须在喂劲、问劲、给劲、变劲等一系列逐渐变为实作的基础上，以努力体验，潜心体悟，才是唯一正确的途径。

卷五

技术方法阐秘

果能粘连黏随字　得其环中不支离

——太极拳技击运动的基本技术方法

一、粘连黏随不丢顶，顺势借力求懂劲

（1）粘。粘者，粘贴之意。彼进我退，彼退我进；彼浮我升，彼沉我松。使对方感觉丢之不开，投之不脱，如粘如贴，难分难解。在我是有机则乘，无机则俟。其进引而困之，其退截而击之，于被动中争取主动。

古人云："不入虎穴，焉得虎子。"尽管粘强调侦察，又只能是微粘对方皮肤，了解对方的动态规律，而又不能全力以赴，将自己完全暴露给对方，因此，用"粘"既不允许用力过大，也不允许用力过小。粘着对方，就开始对其动态侦察、了解，此项要求应该贯彻于打手的始终。

（2）连。是连贯、不中断、不脱离。此法有被动和主动之分。属被动时，其意即在接触之中始终跟进跟退，不自停息；属主动时，问劲、发劲，招招相连，法法相随，环环相套，千变万化，使对方没有喘息之机。

（3）黏。即在用粘的同时，还要如胶样黏住对方，不即不离，即能灵活转动，又寓意于走，随时防止任何突然袭击，在"粘"的基础上取"黏"字。"黏"要求在推手中要像"伤湿止痛膏"似地贴住对方接触自己的点，通过黏着点，处处探寻对方

的重心点，动摇对方平衡，使之动作不得劲，进攻不得逞，欲逃又不能脱，迫使对方走向被动挨打的境地。高超的粘，只在皮肤上接触，即可把对方套入己圈，使其手足被网所缠缚，进退不得。水平越高，接触越轻，听劲越灵，越易控制对方。

（4）随。跟、依之意。缓急相随，进退相依；不先不后，舍己从人，就是随。拳经曰："因敌变化示神奇，须在随之下功夫。"要在对方得意处，使其失败，此即被动中取胜之道。

拳经云："若能轻灵并坚硬，粘连黏随俱无疑。果能粘黏连随字，得其环中不支离。"功夫深的拳家，全身各处均俱备粘连黏随的本领，无论在何种情况下，也不管对方攻打他的哪个部位，他都能在不丢不顶的原则下，将来劲就地消化，而安然无恙。

（5）不丢顶。是不离脱开、也不硬抵的意思。不脱离，须全身处处均能黏住敌劲方为合法，不抵抗，不抢先，不落后，转换轻灵。通俗地说，不丢顶的含义就是：你来了吗，请进吧，我决不阻挡你；你想走吗，对不起，我紧跟上来，叫你走不脱。心平气静，心之所使，意之所述，先之所行，劲之所到。进退变化，攻击防守，粘连黏随不丢顶，体无不备，用无不赅。

欲练不顶之法，首先在于腰和步的变化，腰活步灵方可变转虚实。虚实分明，轻松柔和，重心稳定，不用拙力，自然不顶。

（6）顺势借力。太极拳推手不尚用拙力，而尚借力，即借用对方之反抗力。

借力发人在太极拳中可称为基本特点之一，非艺高者不能运用。因借力发人无引劲，无拿劲，其间仅仅含有少许化劲，随到随发，不假思索，其快就像闪电一般，乘人之势，借人之力，高来高往，低临低去，不需要觅其焦点和背势，能使对方在不知不觉中而被发出。最奇的是敌来亦去，敌不来亦往，来势愈大则被击之劲愈猛，所形容“四两拨千斤”，也就是借力的意思。若擅长此法，则人之任何部位皆可借用，而自己身上任何部位皆可发人。

怎样借力？

①知己知彼，引劲落空。两人一搭手，首先要充分了解对方情况，以便心中有数。比如，对方究竟力有多大，常喜欢用什么手法，他有什么优点和缺点。如果对方喜欢用直劲向前猛推，我即向左右闪化，使其劲落空，然后乘其劲落空的一刹那，迅速发我之劲，使其失势而倾跌。

②掌握重心。力大者攻我，我不能让他打中我“重心”，他打中我“重心”，我必跌出。我走化他，要使他找不到我的重心。我粘逼他时，要使他失去重心，则我一发劲，他必倾跌。

③得机得势。机是时机，借力发劲，要掌握恰当的时机。过早对方力还未出，我力已先出，变成我采取主动，如打对方不出，反为对方所制。对方打来，我想借他的力打他，但是我略一迟疑，时机已过，反为对方打中了。必须在对方力已发出，我略收一收，迅速发我之劲，抢先打中对方，方为得势。

④动作熟练。“人刚我柔”这句话，也要正确理解。对方以刚劲打来，我上半身松开是正确的，但不是一味地松下去，必须松到一定的程度时，立即变招，或用横劲，或用其他手法，立即将对方打出，不能因循等待，以致被动挨打。

⑤发劲迅速。借对方的力，截对方的劲，发劲要短要快。不必将手臂伸得过长，贪远求长，这样发劲速度必慢。发劲如放箭，时机准确，力点集中，只须轻轻一点，对方必然弹跳出去，如炸弹爆炸，使对方无法化解。

⑥虚实变化。能借人之力打人，必须虚实变化，极为迅速，始能得心应手。不懂虚实，腰腿必然重滞，既谈不到化人之力，

更不用说能借对方之力，还打对方了。

⑦懂劲。能借力，必须先懂劲。懂了劲才能借力，并借助圆化而直发，将对方的力还到对方身上。这样对方被我打出，还是用了他自己的力，这才叫借力。

（7）求懂劲。懂劲在推手中可以说是最难练的一种技能，非由明师口授与自己切身实践研究不可。《拳经》云："懂劲后，愈练愈精。"可见懂劲于技击极端重要。粘黏功夫好，听劲准确，方能懂劲。若不懂劲，易犯顶、偏、丢、抗（顶者出头，匾者不及，丢者离开，抗者太过）等病。若懂而非全懂，又易犯断、结、俯，仰等病。这是因为还没有达到真正懂劲所致。若能知"闪、还、撩、了、转、换、进、退"，行动自然，都能随心所欲，这样才能说真正懂劲。真正懂劲后，"不必顾盼拟合，信手而应，纵横前后，悉逢肯綮"，百战百胜了。

懂劲包括听劲和发劲两个内容。只有熟练地掌握了听劲技巧，才能"称彼劲之大小，分厘不错；权彼来之长短，毫发无差"，从容走化，引进落空。发劲完整干脆，一触即发，如炮弹出膛，威力无比，使人不及变化。听劲准，发劲狠，是为真懂劲。

二、听探顺化，擎引拿发

（1）听。听劲在推手中是锻炼触觉的灵敏度。太极拳中的听劲，并非用耳听，乃是指由手腕、肘、臂及身体皮肤的磨搓而生出来的知觉，是便于攻和守的方法。在与对方接手时，感觉出对方或刚或柔的出处和运动的方向，就可以化解对方的来势和乘机顺势向对方发着进击。听者不是完全以静待动，而是在动的里边，沉着应付，随机进取之意。

为此，非先掌握粘黏劲将敌紧紧吸住不可。能粘黏，才能听；能听，才能懂敌劲之变化。犹如言语，若不用耳静听，即不能理解人意。听劲的练习方法，首先要把自己身上的呆力抛弃，放松腰腿，静心思索，集中精神，以皮肤上的极灵敏感觉神经先听对方劲的来路方向和所发的是哪一种劲的功夫。

（2）探。是在沉着应付中，审知对方的虚实，可攻者，就以迅雷不及掩耳之势进击，宜守者，就蓄意待机。

（3）顺。是不与对方的来势顶抗，在顺随之中，存暗中袭取之意。也可以说是顺其势而取其法，随着对方来势的高低进退而顺势变化，叫对方不能得逞。

顺由懂劲锻炼而来，故不懂劲便不能顺走。譬如人来势，或高或低，或横或直，或左或右，或长或短，原无一定标准。若不懂其势，就不能顺走。顺走者，走避人之重力，而不与之相抵。故推手时，手部一觉人有重意，即变为虚，绝不给对方有支撑点。即遇偏重，则偏松，遇双重，则偏沉，泻去其力，随其力之方向而顺走，使对方处处落空。

（4）化。是分化转变对方的拳势而取主动的方法。化去其来势而进我的着手，遇虚变实，遇实变虚，以柔化刚，而刚紧随其后，以刚运柔，而柔不失其坚。初学推手，因为多是手上走化，腰腿未必合法，走化的动作，必然是大幅度。只有到了较高的水平，全身到了完整的程度，懂得了腰部走圈的道理，化劲的动作，会不求小而自然小，这就是紧凑。到此水平，才能凭听劲、化劲使人落空。当外力与之接触时，如同按在一个圆转滚动的球体上，全身不由己地失去平衡。力猛时，有如坠深渊、入激流，自己的身体被裹入了他的旋涡之中，大有不能自拔之势。此时只要信手发放，无不腾空而起，飞跌丈外，而自己也爽然自若，谈笑风生。

①化劲与用力：化劲既要用力又不可用力。因为对方推你时，就需要有一定的掤劲顶住，不使压瘪和压垮。特别在向你胸部压来的瞬间，更需要用力掤住，并设法将力引偏胸部，但不可引得过偏，以防对方发觉，然后再轻轻掤住或粘住。如对方再用力时，便可引进落空而击之。对方力大或进击速度极快，难以将力引偏时，只能将手掤住对方，以身体为轴向左右转动以避之。

推手时，所谓放松不用力，主要是指全身的关节和肌肉，以防僵硬而不能灵活转动，呆滞而被击中或牵动。推手时，觉得对方轻松，不一定是对方松浮无力，而是对方在用力、接力、粘力以及利用关节和腰部在进行走化，必须引起注意。

②化劲与路线：对方用力推来，如以直线走化，容易造成顶拼，难以顺利走脱。因为强行走化，易造成关节僵硬，给对方有机可乘而被击中，所以一般采用螺旋形的走法。先调整好下部，利用气沉丹田劲，把对方着力点引往下，再向前向上转一圈，使着力点偏斜，从而到达引进落空的前沿。若再用力，可乘对方落空失重时将他击败。

③化劲与位置：身体被对方用双手推住，当他调节到最佳攻击力时，即在你身体上的接触点，是对方处在最佳攻击的位置而很难走化。必须稳住上部，同时松开关节，并掤住对方，用螺旋劲向上或下或左或右走化一厘米左右，即可破坏对方的最佳进攻位置。走化距离，以自我感到威胁力不大为宜。随着对方不断变化而变化，使对方时时处于落空或无机可乘，并可引进落空以击败对方。

④化劲与接触面：对方用双手掌推住你，由于手掌接触面大，双手控制范围又大，走化较难。此时可调整好下部，用螺旋圈走化。先使对方一只手的力点偏离身体，但仍用假力粘住，给

对方造成未有变化的错觉，但已破坏了控制范围。另一只手也已从手掌的面接触转移到小指下方的点接触，此时仍要用虚假的接触，使对方不知角度，进而使对方被引进落空。

⑤化劲与关节：对方用手推住你胸时，可用同一面的手粘附于对方肘的关节处。手再随身体转一个螺旋圈，在转动的瞬时，使对方的肘关节和肩关节不得动弹，便可趁机将对方击倒。如对方力大，可结合含胸拔背，以螺旋圈的走化，使其腕关节疼痛不敢用力，或缩手时跟进一步，借力胜对方。若要抵住大的力，一定要把膝盖伸直，再含胸拔背，并尽量将头向前伸到与脚尖平。

⑥化劲与轻灵：走化之灵，不是一日之功，但只要认真锻炼，一定能做到。一般可从以下几方面去锻炼。

a. 黏的功夫要好，手、臂、肩及背等周身都能黏，才不怕对方袭击任何部位。

b. 意气要沉得下。一般沉于丹田，走化时应沉于脚底。

c. 全身关节应放松。要松得开，拔得长。要锻炼到对方“拿不住”“拿不痛”。

d. 周身不能有僵劲和呆滞。对方在我身上动一动，我全身关节、肌肉相应的都要在动，要动到轻灵活泼，无一处僵硬和呆滞为止。因此与对方接手后，周身内外应不停地随机而动。

e. 跟着走。手及全身应跟着对方的力走，不可主动走。即使对方用手直逼我身体的中心时，也不主动引偏对方，而用身体避过力点，待对方走到手臂伸直（不敢用力）时，我再走。

f. 虚实分明。脚、手周身都要虚实分明。

g. 要定。初期推手，最好是采用定步推手，只许倒换步，不许走动，能在腰腿上打下坚实的基础。有时对方来逼，只能用坐腿腰的方法去消化对方的来势，习之既久，腰腿自有功夫，对训练化劲能力大有好处。

h. 要近。凡找劲、听劲、化劲锻炼腰腿功夫，都须逼近和贴紧对方才能切实，有利于随化随发。

⑦化劲之要诀。是在保持“身腰一条线”（即身腰中正，不前俯后仰）的基础上，当对方用力压迫时，便以腰为轴，向左右转化，或转胯走立圆，使彼力落空。当对方之力作用于我身时，何处受力，于何处化解。化要化得自然、合拍，无过不及，恰到好处。同时应随机变换重心，使彼无从捉摸。变换重心的方法，全在两腿的虚实变化，两腿的虚实变化全在于腰胯的转换，为此要求周身松静，灵活自如。此为化之要诀。

⑧徒化不发，不能胜人。拳经曰：“彼不动，己不动；彼微动，己先动。”其中“己不动”是听劲功夫，当对方的劲力被摸清并走化成强弩之末，想发起新的攻击而又没发的瞬间，己立即动劲出击，这就形成“己先动”，并非被动挨打。发劲紧随着化，连化带发，快得像一个动作，不能有间隔，更不能舍近求远，哪里化就在哪里发。发劲必须用整体劲，出手同时进足，劲起于后足跟，经腰而至身，前腿一弓，手臂一长，配之呼气，其劲即出。“发劲如放箭”，用意须远，即发劲走直线，意在把对方发向远处，以利快、狠、准地击中对方重心。己力加于对方，对方若丢，就跟踪进去，这叫“逢丢必打”。对方如用大力顶抗，则应即刻放松，让对方受惯性的支配，继续前进，随即顺彼发劲，两者的合力将发挥出最大的效能，从而把对方发得更快、更远。

推手双方都是凭触觉去感知对方劲力的大小与方向，加以走化，随即发劲出击。谁听劲准确，化劲完美，发劲得势，谁就能把对方击出圈外。化与发是太极推手的技击核心，乃是双方比技斗智斗力的较量，其内容至为博大精深，非长期刻苦研练揣摩，断难有得。但一旦领悟其理，豁然贯通，就能愈练愈精，趋于神化之境。

（5）擎。是用“串劲”，即用劲接入对方并破坏其身法，使对方劲路封闭不能活变而受制，即所谓“擎起彼身借彼力”。

（6）引。是不与对方顶抗，顺对方来势把对方的劲引开，同时微微送劲，牵动对方重心，使其丧失平衡而受制。所以说，以意寻劲，随彼之动而动，对来势用逆来顺受之法，引入彀中，然后制之。彼屈则我伸，彼伸则我屈，虚实应付毫厘不爽，忽隐忽现，变化莫测，是谓引劲。

对方不动，要引诱他动，或对方既动而引其入于自己所理想的路线（即使其重心不稳，落于空处）。谱云：“能引进落空，才能四两拨千斤。”引化进出的诀窍，在于内劲不令人知，在以意为先的前提下，粘黏从人，两手臂旋转更须轻灵松软，圆活下沉，动静无偏，不丢不顶，顺彼来势，灵活运用，先引后进，半引半进，即引即进，乘势借力，以利于我之还击。如能这样，自能灵活无滞，使其不易察觉我之动向，而逐步求及引进落空的技巧。

有一些人只知化劲、拿劲、发劲，而不知此引劲，其实引劲是处于化、拿中间。引劲比化劲难，因为对方的来势没有一定规律，不可能随着自己的意愿行事，而又必须设法把他诱出背势中之焦点，同时引诱的方法又必须在对方的攻势化到将尽未尽之时，这样才能引其入彀。如对方艺浅，则不成问题，若是功夫较高者，又须用假引之法，如引高打低，引直打横，引左打右、声东击西，或故意发一虚拳假引，使对方神散气浮，丹田气上升，重心不稳，正在惊惶之际，“出其不意，攻其不备”，即可拿而后发，犹如弹丸脱手，无往不利。此种引劲之法，非经专心研究不能成功。因为引进不仅是用手引，而且可以用身法、步法、腰法等。引之愈长，则发之愈促愈便利，但始终不能离开粘黏二字。

（7）拿。就是拿住对方的劲路，使其丧失反抗的能力，形成我顺人背的局面。拿即是管，管即是拿，拿不住即管不住，管得住即拿得起。意思是说在管、拿之间的时候才是拿的最好良机，机不可失，时不再来。把对方的活关节要管死，管严拿死才省劲。拿劲之妙在于堵，劲道被拿，是毫无反抗余地。其所以能如此巧妙，靠的是粘劲，即高度灵敏的触觉。高手之所以高，就在于听劲灵敏，引劲巧妙，不论对方想如何化解，总能破坏他的美梦，从而迫使他处于化不了、走不脱的绝路，再顺势陡然击之，就是发劲。

拿劲比引劲、化劲还要难学，因为不能拿即不能发，拿不起来也放不出去，发之不中，皆因引之不妙，化之不好，拿之不准。欲拿便要拿实，不实则不发，否则发也无效。拿实为发之先锋，拿至敌发呆顿而己之意到劲到之时，即发其焦点，未有不中的。在用拿法时，必须注意动作要轻灵，重则易为人发觉而变化脱去，此劲之难学也即在此。将拿到而未拿到之时，要注意不露形象，若拿到后，不能使敌之逃脱。所以，运用拿人时，要在人不知不觉之间，而且拿人必须拿人之活关节，如指、腕、肘、肩、腰、胯、膝等处，否则易被化脱。拿人之时，好像用秤衡物，体重者秤砣往外移，体轻者向内移。务要使高低轻重相等，不要失去平衡。对于自己的重心尤须注意，务使尾闾中正，顶悬步稳，所谓“拿人不过膝，过膝即不拿”，就是说如离人远非自己进步不可，否则会影响重心的不稳。功深者一搭手，无论何处一索即得，且能使被拿者身不由己，随其所欲，俗语说的“入榫”，就是这个意思。拿劲又分有形、无形两种，有形者拿的圆圈愈小其功愈深，反之，圆圈愈大其功愈浅。无形者在两人之皮肤相粘各施引拿时，艺浅者所运用之圆圈常被艺高者遮蔽，因为这是一种重意不重形的功夫，需要下苦功锻炼才会成功。

太极拳的擒拿法是以膜、脉、筋、穴四者为目的物，运用节、拿、抓、闭的手法，由揉摩推量觅得其点，不局限于反筋背骨，并发展为以擒拿对方的劲道，乘势借力为主，使对方不得活变。这是在太极拳推手实践中发展创造出的擒拿技巧。腕掌指骨之间有“抓、拿、捋、缠、锁、拧、扣、撇”之功，骨节被拿，易为折断；脉络被拿，气血难行；筋肌被拿，身无主宰；穴道被拿，神气不合，血不周流，极易给对方造成极大的伤害。身上有“提、拦、贴、空、挤、撞、抖、崩”之能，以及“粘、黏、欺、逼”之诀，捏住了劲路、牵动了重心，摇动了根力的时候，对方则毫无反抗化解余地。一方随其进或退的方向发劲，将身势一沉，顺势一掷，对方一飞就出去了，不仅发得远，挨的人惊心动魄，还觉得干脆痛快。这是因为听准了劲，引近了坑，拿好了点，借到了力，掌握了火候，才觉得毫不费力，打得轻松自在。由于全身松柔自然，还会出现潇洒的优美姿态。挨的人可能吓出冷汗，六神无主，但擒拿发放的人却实实在在是一种艺术享受，称心如意极了。

（8）发。是根据各种我顺人背的时机采用与之相应的发劲形式把对方发出。

在推手中身要欺人，步要过人，闪开正中定横中，黏着相融，挨在何处何处动，而心用在何处，须向不丢不顶中讨消息。身灵步活，发劲之妙在于随。要想打得妙，必须借力打，跟随其进或退的方向打。力应击实，击点要准，打上要狠，方法要多，变化要快。发时紧，放后松，且记有上即有下，有前即有后，有左即有右，如意要向上，即寓下意。若将其擎起，而加之以扭挫之力，则其根自断，乃随意抛掷发放，往往会出现精彩镜头。

太极拳的发劲艺术，其特点在于听化引拿，粘黏不离，随化随发。听敌之劲准确，化敌之劲恰到好处，引敌之劲使其不得活便，拿住敌劲之焦点，使其失去重心，身不由己。也就是在取得“我顺人背”的机势之际，我即运用折叠之术、转换之法，让中不让之妙用，发劲使敌立仆。高手能化劲令人不知，发劲威力惊人，以实破虚，沉着松静，专注一方，由弧形的化劲而求得笔直的前发，对准目标，又稳又准，犹如放箭时箭头射入金钱眼内一样，乘势将对方干脆利落地发出去。其关键即在于全身内劲的完整协调，化发同时进行，这是太极拳最为突出的优点之一。

太极拳中发劲中有截劲、长劲、沉劲、钻劲、寸劲、分劲、冷劲、断劲、抖跳劲等。其中截劲较长劲为猛，钻劲较沉劲为厉，分劲较寸劲为狠。其发人能将人双足离地，一次腾出为优秀；如人双足不能离地只有带跳带退，则为次，此是由于气与劲不足的缘故，所以不能使敌连根腾起。冷劲引人、发人都在不知不觉中，所以其势极猛，但用起来很不容易。断劲是在引得势后内劲稍微缓一缓，随即以全身蓄劲直发于人身，此劲猛烈异常，用于不知太极劲，或知而不精者，最为灵验。相传昔日杨班侯发人，能使人双足离地，一跃腾出3丈6尺。近代又有如杨少侯、陈发科、郑伯英、侯春秀、郑悟清等人无不如此。就是现今的民间太极高师中亦大有人在。此外，还有抖跳劲，当自己被对方粘住时，即用腰腿劲抖拍于敌身，则敌双脚腾起，应之而拍地上，好像拍球一样。特别奇怪的是先拍若干下，复用长劲发出，敌被发出后仍能腾跳起若干，故此劲甚为奥妙。

三、蓄沉滚错，折磨弹抖

（1）蓄。即蓄劲。如欲以拳击人，于发拳之前必须吸气提力，吐气发劲。吸蓄得足，呼发得透。吸得足以见其巧，发得透以见其妙。能蓄得巧，才能发得妙，否则其劲不蓄，则拳不坚，仅等于普通人之拳击而已。

发劲前先要有蓄劲准备，意气内敛而配合吸气。发劲时，要提起全副精神，意到气到，如皮燃火，如泉涌出，快速将劲发出。功夫纯粹者，动之至微，引之至长，发之至聚。吸则能提得起对方的脚根，用其反力，动其重心。呼则能沉得下，发得人出而干脆。杨澄甫哼、哈、咳放人就是如此。

太极拳的快速发劲是在蓄劲已达到较高水平时才进行的。初练时，宜先进行简单的徒手单式，然后逐渐过渡到利用身体不同部位做较复杂的蓄发练习，最后应在实际对抗练习中不断实践运用。通过一系列的由慢到快、由简到繁的练，就能取得一通百通的效果。

（2）沉。即沉劲。为极猛之发劲，如拍球，为使球腾起，必先下拍，拍之愈急，腾之愈高，用以击人，可使人腾空跃出。许多人都以为“沉”与“重”是一样的，其实是有区别的。因为重力呆滞，则易显出拙笨之状态；而沉劲是活，且有似松非松、似紧非紧状态，尤能随着对方来势或引势发挥作用。初学者在推手时对于沉、重、轻、浮大都不能分辨清楚，很容易理解错了，这一点不可不注意。

《拳经》曰：“双重为病，乖于填实，与沉不同。双轻不为病，由于感觉灵敏，所以轻灵与飘浮不一样。半轻半重不为病，偏轻偏重为病。半者，半有着落，所以不为病。偏者，偏无着落，所以为病。偏无着落，已失方圆，半有着落岂出方圆。半浮半沉失于不及，偏浮偏沉失于太过，半重偏重滞而不正，半轻偏轻灵而不圆，半沉偏沉虚而不正，半浮偏浮漂而不圆。若能双轻而不近于浮则为轻灵。双沉不近于重则为离虚。”

（3）滚。是旋转的意思。与对方一接触，就在接触点上根据接触方式向上下或左右滚动。滚动时要内外相合，使对方劲头落空，并将己之内劲渗入对方体内。

（4）错。是前后移动的意思。在与对方接手时，在接触点，根据接手方式向前后错劲，避开对方顶力，将内劲渗入对方体中。

（5）折。如翻板或折板，起着杠杆作用。上下翻滚向内外折动，即与对方一接手，就在接触点使用折劲。对方来的劲头即陷入翻板而落空。“折板”上翻，内劲由下方渗入对方体内；“折板”下压，内劲由上方渗入对方体内。

（6）磨。是研磨的意思。即接手时，在接触点以平圈转动，圈的大小根据来力情况而定，使来力陷入圆圈之内而落空。在练习时，主要是手与肘的相互配合，好像研墨的动作一样。手与肘转动的圆圈大小不同，内外旋转也不同，向外转时，要有抛出之意，来力必被抛出；向内转动时，要如旋涡向里旋入，来力必坠入旋涡之中。

（7）弹。即是弹簧力。在用时要先有蓄力而后弹出。弹劲借对方之力蓄好弹簧，然后将其弹出。弹簧力取决于内气的鼓荡，内中要有弹性，方有发箭之力。

功夫全凭苦练而得，要注意对抗、操练，既得疾用骤发，迅如奔雷的爆发刚劲，就有了弹发人的真正本钱。精炼内在的神、意、气和内劲功力，使内劲自丹田发，运至周身，无微不至，感之遂通，使身体各部都有弹簧似的弹力，充分发挥“无处不弹簧”、一触即发的高超技能。

（8）抖。就是在推手过程中，突然施予的一种脉冲劲，其作用时间短，冲量大，幅值大。利用对方在这突如其来的震惊力冲击下神呆气散，来不及反应，使原来保持的最佳身法状态在瞬间失去控制，这时紧接再来一个冲劲，便可把对方抖散击出。

抖劲应有良好的蓄劲素质，内不动外不发，要求劲短，劲弹而意长，有极大的振动作用。如利用对方贯劲顶上时，使用抖劲能起到很好的效果，这就是所谓的“逢顶必抖”。抖劲往往与另外一些着法配合，也就是短劲与长劲的配合，利用抖劲后对方出现的空隙，再加以相应的着法，更能加大发劲的威力。

太极拳锻炼特别讲究松活弹抖，这种刚快之劲是建立在全身高度放松的基础上，以螺旋形式发出的一种爆发力。其要领是在全身放松的基础上，由大脑指挥，以腰背为总枢纽，结合丹田带动，以螺旋弹抖的形式，调动全身力量，节节贯串，集中到一个发射点上，一瞬间，以迅雷不及掩耳的速度，从肢体的某一部分爆发出来，产生巨大威力。有人曾形象地比喻说：“就好像遛牲口时，骡子打完滚后，站起来，突然全身一抖，轻松而有力地抖掉身上的尘土一样。”又说：“像卷紧的钟表发条，一旦失去控制，突然爆发出来的那种弹簧劲。”但是，不善于松活，也就谈不上弹抖。

四、开合提钻、敷盖对吞

（1）开。见入则开，即见人劲来立即化开的意思。开劲近于方，且有展开之意，用以走人之内门，其势非常勇猛。同时身法、步法要互相配合好，距离不能过远，过远则不能运用。开时须用腰腿劲，加以意气，并不是只用手、臂来开。若仅用手臂硬开，则呆而钝。在敌进招处于适当程度（即恰到好处时），当即发开劲，过时则自己之劲易断，效果不大，又反被敌乘机所击。总之，须开的得时，使我为势顺，人为背势为止。开的得势，即可直迫敌身，任意所为。但艺高者往往自开其门，任敌进攻，待彼深入，即乘机反击。

（2）合。开之反为合，而又是两个相对照的方法。有开必有合，有合必有开，所以有些拳架干脆既称“开合架”。开合二字确有连带关系，敌来则开，敌去即合。开劲方而合劲圆，有紧凑之意。合时须用腰腿劲，并且含胸拔背，松肩坠肘，使气贴于脊背，发出之劲才能感觉到特别整而有力。因为能将全身之气集中在一起，合而后发敌之焦点，可收无坚不摧之效，使敌不能逃避此击。合劲在太极拳中很重要，发劲时多含此劲，无此劲则气不凝，气不凝则劲散，发也无效。

（3）提。是提上拔高的意思，其效用是拔敌之根，使其重心倾斜。重心既歪，则势必败。如自己身体重对方身体轻时，还容易提拿，反之则非用巧法不可，即乘对方不觉时，往前进步用腰腿劲向上粘提，使人在不知不觉中重心倾斜。提劲的方法全在腰腿，所以用提劲时，脚步要站稳实，腹部放松，虚领顶劲，气贴脊背，尾闾中正，敛气凝神，两眼注视对方之势。此外，对于方向、距离、身法、步法尤应与对方凑合，不然仍是没用。运用者要善于随机应变，如提之得势，再加以后引，使敌身不能自主，这时无论用任何劲都可以把敌人发出去。《打手歌》中“引进落空合即出”，就是指此而说。

（4）钻。即入劲，如钻之入木，旋转而入。此劲甚为勇猛，可以击伤人之内脏器官，亦可破人内功，如气功、闭口功之类。

（5）敷。是轻微接触对方的劲力。即我的呼吸与劲力和对方相粘接，并将对方包裹细密，随屈就伸，人不知我，我独知人地改变其劲力，破坏其平衡。自己双手的内劲似松非松，刚柔内含，轻轻黏住对方手臂和身躯、腰腿身手，一气贯串，蓄劲于腰脊骨节间，渐渐进逼对方，使之既不能顶抗，又不能引化，即所谓“一举动刚柔轻重俱备，使人欲进不敢，欲退不能”。

（6）盖。是当对方劲将出动，我劲在先，意识和呼吸早已集中覆盖于彼劲头或将作用处，因其动而动，使之不能发挥作用。“敷”是轻灵地将对方笼住，蓄劲于内，运劲上为外柔内刚。“盖”是我内劲涌出，彼微动，己先动，把对方劲力势头遏制。运劲上为柔中寓刚。

（7）对。是吐法。呼吸和劲力与对方作用处相应合，对准其落空失着之处，沉气外呼而发放。即拳经所讲：“对者，以气对彼来处也，认定准头而去也。”

对方已出劲，我对准其劲路，粘着只微微一转，避实就虚地用整体劲发之，即所谓小圈转关，干脆直射，动之至微，发之至骤，运劲上是“运劲如百炼钢，何坚不摧”，刚中有柔，也称作堵截劲。

（8）吞。是吸法，即不承受对方劲力，用身法吸入对方来劲，使其莫测深浅。

对方劲来，我轻灵地粘以弧形走化，使其处处落空而失去平衡。我运劲是有若无、实若虚，使对方陷入我包围圈中而不知从何处化解突围，这时我即吞而化之，全部、彻底、干净地解决对方的进攻。

手上的串子　脚下的绊子

——武当赵堡承架太极拳技法

武当赵堡太极拳，相传始于武当内家拳祖师张三丰，由云游道人传于山西王林祯（王宗岳），继而传于河南温县赵堡镇，号曰武当派（见杜元化《太极拳正宗》），故名之。

众所周知，赵堡太极拳是我国六大派太极拳的一条主脉。然其中架子，又是这条主脉上的一条老根，是传统太极拳古朴、实用、追求技击之道、性命双修的典型代表。武当赵堡太极拳重技击实用的传统风格极浓，在推手的形式上，几百年来一直沿用上下步（进一退一）的推手方法，以追求技击实用作为训练目的，讲究冷脆狠准、颠起倒插，所以倍受太极拳技击爱好者的青睐。

对于武当赵堡太极拳推手之高手来说，发人能使其后退三五步不算什么，发人常常于丈外，则是很平常的事。一般都能在瞬间将对方或抛旋而起，或颠起倒插，或突发于丈外而又採拿牵引控制于怀中脚下，或节拿抓闭分筋错骨，或肩肘膝胯头手足缠跪挑撩封套逼绊配合使用，使被发者毛骨悚然、胆颤心惊、吓出一身冷汗、叫苦不迭，而发者则倍感潇洒自如、妙趣横生、其乐无穷。

一、侯春秀所传脉络

本文在此所讲，基本为侯春秀先生所传。众所周知，武当赵堡太极拳，自明万历年间的赵堡小留村人蒋发学于山西人王林祯后，始传于赵堡街邢喜怀，得以扎根落户，至今已有三四百年的历史。这其间代有传人。邢喜怀传张楚臣，张传陈敬柏，陈传张宗禹，张宗禹传张寒、张彦。张彦人称其为神拳，除传子张应昌外，又传陈清平。陈清平广传其拳，其传人中最著名的有两位，一位是著名的武式太极拳创始人、河北永年县武禹襄先生，另一位便是本村人和兆元先生。和兆元传子和敬芝、孙和庆喜，和庆喜传本镇人郑伯英、郑悟清。郑伯英1961年去世，其所传架式宽大舒展，被现世称为大架子；郑悟清1984年去世，其所传架式小巧紧凑，被称为小架子。

张应昌继承家学衣钵，传张汶，张汶传张金梅，张金梅传张敬芝（此系均为张家一族后裔）。张敬芝晚年因生活上的原因，得益于本镇做小本生意的侯春秀多方照顾，机缘使二人得以朝朝相处，张敬芝遂将全部技艺倾心相授于侯先生。侯春秀所传张家承架，因其与二郑大小架相比，较为适中，所以人们亦称其为中架子。侯春秀在西安传拳几十年，从学者甚众，形成武当赵堡拳在西安的一支重要力量。他与定居西安的二郑所传大小架，共同形成了三足鼎立之姿，成了西安武术界的一个具有相当影响力的门派。

侯春秀先生1904年生于河南温县赵堡镇，因其排行第四，故西安人多称其为侯老四。其所传拳架为七十五势（赵堡大、中、小三个架式，唯侯氏有录像传世），极讲究拳架、推手、散手三者合一，故谱云："太极三合一，承架传授稀。"此外亦有四门捶、五十捶之秘传散手和鞭杆、刀、枪、剑、棍、长杆、大刀、双棍等器械套路。侯氏尤擅长採拿手法和太极散打术，其推手术中的丰富技法变化，环环相扣，巧妙变着，冷脆快狠，连珠炮动，以及乱环手法的使用堪称一绝，在西安太极拳界享有极高的声誉。1937年侯先生为躲避战乱，先到陕西宝鸡做生意，后因和警察发生冲突，只身用一条扁担与30多名警察打遍了一条街，被传为佳话。旋即逃至西安。新中国成立后一直在三轮车工会工作，同时不遗余力地传播武当赵堡太极拳术。1985年3月8日辞世，享年81岁。其主要传人有次子侯占国、三子侯转运、女婿王喜元，以及高徒刘会峙、赵策、刘小凯、黄江天等。此外，小架子郑悟清先生的高徒刘瑞、李随成亦受教于侯先生，得益匪浅。

二、武当赵堡太极拳的四步技击方法

（1）采：专採细、小关节或人体之薄弱处。如小指、耳垂，以达同时控制对方腕、肘、肩、腰、胯、膝、踝等多处关节活动的目的。

採时要求顺其势，借其力，伸手便採，落手便拿，处处埋伏，一索即得，随心所欲。

採之目的是拿，拿之目的是锁，锁之目的是不给对方活动余地，控制死，使对方丝毫都不能逃脱。

（2）锁：指控制、钳死。锁有锁指、锁身、锁腿。锁指便是抓拿捏扣、拧折捌挫；锁身便是粘连黏随，以身控制，腾出双手，吞吐滚卷、绷撞挤靠；锁腿便是利用灵活的步法（又配合以身法、手法）套封逼插、缠跪挑撩、劈壁挂蹬、勾搿截点、绷跳滚卷，以便实施跌法。

套封逼插之进身锁腿，是指在应敌时迅速贴近对方，以我之脚管住其腿（不使其前进或后退），使其如缰绊马，触之即仆。

故拳家云："腿亦人之根，能制其根则可升堂入室。"

锁腿一般有内锁、外锁、单锁、双锁之别。

①内锁。即以我脚由彼体前别住彼腿，此法多用于反跌制敌。如彼由我身外锁我，可以此法破之。

②外锁。即以我之脚由彼体外去封住彼腿，此法攻防两便，甚为安全，多用于进身跌法中运用较多的一种锁腿技法。

③单锁。即是指我脚由彼体前或体后将彼一腿管住，是最为灵便的一种锁腿技法。

④双锁。是指我由彼体外进身管住彼之双腿，此技攻击力较强。

锁腿要掌握恰当时机。一般来讲，对方主动进击或慌乱犹豫之时，是我进身锁腿的最佳时机，也可以采用真真假假、虚虚实实、调虎离山、引蛇出洞的诱骗战术，乘机而锁之。

（3）跌：太极高手是十分擅长跌法的。这是一种十分高深的技击方法，它不仅适用于徒手搏击，而且对于制服那些手持利器的人也是十分有效的，这一点是其他技法所不能相比的。

跌法的主要特点是乘势借力，避实击虚，身灵步活，採得准，锁得死，反关节控制得好，精通力学原理，往往在一抖肩、一挤身、一拧腰、一转髋、一坠肘、一落脚、一抬膝、一扣步、一弓腿之际使敌即仆于地。

（4）掷：指最后的发放掷打。採拿锁扣、施行控制只是为进身跌敌创造了必要的条件，而发掷则是跌敌的重要手段。所谓发掷就是顺其势，借其力，或手牵脚挂，或套封逼插，或掌推拳击，或肩靠肘压，或摆胯膝顶，连跌带打，或擎引松放后施以长劲，紧接着强烈爆发，轻提猛砸，以形成"颠起倒插，而其快也"，使敌跌仆于几丈开外或倒栽于脚下。

三、武当赵堡太极拳推手技法窍要

武当赵堡太极拳，在推手形式上一直沿用上下步（进一退一）的推手方法，以追求技击实作为训练目的，讲究冷脆狠准、颠翻倒插。

武当赵堡太极拳推手发放能产生很好的效果，首先应归功于它的上中下三盘四十八法秘技。即上盘十六法：掤、捋、挤、按、采、挒、肘、靠、攥、扣、锁、撅、叠、挫、扯、掷；中盘十六法：起、落、进、退、腾、闪、圆、转、含、拔、通、挺、环、管、吞、吐；下盘十六法：缠、跪、挑、撩、劈、壁、挂、蹬、勾、掰、截、点、绷、跳、滚、卷（参见拙著《太极拳技击实践》，陕西科学技术出版社1992年7月第1版）。其次，要牢牢掌握"意从心内起，手向鼻尖落"、守中用中、夺位发放的原则。夺位放人要轻灵利索，干脆潇洒，最终在熟练掌握48法的基础上，纯熟地实施"手上的串子，脚下的绊子"（串子：指採拿折别之手法类；绊子：指缠跪挑摺、封套逼插之腿法类）这一发放窍要。

何为推手的夺位发放？夺位发放就是在推手技击中，通过摸劲感知对方身体重心、虚实的变化，使用自己的功力控制对方，通过角度、方向、劲力、身法、步法的巧妙变化，诱使对方失重，从而不失时机地抢占或跨越对方的中心位置，或后堵、或前截对方后撤或进步，使对方被迫推挤（夺位）而出，加之长劲或短劲的配合，往往会产生奇妙的效果。

何为"中心位置"？武当赵堡太极推手时，两脚是一前一后站立的。此时的中心位置，基本上处于头顶百会与两阴之间会阴穴所直对的地面位置（上中下成一条直线），这一位置牵系着人的身体重心，或者说它是人体重心的所在。在推手过程中，无论哪一方，倘若这个中心位置骤然被对方（挤、逼、抢）占据，就必然会失去重心。此时如果没有机会（脚下被绊、身体又被控制）调整重心和平衡，那么则凶多吉少了。

夺位发放的方式一般分为直接进步夺位发放和偷步夺位发放两种。其中直接进步夺位发放又分为穿裆进步踏中门、穿裆进步踏过中门、左脚外绊、右脚掏绊四种形式；偷步夺位发放又分为右脚偷步、左脚夺位发放和左脚偷步、右脚夺位发放两种形式。现分述之。

1. 直接进步夺位发放

①穿裆进步踏中门（中心位置）。发放前脚进步，踏在对方的中心位置（裆下垂直点）上，将其挤逼而出。此为最常用的一种方法，如进步白鹤亮翅。但应当注意，前脚进步时，后脚必须相随紧跟。

②穿裆进步踏过中门发放。

前脚进步，要使落点越进对方中心位置（落于对方后脚跟处，将更具威力）。此种方法，较上一种更有威胁，当然，其应用难度也大，技术不熟练，掌握不好，反而会弄巧成拙。

③左脚外绊发放。

左脚外绊，即左脚落步或进步时，直接顺对方右脚外侧，跨越其中心位置，并应尽量贴近对方右脚外侧。左脚的勾、绊、封、套之法使用率较高，其常用的着法也比较多，如正按、上下按、分手按、旋手按、高探马、中探马、低探马、斜行、十字手、上下琵琶等。

④右脚掏绊发放。

即右脚掏腿后再跨越对方的左脚，落于对方左侧后方（跨越其中心位置），形成套绊的形式。由于习惯上的原因，此法应用难度较大，给对方的威胁也较大。常用的招法有掏腿按、揽扎衣、高探马等。

2. 偷步夺位发放

所谓偷步，就是在正常打抡（推转速度不变）中，后脚偷偷前进一脚或半步的距离，前脚随之再前进一步（术语叫连枝步，后脚夺前脚），跨越对方中心位置。由于前进是向对方纵深发展，故技术性很强，威力很大。

①右脚偷步。左脚在后时，右脚偷偷在对方不知不觉中，向左脚跟方向进一脚或半步，随之左脚绕过对方右脚，跨越对方中心位置，外扣勾绊将对方发出。常用的招法有十字手、按手、上步揽扎衣、高探马、斜行、回头看画等。

②左脚偷步，右脚夺位发放。此法和上一种方法基本相同，只是左右方向不一。再者，右脚属于掏腿外绊跨越对方中心位置。由于习惯因素，此法不易掌握，但实施成功时，发放效果很好。如反侧上步揽扎衣和反侧高探马等就比较厉害。

尽管“手上的串子、脚下的绊子”夺位发放能产生很好的效果，但其成功率的高低还取决于推手者听劲感知、身手动作的配合和控制能力。否则，即便是能够将对方发出，也只能是勉勉强强、拖泥带水，不干脆、不潇洒，便不会产生使对方吓出一身冷汗或惊奇佩服的效应。

听劲感知，就是通过步法与身法、神态的变化，通过手臂与对方接触点上轻、重、虚、实、松、紧的各种变化，通过触点引诱或迫使对方造成前倾或后仰、左歪或右斜，重心不稳，或者在接触点上与对方轻轻接触，令对方摸不清我的意图（意识控制），然后我突然利用上中下三盘身手动作协调一致的配合，进身夺位，干净利落地将对方如抛弹丸似地发出。《拳经》中说，“手到步不到，发人不为妙；手到步亦到，发人如拔草”“手要灵，步要轻，进退旋转如猫行；身要正，目锐精，手足齐到定能赢”“身要拥人，步要进人，发要狠准，毫不留情”“足踏中门抢占重心，夺巧位；发手如巨炮，直冲去势不可挡，即使神仙也难防”等，就是武当赵堡太极拳前辈对推手技击的心法总结。

纵观侯先生所传武当赵堡太极拳，其风格特点为：以意承先，因循为用。顺势借力，四两化千；以柔克刚，刚柔相济。以防为攻，防中寓击；起落进退，腾闪圆转。意领身随，处处皆灵；虚领顶劲，沉肩坠肘。松腰落胯，卷尾敛臀；劲聚腰间，后突命门。对拉拔长，进有后撑；气沉丹田，循环周天。意气运转，鼓荡无间；含胸拔背，气贯周身。寓于无形，保健防身；旋转乾坤，太极功纯。出其不意，抖接入榫；分筋挫骨，节拿抓闭。分寸毫厘，火候对准；武当太极，冷脆快狠。三盘要清，腿法必精；三节六合，八段九节。动即生法，贵在知变；动知往返，折叠寓中。挫措拧抖，麻花劲成；太极上乘，哼哈凌空。以技修行，承吾传统。

赵堡太极土特产　四十八法秘技显

——赵堡太极推手的技术与方法

"土特产"是赵堡太极拳大师侯春秀先生生前常讲的一句话，推手四十八技法也是他老人家传给后人的绝活。

太极推手，亦称搭手、撸手、转圈打轮，近来又有人给它起名叫揉手，但一般的都称推手，包括全国正式比赛也都叫太极推手。太极推手对抗，练懂劲，练技巧，是太极拳练习技击用招的方法，也是学习太极拳法以致应用的中间途径，是学习懂劲的妙法，也是学会架子到学习散手的阶梯。太极推手必须全神贯注，轻灵活泼，长期练习能获得浓厚的情趣，引人入胜。

推手诀曰："掤捋挤按须认真，上下相随人难侵。任他巨力来打我，牵动四两拨千斤。引进落空合即出，粘连黏随不丢顶。"又曰"彼不动，己不动，彼微动，己先动。劲似松非松，将展未展，随曲就伸，劲断意不断，意断神可接"等，都是太极推手功夫的真实写照。

一、推手的性质及意义

太极拳是体、推手是用，体用应紧密结合，才长功夫。要把拳练好，再运用到推手上，用拳来丰富推手，用推手来检验拳架，也就是说推手以拳架为基础，反过来又检验和修正拳架的技术。如果说拳架是理论，那么推手即是实践，这样久而久之体用结合，理论和实践结合，就可以形成功夫上的飞跃。但这些只能用科学的方法进行完备的训练，逐步达到高层次。当然，只练拳架不练推手，就很难深刻地领会太极拳法的各种要求，更不能灵活运用拳架、自如的呼吸行气、巧妙地发挥劲力，根本达不到技击运动的高度成就。

推手是进行太极拳技击技能实战训练的一种形式。它是在实战条件下，不用护具设备的双人对抗竞技，比内劲（耐力）、觉劲（灵活），纯熟地运用太极拳技法，控制自己的平衡而破坏对方的平衡。两人搭手互相缠绕，上边用手把对方捆住，下面用脚和腿使绊，上下配合，将对方制倒。推手是一种双方徒手竞技武功，既不是急了打架，也不是随便嬉逗，而是双方郑重其事地比内功和技巧。一接触，双方即进入互相摸底阶段，必须从手和脚全面动作来衡量对方实力，沉着应战，看谁能把对方轻松自如地摔倒或制服。而其整个过程是通过全身皮肤触觉和本体感觉的灵敏性，探知对方劲力的大小、刚柔、虚实、长短、快慢和运动方向，反射到大脑作出各种因势利导的对策来实现的。在这一过程中，要求善于体察对方的虚实、强弱和力量的方向，并善于在各种不同的情况下控制对方，施以有效的打击。对双方的皮肤触觉、本体感觉、反应速度、用劲技巧以及内劲质量等各项太极拳的运动素质是一种综合性的训练。推手有素的人，一搭手，通过听劲便会感知对方劲力的大小、力点和方向、重心的变化以及发劲的时机和发劲后的效果等。水平越高，这种综合功夫的能力就越强。

必须指出，虽然推手是获得太极拳技击功夫的主要手段，要求在推手训练中把全身的功夫使出来，不只局限于推“手”，而是要推（发、打）人。有乱取、硬闯、擒打、闪击、突袭、逼追等进取之法，也有截、堵、顾、拿、闪、随、接等防守，以及拿跌掷打的全面性技击技术。它本身也有一定的技击实用性，可以发挥真正的技击效能，但它毕竟不是实战，而只是技击的练习。

然而，从一定程度上来讲，推手与散手相比较，推手技术的内在变化比散手技术的内在变化要更加细微，在训练的内容和难度上面，前者要比后者复杂得多，困难得多。当然最终推手还要为散手服务。技击形式虽分推手、散手，但两者相辅相成，是一个统一的整体。

二、推手的方法

各家太极拳都有自己的推手法，一般都大同小异，且都各具特点。这里我们主要介绍传统的河南温县赵堡镇所承传的太极推手法。此推手有它自己显著的特色。如在风格上，它讲究发手冷脆快狠毒，惊炸弹抖，连环用招变劲，劲跟劲、招接招，使对方没有喘息之机。在手法上讲究节拿抓闭，分筋挫骨，采挒折别。推转时手腕平直，手指伸展，指梢微微上翘，叫作手头不丢。身法上讲究起落进退，腾闪圆转，吞吐顺化，避实就虚。步法上讲究偷步进身，扣摆封势，活步转换，步定人出。除了上盘手法、身法讲究掤捋挤按、采挒肘靠之常见方法外，其最大特点是较完整地继承了古传太极上盘的攥扣锁撅，叠挫掷扯；中盘的起落进退、腾闪圆转、含拔通挺、环管吞吐和下盘的缠跪挑撩、劈壁挂蹬、勾掰截点、绷踋滚蹉，故而形成上中下三盘四十八明暗法，确是“法法有字，字字有诀，一字有一字之用，一句有一句之法，字字珠玑，句句锦绣”。三盘功夫融为一体，练就周身一太极，无处不太极，处处皆似手，依哪儿哪儿发之。

赵堡太极在练推手以前，要先做单势的盘招练习。常盘的主要式子有云手、野马分鬃、倒卷肱、白鹤亮翅、单鞭、斜行、高探马、十字手、金刚、闪通臂等。且又进行一对一的练习，一人坐桩递手、另一人练习，如小开合、揽扎衣、白鹤亮翅、高探马、倒卷肱、十字手、斜行、串捶、掩手捶以及各种手法的抓拿折别、腿法的踢踹勾挂蹬和发放技巧等方法的练习。凡此种种，最常用方法的练习原则是，由生到熟，由慢到快，由给坐桩到不给坐桩，由给死桩到给活桩，由给递手喂劲到不喂劲自己找劲、摸劲、问劲、自动发劲。循序渐进，逐渐达到纯熟自如，随心所欲。

传统的赵堡太极拳推手以上下步推手法为基本方法。所谓上下步，即两人对面站立，你上一步攻，我退一步守；然后我再上步，你又退步。由一进一退到熟练成活步，即随便进，随便退。但开始练习亦有一定规矩特点。譬如你出右手臂且上右步，我则出左手接你的右肘，则左步在前置于你的右脚尖外侧。但切记，我的左脚（前步）一定是虚腿，而且不能超过你的右脚后，否则就会受到你腿上方法所制。反之，我再上右脚进右手臂时，你则右脚、右手臂后退，倒换成左脚上步置于我右脚尖外侧，左手接我之右肘，二人形成顺步。你出左脚我出右脚，你出右脚我出左脚，各占一半，实质上二人合一。同体的话，两人脚下踏成的图形，恰好是太极图。两人胸前垂下的落点是太极图的圆心点，两人两脚上踏的地方，恰好是两个阴阳鱼的鱼头，后脚则是鱼尾。再者，上盘手臂的姿势亦有独特的讲究，即除了一般的要求沉肩藏肘外，还特别要求手指依次并拢，始终和对方手背相贴。此手型叫团结手或刀片手，不用招时，虎口和手指不能张开，掌心亦不能无意下翻。因为无意中手指张开易被对方采抓折拧捌挫，手心下翻不易藏肘坠肘，容易露出肘头，受人搬抖所制。故秘诀曰：“俯掌即发，开手即打。”又讲：“出手看肘。”也就是一般人认为的“手不离肘，肘不离手，倘若脱肘离手，必定发手”。诀云：“遇力不顶趋向攻，重里显轻必发手。”一手占两手，腾手妙无穷。

赵堡太极推手分为单人推手和双人推手两大类。单人推手主要为意念性推手，可以单臂划各种方向的圈、弧，亦可双臂划转双人推手时的路线，琢磨手眼身步法的配合，带上技击意识进行训练。单人定步划圈练习有左右里合圈，外开圈，左右平圈，前后立圈，左上右下、右上左下的斜圈等。圈子可大可小，可快可慢，可由大到小、由小再大（亦可外形不动，行走坐卧时用意念转圈练习）身体亦可上下、前后、左右、左前右后、右前左后配合协调运动。手臂可单可双，亦可交替，依次进行，无拘无束，意、气、劲三者合为一体。

双人推手可分为单臂双人推手和双臂双人推手，可以定步，亦可上下步，又可活步，随意进行。如双人定步单臂推手时，互出右步右手，手腕背相贴，甲进时成弓步，乙后化时成虚坐。如此一进一收，往返进行。然后换另一侧，其法相同，可划齐肩或齐胸的平圆（进的一方尽量用手摸着对方的肩或胸部，而守的一方则尽量收臂坐转腰胯关节，且手臂粘贴引化），或做前后上下的立圆等。如此变成活步，即随走转随做亦可。双人定步双臂推手先做四正四隅推手，可不停地转化一侧的圈子，然后转另一侧，待两侧都熟练以后，方可左右配合起来，随意转换练习。

第二步做上下步推手。首先甲乙两人正对面站立，甲出右手臂，掌心朝内，手高不过头，沉肩坠肘，左手前接对方右肘，右脚前上一步落于对方左脚尖内侧，双手臂向对方右臂上、后下、下方划转。与此同时，乙右手心朝内，用手背前接其右手（或手腕背相贴），左手顺势接其右肘关节，使右脚向右后方退一步的同时，双手顺对方来劲向右侧后引化。如此，甲进一步，乙退一步，两手臂互搭向乙的右侧划转斜立圆一圈半，形成乙的左臂斜伸于左前下方，右手置于右肘窝处时，乙复右脚前上，落于甲左脚尖内侧，左手臂同时回屈以手臂向右肘窝处操接甲扶托乙的右肘之左手，同时右手亦顺势由左向下、向右弧形接操甲之左肘关节（在乙换手之时，甲亦换接），两臂配合向甲的左上右后划转立圆一圈半。与上步动作的同时，甲则后退右步，又做乙先前退步划转的动作。如此，一上一下，只动右步，一进一退，就形成了传统赵堡太极最基本的上下步推手法。它在划圈的特点上是立圆和斜立圆较多，平圆较少，因而易于技击中的挫根拔户，纵横交错，剪刀式打人，折叠扭拧的麻花劲法，手法较多，故而发劲使对方极难忍受。

第三步是倒换步双推手。此特点是在外观上看去似上下步推手，但细察却在步法上有所区别。不同之处就在于前者是右步一上一下而左步未动，后者则是上下两脚在倒换，形成一个三角形，也可以说是三点式，即上步时，左脚在左斜前方，右脚在右斜前方，而收回时两脚始终是踏在一个点上倒换。甚至于这个点在“身要攻人，步要过人，神要逼人，气要胜人”的要诀指导下，无形中向前递进，这就为偷步、连枝步、过步、逼步的一些用法和打法技巧奠定了坚实的基础。这种步法的好处是使对方在不知不觉中站立不稳，不易维持重心的平衡，只有后退之力，而无前进之功，始终处于被动状态。然而，上肢的划转却是基本相同的。

第四步是活步双推手。即上肢的动作不变，步法更灵活一些，可连续上步推，连续退步转，随意进行，不受约束。

第五步是活步两人两手腕相贴，随着步法、身法的配合，两手臂缠绕转插，以抢对方的内门，推击按打对方的中心滞僵点，使掤捋挤按、採挒肘靠、进退顾盼定之太极十三法和头、手、肩、肘、腕、胯、膝、踝、足、臀、胸、背随意应用，做到听探顺化，引进落空，千变万化，随心所欲，得心应手，处处时时可控制对方，人不知我，我独知人。久久练习，朝夕盘打，做到周身无处不太极，依哪儿哪儿发之，因而极富趣味性，更能引人入胜。

第六步是活步两人双推的同时兼用踢打跌拿，挤靠崩弹、抖挒惊炸，渐使招数纯熟，由懂劲而阶级神明，使发打跌擒融为一体。主旨为训练习者的灵敏反应能力，掌握尺寸分毫，发挥太极寸劲短打之特长，直至上升到太极拳之上层高乘功夫——使犯者应手即仆。

三、传统赵堡太极拳推手上中下三盘四十八技法简介

1. 上盘十六法：　掤、捋、挤、按、採、挒、肘、靠、攥、扣、锁、撅、叠、挫、扯、掷

①掤："掤在身臂""掤要撑"。掤是太极推手的基础功夫。掤处处有、时时有，掤劲为通用劲。掤劲贯穿于整个运动的全过程，任何时候都不可丢。掤劲功夫是粘连黏随的基础。掤是活劲，绝不能理解为不让或硬顶。

掤劲是一种似松非松、柔中寓刚、灵活而沉重、富于弹性和韧性的劲，具有粘化逼捆作用。掤劲要练成"挥之使去，不得不去"的威力。

太极拳是柔中寓刚、刚柔相济的拳，掤劲最为重要。因为太极拳的技击原则是听化拿发，借力打人，以柔克刚，所以凡遇人

接触，以掤为先。它好似机警的侦察兵，又好似一道巩固的防线（往往是迎着外力的来向，施加适当的抵抗，借此将对方的进攻限制在一定的距离之外），进可攻，退可守。又是既坚又韧的一种劲法，加在对方身上，欲罢不能，欲攻不成。又有人总结太极拳的特点说："太极是掤劲，动作走螺旋。"这确有一定的道理。

掤劲的质量越高，推手时发挥粘连黏随的作用越大，越容易用肘部和手掌去牵动对方的重心，破坏对方的平衡，在引进化劲时也不容易被对方压扁，使自身处于不利地位，而是能充分发挥"引进落空合即出"的作用。

②捋："捋在掌中""捋要轻"。捋法是太极拳中以小力胜大力、引进落空、后发制人的典型例子。"引之使来，不得不来"，给对方以极大的威胁。常言顺势借力、引进落空、顺手牵羊、四两拨千斤，就是基本上运用撮法轻带指引来势，使其在不知不觉中落入陷坑之中，如倒卷肱、闪通臂的用法就是如此。

③挤："挤在手背""挤在身臂""挤要横"。挤法是太极拳中的攻势手法，因其多为两手合力发人，力量较大，使用得当，能使对方立仆，在推手时，能产生较好的效果。挤是逼迫抢位之意，能使对方失去平衡而栽跌。在挤法中，应处处走螺旋，使对方之接触点遇着螺旋即被分旋，身不由己而后跌，如斜行、合掌挤等。

④按："按在中攻""按在腰攻""打人如亲嘴，手到身要拥"。用双手向外齐推，在太极拳中叫作按。用法是双手向对方腹上胸下，或者已将对方的掤式封闭后来使用。"按手用着似倾倒"是用双手按去，急进步向对方裆中冲进，同时用身子倾扑的式子来倍加摧力，也就是全身内力加在对方本来就很不平衡的身上，使其加速倒地。

按法在形式上虽表现为以手推按，但主要用全身之整劲。特别是身要拥，步要过，腰要攻，气沉丹田，脚跟蹬地，沉着松静，且有撑拔之力，形成一个整劲。诀曰：“根节动，梢节发，中节齐到生妙法。”掀跟拔户，使对方脚跟离地腾空而出，正是按手技法的真实写照。按法有：正手按、翻手按、分手按、上下按、旋手按、拨手按、掏腿按、切按、扣腿按等。

⑤採：“採在十指”“採要实”。採是具有独特风格的太极拳拿法，分为单採、双採。但又与其他拳种的拿法有别，虽亦利用点、拿、锁、扣、切、缠、搬、压等手法，但讲究钳制、逼困、採发、引跌等法，而以敌之变化，顺势借力，使对方毫无知觉，即已跌仆。

诀曰：“採在十指要抓牢，其妙就在把拧中。”採拿即为超过对方关节的正常活动范围，使其产生剧痛，难以忍受，全身僵滞，欲动不能，欲罢不行，身不由己，重者分筋挫骨，扯裂其关节、肌肉和韧带。诀曰“直中求曲採法精”，即指此而言，如小擒拿、十字手、金刚、单鞭等。

⑥挒：“挒在两肱”“挒要惊”“来势凶猛挒手破”。挒法是向前斜方或侧后方向发出的带劲，是一种横力，多以两端用力，而方向相反，形成一前一后，一上一下，如撕裂物状的旋转或杠杆力量。挒手完全是反关节法，其主要对付肘关节。挒时先松后紧，“挒要惊弹”，迅猛如闪电，干脆利落，撅臂立折。挒是太极拳精湛独特拳艺之一，如金刚、搬拦肘、云手、倒卷肱等式。

⑦肘：“肘在屈使”“肘要冲”“肘打随时任意行”“远用手，近用肘”“宁挨一拳，不挨一肘”。肘法的使用是在与对方贴近，用拳脚击打不能施展时，而用肘攻。用肘出击，便于隐藏，落点近、出着急，攻击部位多以头、胸口、肋下为主，是较

有力打击对方的着数。如肋下肘、窝心肘、捣心肘、顶心肘、穿心肘、背心肘、太阳肘、脑后肘等，多是要命狠毒的打法。

⑧靠："靠肩背胸""靠在肩胸""靠要崩""远拳近肘靠身胯"。靠法也是在肢体接近对方时使用，或我部分肢体被人逼困，转背为顺时用之。因靠法短促有力，与整体劲撞靠砸压结合，劲力大而且凶猛，大有推山入海之势。实用时配以哼哈之声，更显威力。

靠以肩臂、背、胸、胯、臀等部位撞击，要求身法、步法配合得当，肩胯配合，上下相随。以身形中正、顺步插封最为得力。其技法较多，有丁字靠、背折靠、迎门靠、穿裆靠、贴身靠、撞肩靠等。它与肘劲相同，都以快速弹抖发劲。

拳中技击手法皆由掤、捋、挤、按、採、挒、肘、靠八法演变而成，特别是採、挒、肘、靠运用纯熟了，在与对方交手时，就可以得心应手，对方虽然艺高，自己也无所畏惧。在手法运用时，明手在前显露手形，暗手隐藏其后含其势中，在运用明手不能奏效时，立即转用暗手，随机应变，一变再变，直至将对方发出。其万般变化皆要顺对方之势，借对方之力，以体现"舍己从人，借力打人"的技击特色。加上身法、步法、肘法、腿法螺旋进退，擒拿肘靠、惊弹抖发、开合升降、套封插逼、顺截劲路、砸脉错骨、闪展腾挪、脚手并进、柔化刚发的穿插配合，巧妙变化，使对方顾此失彼，防不胜防，陷于处处被动、处处遭打的困窘境地。以金刚势为例，此式之初为掤、捋、挤、按四正手，在混元一圈、螺旋下沉的过程中，略加变动，便可成捋採手、掤挒手，捋按手、捋採手。这些手法可以化解对方施于自己身上的擒拿法，又可以用于摔跌对方，且兼有千斤坠之功。

随着腰脊右转下沉，捋手一变而成右捋挒手；左转下压为左挤按手。于转身换势之机，还可陡然发出势中含藏的左右惊挒和头打、肩撞、身靠之法。于出左腿之际，有勾脚绊腿、套封插逼、蹬踩点打之法，双手牵制敌手臂，待腿法奏效之际，顺着对方跌扑的方向而送发。

随后于右手沉下弧线前按时，变按手为捌手，肩肘手、捌肘手，而后再变为按抖手成拦截手、擒拿手。当左腿套封于对方右腿后侧或用插逼腿踏进对方裆下时，配以左肩的靠击，可使对方因腿被羁绊而难逃遭撞后跌的厄运。

当右脚向前上步时，可用膝顶撞对方的裆部和下腹部，也可用脚踢击对方小腿的胫骨，这两种腿法的选用要视距对方的远近而定。右手始为撩阴手，待敌缩裆之际，顺势变成上击捶，直捣对方下颏，或改用掏心捶，献果式攻击对方胸、咽喉和面部。

最后在右捶下落而合、上升而开之时，既是化解对方擒拿手之用法，亦是自己施用擒拿手、锁骨手之招术。其中还暗藏着用右拳反背捶劈击对方右太阳穴或右耳根部的打法，同时还有右脚踏踩对方之前脚脚背的跺法。

仅此一势便有数十种明手、藏手、腿法、身法之变化用法，可见“太极处处皆是手”之说，并非虚言。

⑨攥：指握、捏、扣卷手指的手法，主要用于施用采拿或破采拿，或分筋错骨、点穴闭户的打法之中。诀曰：“遇采握拳。”即是攥法的表现之一。

⑩扣：指封、套、拢住或钳制住对方，常见的用法是出现在手指上。

⑪锁：指封闭钳管住对方某个或几个关节，使不得活便也。

⑫撅：指突然间的冷不防翘折、抖断对方关节。

⑬叠：指折叠，一往一返、一来一回的回折采捌打法。

⑭挫；指运动中的折错、顿搓、分筋错骨、拧撕拉扯、扭裂之用法。

⑮扯：指一採、二刺、三截、四抓、五拧、六卷、七撕、八抖的抓皮提筋捏肉时的撕破拉断的用法。

⑯掷：指暗用沉劲，将对方重心弹起拔高，凌空抛投砸下，忽高突低的打法技巧。

2. 中盘十六法：起、落、进、退、腾、闪、圆、转、含、拔、通、挺、环、管、吞、吐

①起："起在足心"。欲要向上，必寓下意，又要提起全副精神，全脚掌着地，五趾抓地，百会领起，擎起彼身借彼力，引到身前劲始蓄，松开我劲勿使屈，放时腰脚认端的。或于彼劲将出未发之际，我劲已接入彼劲，恰好不后不先，如泉水涌出，如皮燃火，骤然爆发。

起动举止，随人所动，随屈就伸，不丢不顶，勿自伸缩。彼有力，我亦有力，我力在先，控制对方；彼无力，我亦无力，但我意仍在先，早有准备（提起全副精神）。要时刻留心挨何处，心要用在何处，须向不丢不顶随意化发中讨消息。从此做去，一年半载便能施功于身。

②落："落在窝中"（师传人体有十三窝，诀曰："太极劲法妙无穷，其妙都在窝中存。"）蓄在丹田，上悬下沉，推手时吸则自然提得人起，亦擎得人起；呼则自然沉得下，亦放得人出。推手时用快速的动作牵动对方重心，即将物掀起（一个短吸），接着乘对方重心不稳而突然放劲，全身劲向下沉而弧形地微向上往前直射，"而加之以挫之力，斯其根自断"（一个短呼）。如三步捶、鹞子翻身、跨虎势等。

③进："进在分鬃""进在云手"。进人先进身，手脚意气劲俱到方为真。意从心里起，手向鼻尖落，发人如弹丸。如三步捶、云手、野马分鬃等势。

进身，上中下齐动的好处在于：

a. 进身打击才有力量。进身时可以发挥全身整体力量，有利于七星威力的发挥。

b. 进身才重心稳固。进身后身体重心在两腿之间，故能重心稳固，不易被人牵动。

c. 进身打击才狠。身既已进，手脚齐到，上打下踢，或上推下绊，击敌既狠，发敌又远，且又难防难化。拳论曰："手到脚也到，打人如薅草；手到脚不到，打上不得妙。"

d. 进身方能使对手防不胜防。进身之后，我之攻击可以变幻莫测，可使对手防上，下挨打；防左，右挨打。弄不好上下齐挨打，或防拳而挨肘打，或防肘而挨肩打，或防肩而挨胯打，或防掌而挨头撞，使其防不胜防。

e. 进身才可能施行有效防御。进身之后，对方之长手长腿就动不起来，我则直接御对方腿臂之中节、根节，有效地打乱其进攻意图，而又不易被对方击中。进身之后，我向对方侧向闪躲的路径才最短，有利于我施行闪躲防御，而闪到对方侧后更利于我之进攻。

f. 进身可破对方擒拿。擒拿我之对手，一旦得手，势必向自身方向用力以求制我，此时我若向相反方向用力挣脱，那就正中其下怀。但此时我若顺势进身攻击，不但易于解脱，还会使对手反而受制。

④退："退在转肱""胜在进步占势，不败在退步避锋""进为人所不及知，退亦人所莫名速"。有进必有退，进退适中。古传云："打死不后退，后退必打人。"如倒卷肱势即是退中必打之法。

久练功夫纯熟则起落进退旋转自如，而轻重虚实刚柔齐发，周身一齐合到一块，神气不散，方能一气流通，卫护周身。

⑤腾："腾在柔韧"。轻灵圆活，变转轻快，必主抬之即起，按之则落。气沉丹田，鼓荡腾升。如玉女穿梭势。

腾者又腾挪也，即精神也。精气神贯注于两脚、两腿、两手、两膊前节之间。彼挨我何处，注意何处，周身无一寸无精气神，无一寸非太极。能体会腾挪，则虚虚实实、实实虚虚之妙用便愈练愈细巧，所谓"腾挪乘虚任意入"，意即指此。

⑥闪："闪开正中定横中，其闪定有隙"。含胸缩骨，吞吐避让，闪展腾挪。如卸步白鹤亮翅、斜行、跃步斜行、上琵琶、下琵琶等势。

闪者，闪战也。是动度极小的避实就虚之法，方向、角度、力点突然转换，迅速发劲，谓之"闪战"，也就是富于弹性的一种抖劲。眼、身、手、腰、腿相顺相随，一气呵成，劲向前发，迅若雷电，一往无敌，乃惊战之法。其特点是不与来力顶撞，似挨非挨，突然一转，避实就虚，以小力胜大力，使对方有力无所施其技，所谓"闪战空费拔山力"，意即指此。

⑦圆："圆在转轴"。活在其中不凸不凹，中正安舒，不顶偏丢抗，活转适中，恰到好处。如白鹤亮翅、低探马等势。

⑧转："转在腰际""走转变化，通行无滞"。转必用腰，腰是周身之轴心，它是调剂周身平衡的枢纽。"刻刻用意在腰际""腰为第一之主宰"。以它带动四肢并协调身姿而运转。主在发展先天之源而固先天之本，有健身强体、技击技能的特殊功效。如金刚、白鹤亮翅、单鞭、斜行、高探马、云手、野马分鬃等势，几乎每一势都有转法的妙用。

圆转的另一层意思是太极拳运动处处都是螺旋劲。这种螺旋劲是多面螺旋，全身各部位稍一动用，都有螺旋劲。这种劲的形成原因是在随便动作时，全身大小关节都要有支撑力，所有部位形成钝形三角，此时力欲膨胀，又欲收敛，因而全身各部起了螺旋劲，连腿下也应如此。在用这种劲力时，全身一定都成钝形三角，然后突然变换力的方向，如同爆炸一样，“砰”的一下子就发出了螺旋的力量。平日所说的直去实际上也是旋绕着去，也可以说旋绕一条有直线的力量，旋绕与直是矛盾的统一。在外形表现上不一定看得出来，但内里都含有旋转着的螺旋力，形成波浪式的前进。“起手如钢锉，回手似钩杆”，多为精神力量的集结，而不是在外形上单纯的模仿。所发之劲力是拧着出去，拧着回来，而不是直线的运动，倘在直线也是非常短促的。推手中用的滚错、撑拧等劲力都是螺旋曲线的形曲劲直的运动。所谓形曲劲直也就是没有平面积的绝对力量，要使全身各部肌肉保持住“盘内滚珠，无微不到”，永远没有停顿的状态。劲直也可以说是劲圆，并不是直线运动的含义。劲直是指四面八方都有活动的意思。习拳应该学会打圈，还要知道大圈不如小圈，打小圈不如打不显形的小圈，打不显形之小圈，不如全身之齐动，全其意、全齐力，此习拳术求中用中之道。

总之，没有直线的运动，多少总要带一点环中味道，“出入螺旋式”“腰似车轮腿似钻”均系此意。

⑨含：藏存之意。这里指含胸以柔化前攻之击，或意注背脊弹发后来之攻击。

⑩拔：抽拉拽出之意。这里指提起精神，虚领顶劲，拔背以弹发来人之攻击或轻灵走化。

⑪通：指顺达，内劲通畅毫无阻滞，各种变劲通通俱备。

⑫挺：指神气勇往、挺拔、腰劲贯注，坚强有力，发放时应有的雄壮气魄。

含、拔、通、挺四字，概括了赵堡三合一太极拳“含胸拔背，通脊挺胸”的理论，是内气鼓荡、哼哈二气凌空发人之内在练法的显著特征。

⑬环：圆也。指在太极拳的动作中处处为弧形圆转，这里主要指推手时腰胯在四肢配合下，以立圆和斜圆倒转折叠见长的引进落空、掀根拔户的打法。

⑭管：原为约束、控制之意。这里主要指用身体牵引、粘着如胶似膝地控制住对我敢于攻来之手臂和身体，使其欲攻不行，欲罢不能，站立不稳，身不由己，重心难以维持，手臂又无法从我身上撤回，而此时我却省出了两手，可以任意发击对方。

⑮吞：原为兼并、吸没之意。这里主要指用身法吞没、吞并对方的击打，以起到引进落空、吞而化之之用，使对方入跌悬崖，身坠谷底。

⑯吐：原为放出、涌出、喷出之意。这里指蓄劲之后的爆发涌喷直射而出的劲力，有无坚不摧之威。哼哈二气凌空弹放发人的技法，即是吞吐二法结合在“含胸拔背，通脊挺胸”中的表现之一。

3. 下盘十六法：缠、跪、挑、撩、劈、壁、挂、蹬、勾、掰、截、点、绷、跐、滚、捲

下盘十六法的运用，旨在推手时，腿下也进行粘连黏随，力求增强腿力和使触觉灵敏，控制对方，这是为配合手法而使用的掀错其根的栽跌法，如用撇膝劈根打毁对方的桩步或跪膝挑撩使对方身体仰面后跌。

①缠：“缠在松盘”。如藤缠绕，粘黏松贴，舍己从人，法在己用。缠腿之击法，在遇敌从我腿之外侧或内裆中进击低腿肢，我先以松盘之功而防之，随即顺其进击来势，用外缠或内缠之旋转腿法，从彼进腿方向，顺其趋向借彼之力，乘其惯性，以我柔旋之腿、盘缠之术，粘连之妙，将其进腿控制在我腿窝之中，施以旋转缠绕折叠、挫扭之法，必使敌腿折干剪腕（踝），

分筋挫骨。如金鸡独立、倒卷肱等势。

②跪："跪在膝中"。要横竖找。贵在用意，功就而从心，曲中求直，蓄而后发，发落点对即成功。如三步捶、跨虎势等。

③挑："挑在稍尖"。犹似翘板，根节松沉，梢节弹升。如回头看画势。

④撩："撩在顺填"。顺撩填空，旋转引空，使其失中。如十字手、跨虎势等。

⑤劈："劈在直崩"。欲劈先松，形如摆钟，横竖间用，冷脆快狠。如倒卷肱。

⑥壁："壁在立根"。主在制根，贴身寸进，无坚不摧。如白鹤亮翅势。

⑦挂："挂在勾环"。黏贴带回，刚落即用，脚到成功。如云手、倒卷肱、前照、后照势等。

⑧蹬："蹬在展跟"。妙在胯根，蹬踏结合，其见弹功。如跃步斜行、鹊雀蹬枝、旋脚蹬根等势。

⑨勾：原为牵引、抹掉、刮掉之意。这里指用脚尖一次性或连环性地勾挂对方处于重心不稳时的支撑脚，以便使对方快速栽倒。勾法常常同透步掏套腿配合使用。诀曰："钩盘剪挫何人晓，滚套衬截识者稀。"即是勾法为首的表现。

⑩掰：原意为折断、擘开。这里专指推手时的用膝分拨。打开对方下盘门户，踏中门进裆下以便使用壁腿；或用脚尖外摆、内扣；或用脚跟的前上与外撇之法管对方的步子；或倒换正、偶方向，以利引化治发的技击方法。

⑪截：原为阻拦、割断、弄断之意。这里指推手时用脚下的步法堵截阻拦对方的劲路，使其进攻难以奏效，以便我方得机发手。

⑫点：本为快速地刺打之意，这里专指用膝盖冷不防地撞击对方膑骨或其他要害部位。

⑬绷：原意为突然性的崩发，免得皱缩。这里指虚脚点地时，脚跟用力踏地所产生的膝关节突然绷直的动作。其目的是抖掉绷撞对方与我相触的支撑腿，使对方突然失去重心而快速摔倒。

⑭跐：原意为踩住东西蹬滑移位。这里指推手时，用脚掌前蹬踩住对方膝下胫骨脊，向下滑踏，并跺其脚面的方法。其效果可使对方小腿皮开肉绽和脚骨粉碎。

⑮滚：原为旋转着移动之意。这里指推手时的滚衬腿，其原理是当对方支撑腿扶于我腿之上时，我腿恰似滚木衬垫于其腿下，内劲贯于腿中如辊轴滚动，再向斜上挑撩之，此时对方必被抛出。此法最典型的例子就是回头看画势。

⑯捲：原为盘曲之意。这里专指推手时对方之腿进于我腿下，或我腿进于对方裆中时，我以虚腿盘曲缠绕枷锁对方支撑腿，使其倒地之法。诀曰："捲腿寓有分缠挂踏，捆住敌脚绷膝跪压。"正是此意。

纵观赵堡太极拳及其推手风格，可以了解到它的内容和特点是：以意承先，因循为用；顺势借力，四两拨千斤。以柔克刚，刚柔相济；以防为主，防中寓攻。起落进退，腾闪圆转；意领身随，处处皆灵。虚领顶劲，沉肩坠肘；松腰落胯，捲尾敛臀。劲聚腰间，后突命门；对拉拔长，进有后撑。气沉丹田，循环周天；意气运转，鼓荡无间。含胸拔背，气贯周身；寓于无形，保健防身。旋转乾坤，太极功纯；出其不意，抖接入榫。分筋挫骨，节拿抓闭；分寸毫厘，火候对准。传统太极，冷脆快狠；三盘要清，腿法必精。三节六合，八段九节；动即生法，贵在知变。动知往返，折叠寓中；挫错拧抖，麻花劲成。太极上乘，哼哈凌空，混元一体，承吾传统。

四、太极推手的三个层次

拳之所重者，在精神、在意志、在内功劲力之锻炼。统而言之，使人自与大气相应合，分而言之，以宇宙之原则原理为本，养成劲圆力方、形曲劲直、虚实无定、锻炼触觉活动之本能。

推手实际上不是追对方的手臂，或被动地贴着对方的手与肘及身体，而是要“听”对方的劲路，转换自己的劲法，一心一意想着如何“推人”。跟着对方的手臂划圈子，是没有什么实际意义的。要做到推拉勾绊互用，又要真真假假，虚虚实实，欲拉先推，欲推先拉，往返折叠，保持周身呈弹簧状态。比如，想拉对方就要先做相反的推的动作，一待对方用力前顶，全身发紧，我马上可以顺势做向下之发劲，使对手前跌。发劲的要求是一触即发，一发即止。要保持继续发劲的灵活性。上述情况下如果对方反应较快，没有往前跌而是努力向后控制身体的平衡，我则可以随机顺势做向前的发劲，使其向后倾跌，这是一般的道理。所以，这第一层次为内力的较量。在这一层次，推手双方凭着手及身体的触觉、感觉来处理对方的力。这一层次主要是重心的巧妙变化与人体力学结构的变化，即平衡自己的重心，调动对方的重心，利用自己身体的变化来化解与进攻。

第二层次为劲的变化。“劲”是武功练到较高境界后“力”的进一步深化，它带有“功”的成分，有功者方可运“劲”。这种劲不是死力，而是活力，是力的升华与提高，是经过改造的力。太极推手的劲及变化有几十种或上百种之多，能熟练运用这些劲者，其水平已可步入一流高手境界。

第三层次为太极拳的神明境界，即用意、用心，由有形到无形，由有法到无法，随心所欲，由必然王国到自由王国的层次。这一境界一般极难达到，这层功夫不仅表现在体内的诸般变化，更在体外的种种信息处理。在这一层次，空间的内涵大大拓展了。通过自己的意念，内可调节自己，外可控制对手，和对方一接触，便立即使对力感到如陷天罗地网，有手不能用，有脚不能动，神呆气滞，发放时如打“稻草人”，其核心是处理虚与实的关系。

三层功夫有三个要素，其一为空间虚与实的构成。我们每个人作为实体是一种客观存在，然而在太极推手中则成为矛盾的一个方面，或称为一种信息。双方高水平的推手实际上为空间的信息处理，要能自如地控制对手，则必须把自身实体的空间化虚（指信息空间），而在体外空间中虚处求实，这样造成对方无着落处，运化时轻柔圆转，毫不受力，使对方失去平衡，有凌空失重之感。发劲时由于速度快、落点准，内劲足，粘着点突然放开，对方不及感觉，无从运化，即已被腾空掷出，达到了蓄发相变的高度技巧，这就是“引进落空”的本质含义。要能做到空间的虚实变化，必须敏感地抓住空间的结构成分，即点、线、面的轨迹，这是需要科学的锻炼才能得来的。

第二个要素是空。这是“松柔”的高级阶段。当把全身关节、肌肉节节松开之后，体察自身与外界的沟通，把自己僵力、拙力完全除掉，即为“空”的境界。“空”的一个典型表现为“其根在脚”的问题，很多人对这句谚语的理解有错误，认为脚下桩愈牢愈好，于是气下沉，劲下使，造成力的堵塞。其实，它的真正含义就在于“空”，当达到“空”时，脚下无一死力处，完全松开，全身无碍。这个根并非完全指力之根，而是“根本”“关键”之意。

第三个要素为灵活。有了“空”的体验和空间处理的能力，是具备了条件，而要自如运用，则需要灵动。灵动是一种变化、一种手段。运动时轻轻依附到对方身上，逆来顺受，随其而动，彼用多少力，我称多少力，处处不让其通过接触点将力传于我身，使之不能得知我的重心变化，难以控制我，而我又虚而实之，实而虚之，空若无物，又深若汪洋，变化无端。正如拳谚云：“人不知我，我独知人。”这三层功夫的核心是“意念”，运用“意念”才是拳法的高妙境界，所谓“大道无形”正是此意。

擒拿跌掷　必近其身　探而取之兼施并用

——赵堡太极拳技击擒拿术手法与应用

踢打术简单易学，“人人皆能蹬蹬腿”，伸缩收发，极易操纵。而擒拿术却不易学，它是一种非常巧妙奇微的技术。武术前辈针对身体的每一部分筋骨特点，制定出了最适宜、最恰当、最准确的擒拿分错方法（即分筋错骨之法），无论是从技术上还是施法上，都有相应的连贯性、固定性。不同方位的筋骨，即用不同方式擒拿，这样，即产生了不同方式的手法威力和与之匹配的、相应的战势身法、桩形和劲力精密而协调的配合（差之毫厘，失之千里，并非胡抓乱挠）。所以，擒拿术不易掌握，非长期演练和揣摩，难悟其精窍妙谛。

一、手法的运用

实用采拿技术千变万化，手法运用的好坏，是技术的关键。拳诀曰：“拳之摧人，必近其身，方能跌出。如物之藏室，不得其门而入时，纵有神仙拳，无由升堂直入，探而取之。”说明应用採拿必须“得门而入”，必须接近对方的身体，这是制住或摺倒对方的先决条件。要突破对方的三层防线（手、肘、肩），在採拿技击时，我们要刁住、抓住、挑开、拨开的只是手尖、手腕或是肘部，没有控制住对方的膀根部，此时出手快者得先，慢者吃亏，而这仅仅是一拳一脚的得与失，并没有将对方控制住，对方仍然有机会、有能力更拳换势，改变招法和进攻的策略，向我们发起新的攻势。採拿技击中只有控制住对方的膀根，也就是必须打开对方的第三道大门（最后一道防线），才能随我变化，使得对方只有招架之功，再无还手之力。

手法有两种类型：

1. 先发制人

当与对方击打格斗时，不等对方出手攻击，就先出手，打对方一个措手不及，出其不意，以我们的气势及闪电般的连环招法，制住对方，压服对手，赢得胜利，这种进攻的策略称之为先发制人。

2. 后发制人

即指当对方出手向我进攻时，避其锋芒，然后再出手还击对方的一种策略。

后发制人的优点是：能够清楚地观察对方招法的特点和弱点，摸清来胧去脉，抓住有利的时机和空隙，准确有力地还击对方。

后发制人这种策略手法要求技击时，出手进招在对方动作之后，虽然我方出手晚于对方，可迅猛如雷霆闪电，完成整套进攻动作却在对方之前。这种策略手法既有后发制人的效果，又有先发制人的威力。但必须切记不论是“先”还是“后”发制人，决不能忘记一出手就应该突破对方的第三道防线，控制对方膀根部，黏连不离，随它任意变化都不让对方逃出自己的控制范围。

否则再好的战略战术、再好的手法招法，也会落得竹篮打水一场空。

控制对方膀根，就能收到开寸离尺的效果。拨开对方膀根部一寸，对方的梢节（手指或手腕）就会离开或是移动一尺，对方必然会出现防御中的空隙漏洞，我方再近其身，制住对方，这种手法叫“闪门之法”。

不但要打开对方的三道大门，还需要从采拿的劲力上控制住对方的三道大门。有些采拿技法从表面看只是拿住了对方的梢节部位（手指或手腕），但是我们所拿的劲力通过梢节传至中节，直到根节，仍然控制住了对方的三道大门，使对方全身无法转动（这就是技击“运动知觉”）。

采拿技术手法上虽然再三强调一个“巧”字，突出一个“巧”字，甚至有的采拿方法就叫巧拿，讲究“以巧破千斤”，但是，我们决不能忽视力量在采拿中的作用。没有强大的力量作为后盾，也就谈不上巧劲。人们常讲的“以巧破千斤”只是一半，应该还有“千斤力在后”这样才完整。如果只懂得采拿技巧，没有本力、功力，搏击中抓时抓不住，托时托不起，拨时拨不开，拿时拿不狠，再好的采拿技术也不可能发挥出来。

而死拿硬要不但采拿不出好的效果，还会造成反受人制的被动局面。所以要想在擒拿搏斗中将所学的招法、手法运用自如，一要勤学苦练，养成手与手法的快速反应能力和应变能力。“功夫”就是时间加勤奋，只有我们反复地练、不间断地练，认真仔细地练，方能正确地掌握采拿技术，正确体会采拿中的劲力变化，在实践中不误时机地使用采拿中的手与手法，拿出一个真正的“巧”字来；二要真打实作，在熟练掌握采拿技法之后，经常实践应用。“要想知道梨子是什么滋味，就得亲口尝一尝”，没挨过打，没挨过摔，没挨过采拿，没尝过挨打、挨摔、挨拿是什么滋味，就不可能采拿好别人。从实战中，不仅能练出手与手法的快速反应能力和应变能力，还能培养出敢打、敢进、敢拿、敢拼的果敢精神。艺高人胆大，胆大艺更高。只有通过实战才能真正养成技击“运动知觉”，在惊心动魄、瞬息万变的采拿变化中，用好我们所学的手法和招法。

手上的串子，脚下的绊子，“招有精奋处，全在挑勾连”，采拿的同时可顺势前挑后勾，用招十分精妙。往往在对方张牙舞爪冲进来时，只需脚下顺势一挑，就可以收到以技制力、以巧破千斤之功效。

拳谚云：“进击连环相应，搭手上下齐开。”一旦从力和点上控制住对方，无论对方怎样躲避反抗，我们都要步步紧逼，随时对对方造成威胁，绝不给对方以喘息之机。敌欲变而不得其变，敌欲攻而不得逞，敌欲逃而不得脱，斯为上乘。

二、心形意技合二为一

1. 意到手到，心形合善

“意到手到”，是对大小擒拿法的基本要求；“心形合善”，是擒拿技术的最佳境界。实施擒拿术时，首先要做到心静意定。只有心绪镇定，头脑清晰，精神集中，才有望在快速多变、复杂难测的擒拿过程中用自己的心机，意欲指挥自己的动作，统领腕指及周身劲力，从而做到感应差别，恰形出手，随势应变，控制自如。尤其对于擒拿这种精妙细致的技法来说，如不能做到心静，必然感觉失灵，步法失调，双手失控，胡抓乱捞，无所适从，不但不能快速准确地采拿锁扣，反而破绽百出，为人所用，从而败于对方。

其次，要“心毒意狠”，心怀残废杀伤之意。临敌决战，不是你死就是我活，来不得半点心慈留情。“钳手未出，意在要害”，全身劲力有“未打已中”之念，使擒猎捉物之意跃跃欲动，指欲抓、手欲拿、意欲冲、脚欲踢、拳欲打、动形追意，实施毒诀，即：最佳着点、最快速度、最大劲道；“铁指成手，意在要害”，形到力到，使全身之力尽施于敌要害处，一中则残而废之。即使防御退却，也是防则为攻。

再次，要心警意灵，处处如临大敌，有备无患。钳手未出，心存警觉，意欲防变，时刻戒备，全身蓄满暗劲（手欲刁采捋扣，臂欲格挡截拦，步欲扣绊封闭，腿欲挑撩劈挂，身欲闪转腾挪等），以防对方突袭。不得被对方的虚招、假力、言语、表情等所迷惑。出手擒拿时，既要为连续攻击和收势变招做准备，也要有防护意识，防止对方反击。不能放任深入，孤注一掷，老劲尽势 。除手指外，全身各处都不得松懈，要警惕常保。在被迫防御时，不能只防其一，不防其二，要做好连防准备。

意到手到，心在手先，手无虚出，法随心转，适时适机，对势能变，心形合善，是成绝招。

2. 锁扣为本，顺势分错

起手采握锁扣对方筋韧骨节，是实施钳手擒拿术的根本，也是擒拿术的基本特征。一切擒拿皆由钳手锁扣开始，千变万化之道皆由腕指生发。一为逮住对方，不使其逃脱，对方跑了何谈施技；二为制造战势，人背我灵，方利于擒拿；三为採住关节，拿住目标，有的放矢；四为以採点为用劲支点，施加各种分错劲力。锁扣不成，则无法谈及擒拿，由此术为起点，方能施展其他招法。

锁扣一定要准，即善于运用擒拿术所有採手技法，准确地拿住对方肢体关节的一定部位，切不可以为胡乱抓着就算得手。每一个关节的不同方位都有相应的擒拿技巧及变化，并非一採应万招。锁扣准确，方能恰当施术，呈现出擒拿的威力，从而达到採其一点，伤其一节，牵制其全身的奇效。倘锁扣错误，失之毫厘，差之千里，失手失法，失机失势。

为防止陷入锁扣失手的困境，并利于配合继续进招，初起手时，一定要轻灵迅捷，不可僵拉硬抓，孤注一掷。因为劲力如一下用尽，势必会影响连环技法中的紧密配合，影响招数变化的灵活性和进一步攻击的速度，从而丧失擒拿特点，易使对方逃脱或遭反击，也不利于撤手回防。习者应领会此道，施术要留有余地，要以铁腕钢指及周身劲力保持警觉为佳。

锁扣一旦得手，要快速实施连环擒拿招法，缠绕牵带，顺势攻取，一鼓作气，制对方于搭手不及。绝不能有一丝一毫的停顿，如果慢条斯理，则坐失良机，对方即可再行变化，持力抵抗，从而难擒制。

3. 手动皆动，整体配合

擒拿是技击的大技之一，它遵循着技击的整体法则。擒拿重在採手锁扣，然手法之妙必赖于眼、身、步桩之配合。

实施擒拿术，眼睛的作用非常重要，即所谓“铁指鹰眼”。对敌时，必须看准对方的桩势、手形、身向、角度、高度等门户位置。看准其步法、拳脚等进攻企图，看准敌我距离的远近。因为对擒拿目标的捕捉，尤其是对其关节筋穴的锁扣，都要求动作非常精确，并能对敌方的出招做出反应，这就要求用眼睛去观察、感觉，从而为预测和决策提供信息。要想擒拿成功，克敌制胜，必须学好眼法，用好眼法。眼见则心知，心知则意动，意动则手到，擒拿绝技再神再玄，也必须由眼先识，识而方应，这样才能有的放矢，使敌难逃。应做到眼为拳母，目动手随，其视线以明实为主，锐利狠毒，无所疏漏，并适时辅以虚暗眼法诱骗对方。

擒拿属近身持技，即所谓“擒拿粘肢”，对脚步的进退变化要求极高。距离太远，则够不上接手，何以为手擒人；距离不适当而盲目擒锁，虽能触敌，也难如意。在採手分错时，只有脚步与发力配合协调，才能够发出整体巨劲；在失手防御时，只有以步辅助，才能够尽快脱离险境，避免挨打。“手到步不到，等于放空炮；到步手也到，举手不能逃”。步动招随，闪展腾挪，各种招形进势，万般变化，皆由步而生。出动採手，调宜距离，捕捉目标，发动劲力，随动而动，随变而变，迅捷轻巧，虚实互用，刁採捋扣，攥捏掐锁，推托带领，旋切搬挫，方能施展绝技。

在用擒拿术对敌方周身大小关节进行攻击时，单靠手採劲力和局部的变化是不够的，还要注意其他劲力（肩、肘、膝、脚等）部位的综合运用和协调配合。这些劲法和力道可在指腕锁扣中直接分错，如搬、撇、捣、拐、摆、旋、冲撞、弹蹬等；还可在屈弯旋转中配合锁扣控制，创机造势，如搂抱、贴掌、压挤、切压、沉挫等，其劲法都比採手粗壮强劲。另外，从发劲讲，人体是一个有机的整体，锁扣的局部劲力是有限的，巨大的伤害劲力必须经过周身各部分的协调配合才能产生。一动无有不动，头、颈、肩、胯、桩、步等都要配合发劲，诸如“腹要收、臀要敛、足要蹬、腰要壮、头要领、劲要敏、桩要降、膝要扣、肩要沉、背要拔”等。

“手眼身法步，肩肘腕胯膝”，都是擒拿的基本要素，缺一不可。是擒拿的要则，即手动皆动，整体配合。周身功劲，极富灵巧变化，也是擒拿技法走向浑身是招之妙境的必备条件。

4. 斗智斗勇，战术多样

擒拿施术，既要敢用，又要讲究术法。应针对敌方的体能强弱、身材高低、师承特点、招式架势等制定和使用相应的、有利于发挥自己擒伏对手的攻防策略和招法。

“遇弱则强战”。面对弱敌，以我为主，强採索要直上。擒拿强战，必须具备强劲笃实的铁腕功力（锁扣力、採擒力、旋转力、带领力）和抗击功夫，以大力打小力，一力降十会，一索即成。遇敌防御则能压迫、强制和摧毁之；遇敌反击，则能承受和强对。笃功劲实，坚挫而击之，真所谓无坚不摧。

“遇慢则快战”。高速出手，夺取主动，抢夺先机，处处在前。不要认为擒拿缠绵粘贴，就不需要快捷，手无虚发，出则难逃。敌若攻我，动比敌快。实施快战，要做到眼睛观察快、皮肤感受快、心意决策快，从而一感皆应，一触即採，採要分挫快，身协劲，步合快，发力快，变化快。“无招不破，唯快不破”，此乃万战之妙诀。

“遇狡则战”。敌防范森严，以狡待我，我则可利用击打诱敌格挡，再顺势突变採手抓缠擒拿，或先佯抓别处，诱敌防御，分散其注意力，改变其战势，再拿擒之；或故意露出破绽，让对方放纵深入，然后突然变招；或先使打法，突然擒拿；或假闪吞身，突然又逼吐擒伏等。种种引战，以处处牵敌鼻子为原则。

“遇劲柔化闪”。遭遇劲敌，我功劲较差，不可硬攻，须避敌强门，主动从侧门、背门擒採。敌方侧体背势，发力不顺，而我省力安全，易于成手。若已施擒拿而遇敌抵抗，我则在施手中以横制直，以直制横，以圆卸化，使敌方相持力和反抗力在柔化中减弱和消失，从而束手就擒。此是擒拿术以柔克刚的重要原则。当敌打击或反拿我时，我甚难硬抗，也要按此原则以松柔圆转来化解。以横化解，以圆化解，“四两拨千斤”，再做反击。若实在难解，则设法脱身，以仰身、倾身、扭身、缩身、压肘、抽腕等避开接触。敌打抓不住，则无处施力，力大无用。在敌方卸力之时，要因势活散，力势兼具，攻为主导。

“连环无穷变”。任何一招，都不可能一战而胜，这就需要技法的连贯化和多样化。擒拿连环就是指利用各种连环技法擒拿多个关节、韧带目标，且配合多种打法、摔法等，此收彼发，此起彼伏，神出鬼没，防不胜防。连环技法要求动作协调紧凑，衔接严密，迅猛准确，前一招为后一招设伏，后一招凑前一招之功，变化多端，滔滔不绝。

5. 擒拿为主，打摔兼施

谱曰：“远打近拿贴身摔。”距离稍远者，需变化灵活，拳打脚踢，放长击远。敌方下盘较弱，步法轻浮，用摔跌能抑制敌之所长，攻其所短。而擒拿法则善于近身相持，锁扣敌方肢筋关节，控制敌方武器，静滞敌方功劲，尤善对付上肢技法差、上盘功劲小者。临敌实战，你死我活，敌我双方为造成对方伤害无所不用其极，又岂仅仗恃擒拿一技所能应付。所以，要用立体攻击，打摔兼施，能拿则拿，宜打则打，可摔则摔。依形出形，不拘不束。拿中有打，打中有拿，拿后再打，打后再拿，万千变化。

擒拿属靠身技，粘肤黏贴，近攻短夺，靠身夺位。所以，要尽可能以最快的速度、最大的劲力、最准的招数将对方制服。从采拿锁扣开始施招，其手法、臂法、桩法、步法等，尤其是手法，都有着多种细腻的变化，只有在一瞬间完成合理的粘黏、缠绕、领带、屈伸、吞吐、浮沉，才能达到理想的擒拿攻击态势。

同时还要配合各种击法，如封闭击打和跌摔等，而非简单的手法所能奏效，非技术纯熟者，难以精确操作。因而，擒拿的整体技巧化较间接、缓慢、缠绵、曲折，虽能致敌于筋断骨折，但似乎不如击打、摔跌等法快捷灵便，直接爽快，进退自如，操纵随意。所以俗话说“巧拿不如笨打”，这就要求擒拿之法，一定要千锤百炼，直至熟练再熟练，在实战中可以随心所欲地运用才对，否则只会“弄巧成拙”。切记、切记!

接定彼劲　彼自跌出

——谈太极“一触即发”之弹放

太极拳家李亦畬在谈到推手技术时讲：“人一挨我，我不动彼丝毫，趁势而入，接定彼劲，彼自跌出。”这是对其师武禹襄“敷、盖、对、吞”（敷者，运气于彼身，敷布彼劲之上，使不得动也。盖者，以气盖彼来处也。对者，以气对彼来处，认定准头而去也。吞者，以气全吞而入于化也。）技术一针见血的具体表述。

人力进来，不加导引，不动其丝毫，而是对准其力头，斜向上方迎上，抵紧堵实，破坏其力向（斜上）和堵截折断其力所要到达的终点。给对方以刺激，使其发力被牵扯捆箍，极不舒服，难以挣扎。而且由于我的上迎是积极的、主动的、找其接火的，所以，一旦“接定彼劲”，便是在我“静观其变”的掌握和控制之中，控制有十分把握的情况下，借力“接火”对准其力，将对方堵弹而回，这便形成了“彼自跌出”的局面。恰似一个人用猛力撞墙而被墙弹回，反而倒地一样，唯不同的是人是有意识的，是在意念控制下完成的。

要做到“接定彼劲，彼自跌出”，就必须练好掤劲，可以把《四字密诀》中的气字理解为“掤”字，那么，这一问题就可迎刃而解了。掤劲是太极拳的专利，也是“彼自跌出”的关键。

掤法的首要体现，便是“迎接”与“堵截”其来劲，是一种积极而有效的主动行动，所谓“兵半渡而击之”。“迎接”彼劲的方法是，当对方的手或身体的某部位攻击过来时，摸准其前进方法，迎头轻柔绵软地迎伸抵紧，粘黏顶实对方，然后随来力让彼使劲推，接着在听（感觉）走（运动）中不动声色地将彼某处拿空，使其疲软不得力，出现欲撤、转换或挣扎时，合力从该接触处将彼体挤抛出。

如果刚一接触，对对方的脉把得很准，确有十分把握时，可不随来力运动（费时），使我之掤弹直接指向来力，以“堵、涌、撑、弹”四劲合一之势，将对方发出。因为堵涌撑弹之劲，能使对方全身冲来之力在接触处“溃决”。这种反弹之力运用恰到好处时，可使对方受到的力被他自己放大几倍或几十倍，跌出的远度和高度都很漂亮，这就是太极拳“一触即发”高级弹放术的实质。

堵涌撑弹之法应用时，迎粘接黏时具有柔软性，火力接实抵紧时，身体内部要表现出异常之刚硬（这就是常讲的绵里裹铁），这时全身掤劲甚优。堵撑是消截对方的攻击力，并能使之窝憋回缩，欲抽回再进行二次进攻，但此时又极不舒服、又很不由己，涌弹恰好就是利用此一时机如弹簧压足之势，欲弹发而等到的时机，使涌弹的力度几倍或几十倍地大于对方缩回的速度和距离，因而对方被弹出相当漂亮。这种迎堵涌撑弹放的用法和过程还是概括成那一个字——“掤”。

“掤”是太极拳技击的核心，也是太极拳的专利产品。掤劲的质量以其达到极柔软与极坚刚为衡量标准，也就是说在既能柔软到极限的同时又可坚刚到极限（无坚不摧和工具钢一样）。此种柔软与坚刚又可在忽然间转换，又可忽然间全部消失（忽隐忽现），又可大可小，伸缩自如，灵活变化。功夫越高，此种变化莫测之“掤”的技能越显神妙莫测。

掤劲的练习和掌握主要是从长期推手实践中得来，而绝非单纯调架子和站桩可以得到。掤劲的练习有轻推也有重推，以重推为要，大力、大劲推习方得大柔、大软、大刚之掤劲：小力、小劲只能得小柔、小软、小刚之掤劲；无力无劲、松松夸夸划空圈的推转，任何掤劲也得不到，于实践没有多大用场，甚至遗害无穷。大力大劲大刚推练成功之后，再和人推手较技时，高手便表现出不怎么用力，甚至是轻描淡写（旁观者可能误解甚多，以为平时练习也如此，导致太极推手练习要轻，不用力的不正常现象长期存在，难以消除），但在一瞬间就可表现出惊天动地的“无坚不摧”，将对方远远地抛出的局面。人常说“练就千斤力，只用四两功”，的确不无道理。

众所周知，几乎所有技术都强调不用蛮力，都推崇借力打人、四两拨千斤。但这些技术都未因此在练习时要轻、不用力。看柔道、摔跤也与太极拳术一样十分强调不用蛮力，要用巧力，都推崇借力打人，四两拨千斤，然而它的练习又是何等的强劲？再看前人练太极拳术，哪一家没有强壮体能，没有需大力大劲才玩得转的练习？（参见《精武》1999年第5期拙作“理清概念、悟透真经——太极先辈练功启示”）故《拳经》云：“运劲如百炼钢，何坚不摧。”“差之毫厘，谬之千里，学者不可不详辨焉。”

视人如蒿草　打人如行路

——太极拳技击散手

技击训练要求真实的功夫，所以无论是过渡形式的推手，还是最高形式的散手，在训练中都切忌虚为招架比比划划，徒具你来我往之形式，要发扬拳术技击的“真”，要有必胜的信念和无畏、机智、果断、坚韧不拔的精神。正如拳家所形容：“习拳时须假定三尺以外七尺以内，四周如有大刀阔斧之巨敌与猛兽毒蛇蜿蜒而来，其共存生之情景，须当以大无畏之精神而应付之，以求虚中之实也。如一旦大敌林立，在我如入无人之境以周旋之，则为实中求虚也。”太极拳技击散手神速手快，手不空出，亦不空回，随时捎带，一索即得，发劲迅猛，动作敏捷，发必求中。视人如蒿草，打人如行路，神态庄重，动作自如，使敌手望而生畏，未战先怯，既战必败。

一、技击散手实战的基本条件

（1）必须具备太极拳技击的基本功夫。推手功夫相当纯熟，内劲功力和发放技巧精微巧妙，达到了较高的程度，方可言散手实战，对敌比试。

如果没有基本功，一上来就练散手，最终也不过是个“打熟”，不能成为拳家上乘。但是散手又是练习技击的必经之路，只有身经百战，才可谓“实作通家”。世上绝没有哪一个技击家不是在反复实战中取得成就的。

基本拳法要求“用拳须透爪，用掌要有气”。拳须透爪指，击打的瞬间握起拳头好像手指能把掌心穿透；所谓用掌要有气，指用掌击打的瞬间要有挺劲，不能松懈。气自丹田吐，内功注掌心，按实始用劲，吐气要开声。推宜朝上举，紧逼跟步冲。发手以得人为准，以不见形为妙，发手快似电闪雷鸣，闪电不及合眸，迅雷不及掩耳。拳从心内发，指向鼻尖落，力从足下起，快向心火作。心如火药，手为子，扳机一动鸟难飞，身似弓弦手似箭，弦响鸟落显神威。

基本脚法要求前脚夺后脚，后脚站前踪，打人如亲嘴，手到身要拥。前脚稍横后脚顺，横顺相扣十字劲，趾不仰来跟不拔，脚趾扣地空心抓，步桩沉稳进退走，旋转轻灵掌重心，勾挂掏绊足全能。

基本身法要求，立身须中正安舒，支撑八面，静如山岳，动若江河，随机应变，因势利导，占住中定。身法原无定，无定内有定，贵乎在自用，起落与进退，转换与吞吐，千变与万化，重心要掌握，奇正得相生。内要提气外要随，起要横起落要顺，打要近取气要摧，拳如炮发龙折身，连环进取莫思误，遇敌好似火烧身。

总之，散手实战的基本身体素质力求头欲撞人，手要打人，身要摧人，步要过人，足要踏人，神要逼人，气要袭人。意一动全身俱动，拳一发劲力全赴，出击设遇众围，似巨炮摧薄壁，勇跃直吞。未曾交手，以神气当先，既入其手，灵动为妙，手不望空起，也不望空落，见窟窿就塞。精明灵巧全在于活，能去能就，能刚能柔，能进能退，全凭自如。如此去做，将使对方在精神与肢体上都会受到极大的威胁，自能具备“制人而不制于人”

的本领。

（2）要使精神凝重浑厚，忘我无惧，斗志昂扬。在精神力量的作用下，人们能够克服许多困难，产生非凡的功力，干出超乎寻常的事情。根据科学测算，一个正常的成年人身上具有上千斤力量，也有资料记载人全身肌肉力量的总和为30吨。经过特殊训练的太极拳家，可控肌的范围大大加强，使大量的分散肌力集中起来，具备了常人所发不出的那种均整协调的内力，这就是太极拳技击高手的功力，在技击实战中可以起到超乎寻常的作用。

在通常情况下，你若偶然遇见了一只凶猛的狼向自己扑来，就想转身逃走，可是假如你背后是汹涌澎湃、恶浪滔天的汪洋大海，你只好硬着头皮同狼搏斗，这时你可能会最大地发挥身体潜在的拼搏能力，甚至化险为夷。据说有人以单人赤手空拳生擒虎豹为业。这就是一种置之死地而后生的气概。精神抖擞则胆力生，胆力生则精神满，精神满则气势险，在精神上一往无前，无所畏惧，大敌当前或身处逆境时，保持清醒的头脑和必胜的信念以及从容不迫的应变能力。技击实战，讲究以精神为主，气势争先，思想高度集中，毛发如戟，遇敌犹如身着火般的神经激发状态，有一触即发之感，周身内外全力以赴，不管对手是谁，首先从精神上压倒对方，面前有人似无人，“剑到身边意不乱，拳到眼前亦等闲”。不管出拳踢腿，必须神在手前，意透敌背，做到“人未动，意先动，步过人，身夺位”。起如箭攒落如风，斩取中堂势如虎，勇不可当。拳诀曰：“不胜必因胆寒心，计谋施运化，霹雳走精神，心毒称上策，手眼方胜人。”就是指此而言。

（3）具有平衡守中的均整、浑然一体的浑元力。意自心生，拳随意发，心气一发，四肢皆动，拧裹、攒翻、螺旋、崩炸、惊弹、抖擞之六合劲完整一气，浑然一体，中气贯足，以静制动，身劲合并，中正元气运转摧迫，令其不得不退，不得不倒，一索即得。一放即出，如抛弹丸，使其即刻丧失继续战斗的能力。

切记，人身鼻居中央，是重心之所在，也就是“人中”。对方不管是拳是掌，只要拨转来力出我鼻子七八寸，则将危险化为乌有。而我则始终要对准攻击目标的中心，只要击“中”，轻拳也将变成重拳。所以拳谚说：“拳打丈外不为远，近者只在寸间变。”

（4）反应灵敏，机智灵活。要做到功、顺、智、勇、准、疾、狠、真、连、避十个字。

什么是功？就是功夫要练到家，拳技要精臻巧妙、机动灵活，一招一势，体现出打中有防、防中有打。

顺。就是气宜顺行，架宜顺取，借人之力，顺人之势，不与来力硬顶。

智。指智慧，指应变能力，在实战中要保持清醒的头脑，机智灵活的反应，审时度势，以不变应万变，沉着冷静，舒松自然，力求智取。

勇。两军相对勇者胜。就是要勇敢果断，与人搏斗，审势进取，闪空疾入。胆大人艺高，艺高胆更大，要敢于同对手做殊死博斗，但应避勉硬拼、盲目进击。

准。俗话说：踢打不准、犹如跳井，必须动有方，用有法，准确精细，拳不空发，亦不空回。

疾。就是要迅速地攻防，能使自己主动灵活，一快能制百慢，在快速中赢得取胜的时间，捕捉战机，攻其不备，克敌制胜，疾中求得稳准灵活巧妙。拳诀所说“拳之有形，打之无形”，就是这层意思。

狠。就是出手无情，心一颤内劲皆出，击其要害。一打太阳为首，二打眉头双睛，三打唇上人中，四打串腮耳门，五打两耳抽风，六打海底撩阴，七打两肾对心，八打尾闾缝府，九打背后骨缝，十打肺腑胸膛，十一打脑后命枢，十二打鹤膝虎胫，十三打破骨千斤，此太极之十三打也。正如拳经所说："得进步搅靠无别，勾脚锁臂不容离、上惊下取一跌。""抢人先着颠披揭，穿心肘靠妙难言，进步火焰攒心，遇巧就拿就跌，举手不留情。"

真。就是看得真确，一发必中，使对方措手不及，难以变化。练出真正实用的功夫。

连。指连续进击对手。一旦打乱对方阵脚，即刻以快速准确的拳脚连续攻击对手，不让其有喘息和调整的机会，迅速解决战斗。

避。声东击西，指南打北，晃左击右，上惊下取，避让其锋芒，进击其空虚之处。

二、散手技法要诀

（1）披。分开之意，由侧方的分进就叫披。

（2）闪。侧身避开、让也。瞥然一见的意思，不是完全离出了很大空隙的样子。

手凶势猛莫怕他，让开一步自枉然。敌我相搏，敌一发手，我若闪让开被攻击之位置，则敌无论何招式必落空。

能让能随是高手，如胶似漆紧相连。遇敌交手，能让开敌方进攻，避其锐气，又能看准时机击其惰者，方可胜敌。当敌向我进攻，我向后让开，前手在体侧前，当敌招式要收未收、要发未发时，跟而击敌，敌则无能为力。

（3）担。任敌袭击，待其劲将着身时，负牵其攻势下坠或上旋提领拔跟以擎发。

（4）搓。相磨试其劲之去向，趁势攻之，在粘黏不脱之中有圆滚之意。

（5）歉。试探敌劲要能仄不盈，出手不可太满，当留有余地。

（6）舔。积极主动地与对方粘、染、相着、胶附之。

（7）随。主动顺从、跟随，听其动向。

（8）拘。趁势抓取住对方手腕、臂呆滞不动处。

（9）弩。顺势擒捕，牵引控制住对方。

（10）扳。顺势挽手援手，牵引控制对方身肢。牵引对方须用内外螺旋劲引之，令其立脚不稳，并徐徐引进使人莫晓，渐渐停留意自深，右实左虚藏戛击，上提下打寓纵擒。

（11）软。听其动向，纯任自然，用粘连走转之法化敌之劲。

（12）捌搂。握、持或拽抱对方手腕臂膀，使其不得逃脱。

（13）摧。乘势挫折敌锋，疾速摧迫莫迟疑。

（14）掩。遮避而袭敌、闭守敌攻覆攫以化其劲。

（15）撮。用手指採取敌各要害部位或穴道。

（16）坠。坠牵对方重心，再乘其隙以袭之，无不应手奏效。

（17）续。粘黏不脱，劲断意不断，连续进击乃起手进连环也。

（18）挤摊。展开发放，或先有意敞开被攻击部位，再施以后发先制，发劲意整、形整、劲整，冷脆快狠。

（19）等打。临场之际，心平气和，以逸待劳，可占优胜，可先发手击人，待人发手之际，我则乘机以挫其锋。即你打我打先打你，欲动已动即动拳。彼一动或刚一出手，未等彼之拳到即发手击之，使彼所发之招一出即被击回，即后彼发手，先彼打到，则敌无论何招何式俱不起作用。

（20）赶打。即打之后，继续追打，不给对方喘息之机，一气呵成，取得彻底胜利。往往也采取你打你的，我打我的，敢于和对方换拳的方法，两军相遇勇者胜。“夫战，勇气也”，怕挨打的结果必然是挨打。

（21）残。毁，发手致残敌人之意。所谓拳手一推盼彼心胸。

诀曰：手从身边起，弦响箭已发。防身兼带援，泼胆推进功。

（22）推。手出时疾速紧粘捺撒。

诀曰：发手未粘切莫吐，若已一粘即用推。削肩直腕龙伸爪，进步探身势展开。

（23）援。“进步防其内门披拦截砍，退步变吾边门随意发挥”。但有时来势猛勇迅雷急电，不及换势，即要援手给以补救。

诀曰：手抵其胸前，内来急变援。随风跟进足，疾吐莫迟延。

（24）夺。倘遇外门披拦截砍，双手擒拿即变此以强取之，吾一转势，发手急手、隐急擦掇疾推击之。

诀曰：夺之猛如风，迎门照架冲。回身势莫夺，分推气更雄。

（25）牵。顺其来势引其使之前倾，在顺带中用牵牵动对方，使其不能维持重心平衡。

诀曰：任君发手向前冲，顺带牵起还借势。借势其中还借力，即以其道制其身。

（26）捺。按意，此法须练熟一股沉重的活劲。在运动中跟彼方向沉按不离，彼左亦左，彼右亦右，在彼动虚之际进前一步，隐撤推出。

诀曰：披拦按托意沉然，未粘黏处分虚实，个里玄机在两肩。

（27）逼。强迫对方实变虚而击之。要逼占对方半步，使其不能前进，而后趁机一推而击。

诀曰：逼字迎门把手扬，任他豪杰也慌忙。听凭熟练手形势，下手宜先我占强。

（28）吸。吸者缩进，吸、逼二字相连，互相配用。

诀曰：吸逼虽然判避迫，同为一气应分明。千钧一发毫厘际，只在微先方寸精。

（29）贴。不近不贴，一近即贴，一贴即吐。

诀曰：贴字紧随身，窥虚便入门。周身都是胆，妙手功夫深。

（30）撺。随转随发，推掇而去。

诀曰：避其锋锐气，不计更神奇，撺入空门里，来援亦意迟。

（31）圈。随彼跟进，顺手一转，势正凶勇，乘虚而击。

诀曰：圈手圆圆划一圈，横披斜砍避连肩。若教练就钢筋臂，任走江湖仍占先。

（32）插。插者，刺也，竖而入之也，全在一股竖劲之功。

诀曰：还手无须转身，顺其来势击其人。要知一拨随时插，莫待稍停彼已伸。

（33）抛。丢掷法。惊彼慌张为我借机用招。

诀曰：兜时心，抛时慌，浮力其中难审详。术至通灵神化境，脱离潇洒怎提防？

（34）托。托者帮也，有补救之功。

诀曰：托来宜快不宜迟，插劲还须趁势推。毫忽微艺分胜负，得来秘诀擅英奇。

（35）擦。擦者，近也。手滞在何处，用紧近推之意。

诀曰：擦字飘来急似风，轻描淡写转飞蓬。莫云着处难伤骨，泥雪斑斑印爪鸿。

（36）撒。撒者，挡也，周身练熟，取其力猛隐撒疾推相连，运用快速。

诀曰：撒手从来万事休，匹夫亦可傲五侯。得来一字传千古，博得英名熟与俦。

（37）吞。吞者，没也。防内外上中下五门，披拦截砍，双分手，双盖手，来势凶猛，即变此法，使彼莫测。

诀曰：丈夫能屈自能伸，进退全凭巧技能。侧步轻移藏变化，窍道之至入于神。

（38）吐。吐者，伸也。舒伸吞吐相连，运用出没。

诀曰：吞吐明知两字连，其中变化几人全。任他学有超人技，不及千金一诀传。

三、散手技击论法

上右进左，上左进右。发步时，脚跟先着地，脚以十趾抓地。步要稳当，身要庄重，手要沉实，而有骨力，去是撒手，着人成拳。用拳拳要卷紧，用把把要有力。拳从心发，以身劲催手，手以心把，心以手把，进人进步。一屈浑身皆屈，一伸浑身皆伸，伸要伸得尽，屈要屈得狠，如卷炮筒卷得紧，崩炸得有力。出手先占正门，此是要诀。以手当枪，高打高顾，低打低应，进打进乘，退打退跟，紧紧相随，开降未定，粘黏不脱，拳打立根。骨节要对，不对则无力，手把要灵，不灵则生变，发手要快，不快则迟误，举手要火，不火则不快，打手要狠，不狠则不济，存心要毒，不毒则不准，脚手要活，不活则担险，存心要精，不精则受遇。发作要鹰扬勇猛，泼皮胆大，机熟连环，勿畏惧迟疑。心细胆大，面善心恶，静似书生，动如雷发。

脚踢头歪，拳打膀炸，侧身进步，伏身起发，斜行换步，把势审人。能教一丝进，莫教一丝退。有意莫带形，带形必不赢。捷取人法，审顾地形，拳打上风。手要急，足要轻，把势走动如猫行。劲要整，目聚睛，手足齐到定能赢。若是手到步不到，打人不得妙，手到步亦到，打人如薅草。是以善拳者，先看地形，后下手势，上打咽喉，下打阴，左右两胁中打心。前打一丈不为远，近者只在一寸间。身动时如山崩墙倒，脚落时如树扎根，手起如炮直冲。身如活蛇，击首则尾应，击尾则首应，击中则首尾皆呼应。打前要顾后，打左要顾右，打高要顾低。操练时面前无人如有人，交手时有人如无人。前手起，后手紧催，前脚迈，后脚紧随，面前有手摸不见手，胸前有肘封不住肘。手起足落，足落手起。心要占先，意要胜人，身要攻人，步要过人，势要欺人，神要逼人，艺要压人。拳术如战斗，击其不备，袭其不意，乘击而袭，乘袭而击，虚而实之，实而虚之，避实击虚，取本为末。

卷六

先贤练功阐秘

“相手”靠打求搏击，出手见红打“活桩”

——追寻“杨无敌”的练功足迹

太极拳作为中国几千年灿烂文化的历史产物，以其独特的魅力，吸引了整个世界。现今，世界上习练太极拳者已经过亿，国际武术联合会的一百多个成员国，基本上每个国家都有太极拳组织。国外许多人对于中国功夫的理解，往往就是始于太极拳。

从历史记载上来看，太极拳世所公认为元末明初的武当道士张三丰所创，在漫长的历史发展中代有传人。山西的王宗岳，河南温县赵堡的蒋发、张彦、陈清平，陈家沟的陈长兴、陈发科及杨露禅、武禹襄、杨班侯、杨少侯、杨澄甫、吴鉴泉、孙禄堂等，都是太极拳各流派的精英人物。

太极拳开始广泛传播主要是在清末以后。先有人称“杨无敌”的杨露禅进入端王府教拳，将太极拳传到北京，后又有新中国成立后毛主席提倡“打太极拳”，加上国家体委大力推广“简化太极拳”和各式规定及传统太极拳，使太极拳逐渐为社会大众所认知。经过近几十年的传播与发展，目前习练太极拳的人数众多，呈现出空前繁荣的局面。

然而，在太极拳蓬勃发展的同时，我们也看到，太极拳的习练正在逐渐趋向体操化。我们可曾深刻地思考，这种模式是否真的有利于传统太极拳的传播？我们是否忽视了太极拳的核心——

技击功夫的修炼？因为太极“杨无敌”的名分就是由此得来的！

一、太极拳本是一种有精湛技艺之高超武功

杨家素有“出手见红”之说。杨澄甫常常“出手一丈八”，因此折服武林群雄。杨班侯曾向其父杨露禅说：“习武者宁争一口气，不服三口血！若孩儿战胜雄县刘，京城或有我父子立足之地。若孩儿败在他手，父亲大人用一领芦席将孩儿裹尸还乡，孩儿来世永不闯荡江湖！”

杨班侯不仅战胜雄县刘，与各门各派武师比试亦从未失手。当时八卦宗师董海川、形意宗师郭云深、岳氏散手宗师刘士俊、御前扑虎周大惠（即跤王大样子）均在京城。杨氏太极若无真实功夫，岂能获“杨无敌”之美誉！

杨澄甫推手之时，不用有形之擒拿手法，而是用意气于无形之中，拿住对方劲路，大喝一声，将对方腾空放出，其发劲之猛、击人之远，无人能及。他在杭州时，频频发劲，将人往墙上弹射，竟然将院内土墙震坍。

杨家太极拳在北京声誉鹊起，乃是杨露禅、杨班侯公与各门各派武师切磋武艺之结果。

人常说打铁先要本身硬，要获得超人的武功，必须先下特殊的实实在在的，甚至是超常的功夫，就像奥运冠军的成长经历那样，除了吃苦耐劳、流血流汗，就是拼命地练，这才是可信的，除此，别无他途！

过去，只知道李亦畬曾用过40斤重的铁棍练功、杨班侯驯服烈马等故事，但其高超的武技是怎样练到身上的，即身上是如

何装艺的，却一概不知，其练功方法即成了密中之秘。今天拜读了瞿世镜先生所著《杨氏太极 两岸一家》（上海古籍出版社2011年12月 第一版）一书，才彻底揭开了这个谜，原来，就是“相手”训练的结果。所谓“相手”训练，事实上就相似于今天奥运冠军的“陪练”，故而使人信服。

二、杨家师徒们“相手”“活桩”实效性陪练法

苦练出真功。杨家祖孙三代，威名远播，确有真功。杨家太极功夫是练出来的，不是说出来、写出来、吹出来、捧出来、包装出来的！“练拳一要师承，二要悟性，三要苦功，四要相手，缺一不可”，就是其信条。杨家有一整套严密训练方法。站桩须配合内功心法，有无极桩、虚步桩、马步桩等。打桩须往有弹性之树干上试用按、挤、靠、肘各种劲法，并且用白蜡杆往树干上反复刷劲。练拳者用木柱或石碑作为打击目标，试验劲力，称为“打桩”。例如，练大捋之靠劲，杨家老辈要练靠打木桩（九宫桩）或树桩；练白蜡杆之黏劲，亦须每日在树桩上左右反复刷劲。

然而草木无情，唯有活人方能跳跃、躲闪、反击。以人为目标试劲，乃打“活桩”。平时推手、散手之身法、步法，均须合乎太极门内之规格。其他门派武师上门比试，绝不会按太极门之规格出手。因此尚须打“活桩”，在各种不规范状况下，以身躯之任意部位接劲，将人桩腾空放出。

杨澄甫之桩功基础极好，金鸡独立稳如泰山，推之不倒。曾与众门徒游上海法国公园（今复兴公园），园内之法国梧桐，树

干粗壮，时值深秋，树叶枯黄。他往树干上施用靠劲，枯叶纷纷飘落，令观者乍舌。他勤练活桩，身上任何部位，均可将人击出。

杨澄甫曾“发誓用功”“闭门谢客，日夜苦练”，亦曾“以每月六元大洋工资，雇用一名身强力壮大汉作为‘桩子’”。青壮年时，抖白蜡杆左右各两百遍，在树桩上刷杆亦需左右各两百遍，站桩要站三炷香。练拳辛苦，食量极大，每餐需食高庄馒头三十个，猪蹄及家禽各一只。有人见杨澄甫吃饭狼吞虎咽，好比《水浒传》之打虎将武松。

杨家太极枪素负盛名。因杨班侯性躁劲猛，其母命其摘去枪头，以免伤人，故杨家练枪均用无枪头之白蜡杆。杨班侯上阵对敌所用之钢枪重37斤，竟然被他练大抖枪时抖断，其太极内劲何等浑厚惊人！杨澄甫所用之白蜡杆，粗如酒杯，与对手练太极粘枪之时，两杆紧贴，往复粘黏，毫无声响，只听得他猛喝一声，对手即腾空跌出。

杨澄甫门徒武汇川，身躯魁伟，体重两百余斤。有人曾观看杨澄甫与汇川练习粘枪，枪杆相交，杨澄甫出声发劲，武汇川被腾空扔出三丈之遥，从堂屋跌出天井，将分隔堂屋与天井之柳木隔栅撞得粉碎，武汇川倒地之时，枪杆尚未脱手。

杨澄甫与李景林比剑，使“剑仙”之剑即脱手飞出；在广州接受“南拳王”屡次挑战……手指在“南拳王”拳上一点，彼立即仰面腾空跌出。

按杨家传统，拜师入门弟子，须练站桩、抖杆等基本功，练拳亦需融入习武之技术要领，使内劲逐渐充沛通透。徒弟们每天除练拳之外，尚须练推手、抖白蜡杆，体力消耗极大。杨家以大沙锅用文火煮牛蹄筋，用面饼卷牛蹄筋加葱酱作主食，有此耐饥之物落肚，方能补充体力消耗。

杨家结成对子之推手散手搭档，称为“相手”。杨澄甫身材魁梧异常，精心挑选身长力大、反应灵敏之门徒为“相手”。武汇川、李雅轩、董英杰均担任过他的“相手”，其中以武汇川担任“相手”时间最长。黄景华尊杨公澄甫之命，做杨守中相手。每日对练之“相手”，甚得杨澄甫嘉许。

杨澄甫教用法，往往要一对师兄弟同练，相互在对方身上试手，务必使身法、步法、手法熟练，随时可以应用。

武汇川体重两百余斤，常被澄甫公发出一二丈外。后来武汇川亦精心挑选身材伟岸之张玉、吴云倬为入室弟子，此二人体重均在180斤以上，武汇川与他们演练活步推手、大捋散手，如胶似漆，不即不离，突然发劲，则张、吴二徒必腾空飞出，失重落地之时，犹如山崩地裂，楼板剧烈震动。故上海武术界称田兆麟、武汇川为杨门“哼哈二将”。

武汇川身强力壮，单臂握住一条桌腿，可将整桌酒席平稳举起，桌面上杯中酒水丝毫不外溢。太极门一般不练沙袋。武汇川按照少林门习惯，在武馆大梁上吊挂六只两百斤沙袋，共一千两百斤。其站在中间，将六只沙袋推开，沙袋因惯性同时荡回，拳打、足踢、头撞、肩靠、肘击，不断将沙袋打出，经过长期锻练，周身各处均可发劲。

杨氏太极拳用法有两个特点。其一是变化多端，一式多用。例如：搬拦锤有左搬右击锤、左拦右击锤、绞花锤、筋斗锤、连珠锤等各种用法，必须顺应对方来势，随机应变，不可拘泥。其二是因材施教。例如，提手用法有二，提上打、沉下打皆可，身材高大者，用“上提手”之后，即以松沉劲劈肩，武汇川善用此法。

三、“相手”“活桩”训练下的杨家师徒名手辈出

有人学了一套太极养生拳架，认为只要苦练一番，即可成为名家，此乃误解。学练要每日抖白蜡杆，一挤一採为“一遍”。按照杨家规距，必须每次左右各练两百遍，共计四百遍。身亏力薄者，最多只能左右各练二十遍，已经累得满头大汗，手足疲软。黄景华从杨澄甫学拳，杨特别强调每日须练大杆，左右各抖两百遍，再把枪杆紧贴树身，左右刷杆各两百遍。他在杨家苦练功夫，汗流浃背，衣衫湿透，因此需每日带两套干爽衣服替换。1931年，杨澄甫嘱其每日到杨家陪伴杨守中练习推手、散手、粘剑、粘杆，成为杨守中的相手。

在一次课上，一位广东学员擅长西洋拳击，欲与黄景华比试。他点头允许，请此人站在一棵白杨树前。此人出拳猛击，他以搬拦捶相迎，将此人往树上弹去。不料树杆太过细嫩，竟被此人撞折，于是众学员肃然起敬。黄景华每日在家中闭门练拳、抖杆，从不间断，至80岁时，抖杆发劲，雄风不减当年。

杨家拜师入门有严格礼仪规范，要递帖子，点香烛，祭祖师……入门等于加入大家庭，受到等级森严伦理规范约束，师徒如父子，杨家与武林各门派均无例外。拜师入门，不是单纯养生，而是正式习武，须练站桩、长拳、抖杆、散手等。

弟子必须苦练杨家各种基本功夫。曾反复告诫：“太极乃武技，必须苦练功夫，方可与内外各家试手。”“太极门之搏击用散手不用推手。推手并非竞技，乃同门中相互找劲、听劲、问劲、试劲之入门功夫。此种训练，可以作为太极散手之基础。师

兄弟之间结成对子，相互切磋，彼此试劲，共同提高，可谓双赢。”入太极门得真传者，对西洋拳击、东洋柔道、举重摔跤均毫不畏惧，对阵之际，举重若轻，游刃有余，对手必定腾空而起，跌于寻丈之外。此乃真正拳师。

1912年，田兆麟在南京全国南北武术擂台赛一举夺魁；1925年，陈微明在上海战胜少林拳师徐文甫；董英杰与泰国拳师较技，郑曼青屡胜西洋拳师，并且以太极剑战胜获奥运冠军称号之法国剑师等，都是确实经历一番披荆斩棘之实战过程。

牛春明曾练点穴功夫，内劲直透指梢。某次野餐，忘带开罐头刀，他即用手指点穿罐头盒盖。1956年，牛春明到北京参加全国武术大会，各省青壮年选手与牛春明推手，均被发至寻丈之外，众人称他为“牛大力士”。

田兆麟手法多变而步法灵巧。1912年，他在南京参加全国南北武术擂台赛，与各门各派武师决斗，力挫群雄，一举夺魁。1921年，田兆麟曾两次遭十余人围攻，所向披靡而本人毫发无损。

抗日战争胜利后，董英杰前往泰国授拳。泰拳善用肘击、膝打各种招式，多令对手伤残，乃举世闻名之凶狠猛恶拳法。初至泰国之时，泰拳名手上门比试者络绎不绝，与其交手，即被发出寻丈外，无一幸免。

1939年，郑曼青至重庆任中央训练团武术教师。他艺高胆壮，不但与各地武林名手切磋武艺，而且敢于挑战身高马大之西洋拳击手，曾迎战英国军舰水兵拳击冠军，一出手即将对方击出丈外。在庆祝抗战胜利大型招待会上，他曾公开邀请各国使领馆武官比试，12名武官应声下场。他在顷刻之间战胜其中六人，另外六名武官自动放弃比试。

对于杨振铭之武学功力，张世贤先生曾有如下赞语：“杨师家学渊源，功夫深湛。其手之重，其足之稳，逾于常人。而其身体各部，均可任人拳击，惟人所击之处，即系其发劲之点；跌人于寻丈之外，实属易事。至其与人搏击，则出手之快，变化之多，更不同凡响。是以国内外从其学者，不可胜计。”

四、杨家追求真太极

杨澄甫先生讲：“世间练太极者，亦不在少数。宜知分别纯杂，以其味不同也。纯粹太极，其臂如绵裹铁，柔软沉重。推手之时，可以分辨。其拿人之时，手极轻而人不能过。其放人之时，如脱弹丸，迅疾干脆，毫不费力。被跌出者，但觉一动，而并不觉痛，已跌出丈余外矣。其粘人之时，并不抓擒，轻轻粘住，即如胶而不能脱，使人两臂酸麻不可耐，此乃真太极拳也。”

杨氏家传手抄本老谱中之《太极分文武三成解》云：“盖言道者，非自修身，无由得成也。然又分为三乘之修法。乘者，成也。上乘，即大成也。下乘，即小成也。中乘，即诚之者成也。法分三修，成功一也。文修于内，武修于外。体育，内也。武事，外也。其修法：内外表里成功集大成，即上乘也。由体育之文而得武事之武，或由武事之武而得体育之文，即中乘也。然独知体育之文，不知武事而成者，或专武事，不为体育而成者，即小成也。”

由此可见，太极功夫分三乘：内外表里集大成者为上乘；由文及武或由武及文者为中乘；独文不武或只武缺文者为下乘。若在公园练拳数年，一套杨氏大架子熟练，动作方向大致不错，是否可以称为下乘拳友？未必，未必！

杨氏老谱《太极文武解》云：“文者，体也。武者，用也。文功在武用于精气神也，谓之体育。武功得文体于心身也，谓之武事。”

由此可见，太极门体育之文，并非空练拳架动作，尚需配合内功，逐渐接通上层后天呼吸之气与下层先天丹田之气。或先天往后天，或后天往先天，往复运转，卷放得其时中，此乃太极拳文练之内理，体育之本也。只动外形，不养内气，不生内劲，不练精气神，乃舍本逐末之柔软操耳，非太极拳也。如今各处公园中练“太极拳”者成千上万，其实多半为学太极操之操友，并非练太极拳之拳友也。故李雅轩叹曰：“练太极拳者越多，离传统拳法越远！”

但此等柔操虽能健体，却无内功，与拳术武艺风马牛不相及也，万万不可鱼目混珠！

五、太极高手与人较技，如戏孩童

杨氏太极拳是一种典型的慢练快用、文练武用拳种。慢练、文练有吐纳、导引之效，故能养生健体；快用、武用有顺水漂木、追风赶月之能，故能防卫击人。

台湾学者萧淳元曾专程到大陆跟杨氏太极拳名家刘习文老师学拳，感触颇深。他在“我到大陆学太极”一文中讲：刘先生问我习武概况和看过我的拳架后，命我与他试手，于是在宽敞的客厅中我用在美国学的太极推手、台湾学的形意发劲与他相持。不可思议的是，在手臂接触中不管我怎样努力，总是处处落空，找不到着力点，自始至终如同在与空气作战，只能随着先生腰身轻微拧转，手臂曲伸开合，如断线失控风筝，重心散乱无序，不情愿地随着先生手臂指向飘动游走，忽而以先生为圆心，陀螺般转动作旋风舞，先生谓之曰“磨转心不转”；忽而倒地，手足盘叠成各种造型，制约自我不能一丝动弹，先生谓之曰“捆仙绳、乱环术”；忽而双足被拔，腾然向上蹿蹦，先生谓之曰“雀跃”：忽而醉汉般东倒西歪、懵懵跌撞不能自主平衡，先生谓之曰“水上踩葫芦”……此时一米七六、三十四岁的我已惶恐失色、汗出淋漓、气吁喘喘，而矮我半头多的刘先生却镇静如故，谈笑自若，脚步纹丝不动（乱）。霎时间，我的心被神奇太极搏击技术所震憾，这不正是书上所说“太极高手与人较技，如戏孩童”的真情实况吗！

太极拳手空松圆和、气势磅礴，其特点是圈多，各种圆圈组成形态各异的“太极球”，折叠旋转、螺旋起伏，“乱环”迷眼，景象万千。太极拳手拳势复杂、虚实分明，下盘根基极固。由于拳势以腰为轴伸曲开合、柔顺舒缓，呼沉（展）吸提（蓄）更为深匀细长，从而激发内气更易“腾然”“鼓荡”，练之极长劲力，故名功架、练架。

太极小式轻巧紧凑、圈小劲坚、发劲刚脆、节奏明快。行架时而流水潺潺，时而波涛汹涌，轻巧如捕鼠之猫，迅捷如离弦之箭。拳势忽快忽缓，移形换位变化神速，师言“此即班侯、少侯，审时度势‘动急急应，动缓缓随’，所谓‘喜则假喜，怒则真怒，一动而诸侯惧’”，是实用性很强的杨氏太极拳快架、用架、技击架。

据悉，最早的太极拳搏击术，由太极粘连枪的粘黏不脱、蓄发相变、缠绕进退、封逼掷放衍变而来，讲求“缠即吐莫待迟”。由于“缠粘即吐”与抓筋、按脉、闭穴、截气、擒拿等技法结合，瞬间同步并施，故方法简捷、手段凶悍，杀伤力极大。“缠粘即吐”的训练，催生“粘连黏随不丢顶”求懂劲的推手技术问世，推手技术又随时代、社会的变化而变化。清末民初，推手懂劲技术越来越高，抓筋、按脉、闭穴等技术含量开始减弱；现代社会，推手亦追求懂劲，但抓筋、按脉、闭穴等技巧已丢失殆尽，搏击技能日趋淡化，养生健体、闲情逸致、娱乐性能愈演愈浓……

六、对太极拳的几种误解

当今名目繁杂，各种门派林立，愿每位爱好太极拳的朋友都能有一双慧眼，明辨是非，从而确定正确的修炼道路，而不是白白地浪费时间和金钱。

而如若照猫画虎，动作走形，不但不能真正掌握拳法，于武学没有长进，长期下来，还可能损害自己的身体健康，贻害颇大。一些朋友正当少年，风华正茂，原本在练拳的黄金年龄段，却因为见识不足，遇人不淑，偏听偏信，从而逐渐误入歧途，给自身带来不良影响，极为可惜。可叹“花有重开日，人无再少年”，东西没了可以再买，青春时光和健康体魄失去之后却永远不会再有。

要知道，太极拳是大道功夫，不是玩弄奇技淫巧的江湖把戏。许多人都知道太极拳讲究以柔克刚，借力打力，可是要在实际运用中体现出太极拳的神韵和内涵，就不是件易事了。有些人练了二三十年的太极拳，讲起拳来头头是道，打起拳来也看似一气呵成，而一旦进行实战，就会顾此失彼，不堪一击，自己也颇为失望。

1. 误以为套路出真功

在一些太极拳爱好者当中流传着一种错误的看法：功夫都是从套路当中练出来的。

目前，不同拳架的套路千差万别，甚至有些互相矛盾，同样一个揽雀尾，不同的流派皆有不同的练法，甚至同一个师父在不同时期所传的拳法也会不一样。经常会有一些文字和视频描述某某太极“宗师”的青年架、老年架或者秘传架动作如何，似乎练熟这样的一套架子就足以彻悟太极拳的深义。其实，习练者对每个拳架的具体内涵不甚了了，在这种前提下，还不断地推陈出新，创造出新的套路来，这种所谓的新派太极往往只是在动作上的革新，而无实质性的创新意义。

许多太极拳爱好者，对于套路绝对化是津津乐道，还借用前人的事迹来论证——有“太极一人”之称的陈发科老先生每日就练拳三十遍。却不知道他在三十遍之外还曾练过什么内容，更别提其他训练内容的比重以及重要性了。

许多朋友过分推崇太极拳练习套路的重要性，很大的原因在于对太极拳的正确训练方法了解太少。

第一部分是自我训练。自我训练中不仅包括练习盘架和套路，还包含各种层次的发力、步法、身法、眼法、反应和功力等方面的综合素质训练。

第二部分是从自我训练到实战的过渡训练。就传统太极拳的推手、打手的练法而言，绝不是当今流行的那种温柔的训练模式，而是有着非常强的针对性与实际操作模式，且是为实际运用而设定的。

第三部分就是实战训练。套路练习中的对敌招式是假想式的，想怎么打就怎么打；实战中对手可不会站着不动，让你随便打。实战训练是在双方接触中的针对性训练，是对本能反应、抢点夺位，以及技击的角度、距离、时间差、力度、承接能力和打击能力的综合训练。

太极拳训练体系的每个环节都有其各自的针对性、各自的训练要求和功能，各种训练方法不能互相代替，只有把各种训练模式有效地结合在一起，才能最大限度地发挥它们的功效，真正获得太极拳功夫。

2. 把拳当操练，成了“表演”和“欣赏”的东西

目前，有些人习练太极拳不是以技击实战、强身健体或者修身养性为根本目的，而只是刻意地去追求套路的高难、新颖、美观、舒展、大方，竞技中能得高分，使其具有一种“艺术性”。

这种现象在太极拳表演中尤为严重，评委评分、选手是否能拿冠军，只看其动作是否好看，真正打出来的拳架与太极拳谱往往貌合神离，形神相悖，枉顾其是否符合太极拳的本义。殊不知这些所谓的对套路的“发展”“美化”，恰恰违背了传统太极拳拳法的合理性，破坏了其一招一式原有的功能。太极拳套路训练中的每个动作都应该完全符合人体基本的间架结构的正确运动，如果破坏了这基本结构，就违背了太极拳使身心阴阳平衡的功能。正如佛经上说：“菩萨畏因，众生畏果。”佛家讲究种下什么样的因缘，即得什么样的果报，练习太极拳时一旦偏离了太极拳法的根本主线，必然无法体现出太极拳的内涵和真谛，也无法得到习练太极拳理应产生的效果。

还有些人为了增加表演效果，尽力地显示太极拳中的发力，任意地增加弹抖。的确，有时候弹抖得越多越厉害，观众的掌声就越多越响亮，但这种刻意为之错误地理解了弹抖的力量，夸大

了弹抖在太极拳中实际所占的比例。事实上，弹抖在技击实战中的用处不是很大，在迅猛的实战当中也没有这样抖来抖去的时间。实战中，你的对手往往每秒钟能打六到七拳，你一拳还没抖完，就不知道被对手打到哪里去了。所以这种抖弹只适用于自我陶醉的表演。“抖”实际上是一瞬间把力抖弹到对方的体内，而不是自我欣赏式的颤抖。松、活、抖、弹，一秒钟几拳都出去了，根本没有时间进行所谓“运劲”的过程。

3. 把推手技击擒拿化

其实，太极推手讲究“踢拿摔打、分筋错骨、拿脉点穴”，“拿”只是其中的一小部分。在徒手搏击中，擒拿的效果并不是很大，只有在近身接触之时才能有所发挥。

张三丰的《太极拳经》中云：“任彼巨力来打我，牵动四两拨千斤。”太极拳不同于其他拳法流派的特点便是以柔克刚，以弱胜强，以静制动。然而，许多太极拳拳师为了展示太极拳以柔克刚的效果，过高地看待擒拿在太极拳拳法中的地位，过频地用擒拿来进行演示和教授。

擒拿教起来较为简单，也比较安全，可以让学生增加兴趣，可是一旦以偏概全，用擒拿来代替太极拳的其他拳法动作，就是舍本逐末了。要知道，擒拿不等于技击，擒拿只是技击中的一小部分而已。正如前辈们常说“巧拿不如笨打”。更何况高手互相搏击时，想碰到对方都难。

有人认为：“先拿后打，打中有拿，拿中有打。”虽然不能说这种理论绝对错误，但在实际运用当中，“拿中有打”是很难发挥出来的。

当前，有很多太极拳爱好者把太极推手当作一种擒拿术，认为推手就是技击的一种表现形式，擒拿又是推手的一种表现形式，这种思路对于太极拳的习练是非常不利的。其实，太极推手讲究“踢拿摔打、分筋错骨、拿脉点穴”，“拿”只是其中的一小部分。

4. 把太极推手程序化

太极拳推手的训练体系是一种高密度、高强度、多变化的综合训练体系。只有这样训练，才能充分地体现太极推手的性质和特点。模式化的训练，往往只是入门时期采用的一种练习方法，习练者切勿把它当作太极推手训练的全部内容。

古人云：“不以规矩，无以成方圆。”为方便太极拳的初学者学习，这些程序化推手对于教学来说有一定的效果，初学者这样练是可以的，但是有一定基础之后，就不适合修习这种程序化推手了。因为这种程序化推手培养不了技击实战中所需要的全部素养。

传统的太极拳推手训练体系完全是从实战中总结出来的，具备“踢拿摔打、分筋错骨、拿脉打穴”等各种上乘要求，无论是粘手、分手、接手还是合手，其每个阶段的动作练习都与前后的训练密切相关、环环相扣。

目前，大部分太极推手的训练方法，往往是一种固定节奏的定势训练，缺乏节奏、力度等的变化。太极拳练习的初期，应从有形有势中找劲，培养合理的间架结构和用力习惯，但到了中高级阶段，就要训练自然而然的本能反应，需要习练者抛开定势化的束缚，达到自然而然地应变。拳谚说：“有形有意皆是假，拳到无心始见奇。”

不要把太极推手等同于技击，或干脆认为推手就是放慢了的技击。其实，推手只是通往技击道路的一个阶段。目前，很多人演示太极拳的对抗时，为了方便往往采用推手的方式，利用推手和擒拿来表现。试想，如果对方不是处在推手的状态下，而是与演示者进行实战，敢问这些展示出来的技术还能够得心应手地使用吗？

推手是建立在不脱点接触的基础之上，搏击却没有这种约束。传统的太极推手在不脱点的前提下，可以使用各种技击方式，这就是老辈人说的“乱环”，推中可以带打。这种技击形式的推手是通往太极拳实战的必经之路，始终贯穿着技击实战所需要的各种素养的培养，包括脱点和不脱点的训练。根据训练的指导思想，就能辨别所进行的推手训练是否服务于技击实战的需求。

太极拳讲究拳无定法，认为，周身无处不是拳，遍体无处不太极，挨着何处何处击。此处的“拳”并不局限于手部；我们常说的“手法”如何，也不仅仅指手上的动作。“推手”也是一种概指的说法，“推”不是单一的肢体前推，“手”也并不单指手的动作。唐朝诗人贾岛曾因为一句诗“僧推月下门”而在“推”和“敲”之间来回斟酌，低头骑驴时不小心冲撞了正在巡逻的韩愈，留下了一段推敲故事的美谈。所以，推手之“推”字也应该取“推敲”“试探”之含义，并不仅仅是“推开”的意思，而“手”是泛指以手部动作为代表的攻击和防御技法。太极拳推手训练初期，手上的技法运用较多，但同时也要练习用身体去推，用身体去引化对方的力量。

太极推手讲究手分八法，足分八法，身分八法。除了手上能够走出八个劲，身上同样也需要练出来，这才能达到太极拳的整体性。“推”并非是肢体上的推，也要训练意识、本能、承接、发放、游走，推手是综合性的训练的概指，最终的效果是能够随感而发，随感而行，应物自然。

初期的推手训练是从劲力开始，到了中高级阶段，也要培养用意的快慢、引化、听劲，练习利用对手的反应时间差来进行力的发放。同样一个引化，可以用手引化，也可以用身法引化，还可以用步法引化，在练习时，逐级深入，最后形成自然而然的本能反应。

5. 训练缺乏系统和层次

太极拳训练体系的系统化至关重要。从初级渐入高级，每个阶段的训练方式都能够加以验证，有其独特的目的，和前面与后面的训练又有着直接的联系，从而练有所用，环环相扣。

许多太极拳爱好者，往往相信“功到自然成”，只管天天练便了，其实这是一个很大的误区。一些太极拳爱好者，他们的练法让我们感觉非常吃惊：练上二三十年，都是那么一种训练模式。就好比一个人刻苦学习小学课程，学了二三十年，最多只能说明他小学知识的根基比较扎实，而初中、高中和大学的课程都没有接触到，其水平又能高到哪儿去？同理，这样训练，又如何能达到太极拳的上乘境界呢？

推手、盘架、技击等任何一个要素，在不同时期的要求都不一样，每个阶段的训练目的非常清晰明确。以太极拳的盘架为例，第一层次是以身带手，第二层次则是以手领身，第三个层次则是以神运身。

第一阶段讲究落地生根，八面支撑；但是到了下一个阶段，则是脚下如绵，虚实转换；再到后面的阶段，则是如临深渊，如履薄冰。正如有位拳家所说：“太极拳第一步慢练，第二步快练，第三步快慢相间。慢不可痴呆，快不可错乱。”

6. 技击实战讲手化

一个球员，不管在训练场上表现多好，在比赛时的命中率往往都会下降很多，这就是练和用的区别。我们必须清楚，讲手只是一种训练手段，不能代表技击实战。因为在现实中，你的对手不可能对号入座，让你按照套路，想怎么打就怎么打。敌人是活动的，也在随时寻找你的空当。

目前，太极拳讲手已是很普遍的教拳模式，有许多太极拳老师通过讲手去描述太极拳的各种动作的用法，使太极拳爱好者能够更好地体会拳法的作用、引化和发放，更直观地去理解太极拳的一招一式。这种讲手教学适合于初学者，他们可以从中初步体会到太极拳的各种攻防转换，并在此基础上举一反三，一式多变。

不过，这只是一种教学模式，不应该成为应用模式。就像篮球教练在训练队员时，可以把各种技术分开讲解，但队员们上场比赛时，更多的是要依赖在平时的大量训练中所养成的素质，而不是训练时学到的技术单招。一个球员，不管在训练场上表现多好，在比赛时的命中率往往都会下降很多，这就是练和用的区别。举个例子，许多老师传授单鞭的运用，常常用一只手抓住对方的一只手，另外一只手往对方面门打去，但在实际运用中，对手的身形位置和他自己的身形位置都在随机变化，要想恰到好处地用上这个姿势，往往是很难的。有时候，可能左手是云手的一个动作，右手却变化为白鹤亮翅的动作，这都是随势而变的。

有时候，对方想着如何来打我，但在肢体接触的一瞬间，我将受力点突然改变，同时也改变了对方的作用点，他原来想好的各种用法突然间就用不出来了，就会陷入一个短暂的发愣状态。对方一旦改变了重心，失去了平衡，我们就可以顺势破坏对方的间架结构，对方想好的招法就很难打出来。

太极拳虽然起步的方法不同，但最终目的都是相同的。就技击而言，从推手过渡到技击，这一部分更需要针对性的训练。系统而言，要经过粘手、分手、接手等方面训练才能过渡到技击。沾手主要是运用太极拳“踢拿摔打”等各种技法，在不脱点的前提下，任其发挥，绝不是为了推手而推手。分手手法可开可合，可分可离，无论是步法、手法还是身法，讲究“脚无定位，身无定型，手无定法”，这样便与技击更接近了一步。接手实际上也是技击的前奏，在敌我双方没有接触的前提下，瞬间打击对方；如何去承接对方的进攻（承接不是硬接），可以用步法、身法、手法接，目的就是保护自己，使敌背我顺，这是太极拳接手的根本要求。只有通过各种训练才能逐渐过渡到技击。

有人开玩笑地说，太极拳练习班是老弱病残学习班。的确，太极拳习练者的老龄化现象严重，年轻体壮的人所占比例非常小。王宗岳的《太极拳论》中提到“耄耋能御众”，即七八十岁的老人仍能与人较量，现实中的太极大师也往往是些鹤发童颜的高龄人士，这很容易让人误解，似乎练到老年才可有所修为。为什么不能培养一批“青年即可御众”的年轻太极拳家呢？最根本的原因就在于训练方式的不足甚至错误。

7. “练时慢，用时快”的说法不对

社会上还有种“练时慢，用时快”的说法，认为平时练太极拳越慢越好，实战用时自然就快。这实际上是不可能的，平时不练快，在真实的对敌实战中根本就快不起来，将难以适应对方快速的变化，只会落败。

只有进行了快和慢的速度训练，才能做到“动急则急应，动缓则缓随”。在技击实战中，面对风格各异的不同流派的功夫对手，一位真正的太极明师会展现出真正的技击特点。实战对手不

可能与你慢悠悠地比划玩耍，要想抵挡对手急风骤雨、风驰电掣般的攻击，必须“你快我更快”。

这里所说的“快”，并不是单指肢体动作上的快，主要是指自身的敏感程度高、本能反应快、启动速度快、运行路线短。诀曰：“心如火药手似弹，灵机一动鸟弹飞；身似弓弦手似箭，弦响鸟落显神威。”“起手如闪电，电闪不及合眸；击敌如迅雷，雷发不及掩耳。”这是前辈对太极拳技击实战的高速度特征的体认，值得我们这些后辈深思。

快与慢是相对的，但又是密不可分的。必须要有“快”的训练，才符合前贤们的教导。只有这样，才能在实战验证中应对自如。

无论是哪一派的高妙武功，没有经过“快”的训练，也很难在实战中发挥其应有的威力。必须经过一定时期的高速度、高力度、多变化的严格、完整的训练，你长期积累的各项太极素养才能够淋漓尽致地发挥，从而坦然地在实战中面对各派拳家。

七、只有真修实练的人，他留下的东西才有参考价值

目前，习练太极拳的人众多，但与前贤们相比，功夫相去甚远，这是为什么呢？根本原因，在于习练者把太极拳的外形当作了根本。大部分太极拳比赛，比的也仅仅是动作是否规范，是否跟教科书上的一致，求的无非就是一个外在形似。目前流行的太极拳的学习方式，要么是根据书练，要么是跟着光盘练，或者报个培训班学习。一般来说，一期培训班时长也就一两个月，结束后，学生常就以为学会了，孰不知这只是浅尝辄止。

“不求形骸似，但求神意真”。只有功夫上了身，才能真正体现“神意真”。“拳本无法，有法也空；一法不立，万法不容”。是说学拳在学成之后要弃法而灵活运用，但在学习时是一定要方法的。

只有真修实练的人，他留下的东西才有参考价值；而本身功夫练不到家，只是有一个官方身份的人，虽然看似名头很大，也可能会给人以误导。同样一个人，在不同时期，感悟也不一样，留下的资料也会有所区别，习练者也必须要注意，看其是在初出茅庐之时留下，还是在功夫大成之后留下的？是在年轻力壮、身体鼎盛时期留下，还是在年老多病时留下的？曾有前辈说过：“学拳不能学成老头拳。”这种说法颇有道理。人年纪大了以后，内心的体会可能更深，但动作往往做不到位，因此其招法外形对于初学者来说未必是很好的参考。另外，前辈讲述东西，或者录制影像时，要注意他周围都是些什么人。有时为了应付场面，许多前辈也往往会说一些面上的东西，对于这些，姑且听之即可；但假如前辈是讲给自己的子女、爱徒，这些文字语言就需要认真研究；而如果是为了流传后世的，那就是武学瑰宝了，更要重视。

“宁传十口，不传一手；宁传十手，不传半摸”。很多时候，外形动作相似，但做这些动作时身体肌肉的劲力转换、气血的鼓荡等，都掩藏在衣服之下，从外表上是看不出来的。老师打出一式，到底用什么样的劲，打在身上有什么感觉，单靠看是看不出来的，更是语言难以描述的。师父就如同大厨，做一桌子菜，弟子看到菜的外形只在其次，吃到嘴里，尝到味道，才能洞悉个中滋味，也才有可能做出相同的菜肴来。

八、太极拳是技击术，搏击是有感而应，随感而发

“武术就是搏杀，必须有防身自卫的功效”。其原则是“活着打人，死了打鬼”。“宝剑锋从磨砺出，梅花香自苦寒来”。要想技击功夫超群，就必须在实际运用当中加以磨练，从实战当中去体认、去总结，你的功夫才能真正获得提高。

对于武术技击，任何人都是从不会到会、从弱到强，这是个必然的发展过程，没有开始的弱，也就没有后来的强。太极拳招法是前辈们千锤百练总结出来的武术精华；而技击对抗时，对手是活人，不是木头，不可能让你痛快淋漓地去发挥每招每式的威力，你只能因敌制变，以示神奇。太极拳架就是“以意识为主宰”，在心理意识的作用下，逐渐形成下意识的肢体运动，这在太极拳理论中称为“知己功夫”。技击对抗是一种下意识（自然本能）的攻防运动，彼时拳脚交错，容不得你用理想化的招式去攻防，一旦应用失败，初学者往往会对太极拳的实用性心生怀疑。这大可不必。须知，太极拳的技击训练是一个多层次、多阶段的完整的训练体系，并不是仅仅学会了盘架、掌握了招式就能概括的。

太极拳是以八个劲法“掤、捋、挤、按、採、挒、肘、靠”为主要技击方法，运用的核心是粘、连、黏、随，以不丢不顶、顺从不离、随屈就伸、人刚我柔为原则，使对手进退不得，完全被我之劲所控制。古拳论中说：由招数渐悟懂劲。太极拳的懂劲功夫是经过长期训练得出来的。前贤有云：“以心行意，以意行

气，以气运身，随感而发。”太极拳家就是依赖于这种平素练就的下意识的感知和身体反应能力，来应付各种复杂的技击场面，有时出手动作做出之后自己才意识到，这就比单纯的比式招数技高一筹。前贤们所追求的就是这种“人不知我，我独知人”的功夫。这就是“心灵语言”的有感而发。心灵语言，是指习练者在功夫已经上身的情况下所形成的个人特色。太极拳的修炼从有形有相进入无形无相，以有感立应、本能反应为根本，在不同时期，要领亦有所不同，到了高级阶段，归于自然而然，脱乎规矩又合乎规矩，其中玄妙难以尽言。

卷七

功技训练阐秘

出手软如棉　落手硬似铁

——赵堡太极拳的内功及其训练

太极拳崇尚外柔内刚的内劲功夫，其内劲具有伸缩性，如绵似铁。其柔是松沉，是虚是阴；其坚是实，是阳是紧，是由脚跟起而发出到接触点上而形成的刚坚劲力。正如赵堡太极所言，“出手软如棉，落手硬似铁”，能达到“无坚不摧”的特效。

一、内功是人体的一种内在潜能

内功实际上是一种内在的能力，即人体潜能，人人都有，但它却因人因时因事而有所不同，就是通常人们说的只有功夫高低之分。狗急了会跳墙，人急了能拼命，这是常理。20世纪60年代，上海光华丝绸厂着火，一女工情急之中搬起一台电动机冲出着火的车间，后来她再想搬回原处，连推都推不动。不练功的人，在正常情况下不易调动这种机能，往往只有在情急之下才能。而练内功的人，由于平时练功已养成“眼前无人似有人”“行止坐卧不离这个”的习惯，因此，一旦遇到情况立刻能“如同火烧身”，马上调动起人的潜能，出手比常人快，劲力比常人大，这是毫不奇怪的。

二、内功拳的标志

标志诀曰："精养灵来气养根，元阳不动称起真；丹田养久千斤宝，万两黄金不谕人。"

此诀注明了内功拳的真谛所在，阐述了练武人体能的来源和补充，养精化气是身体活力之根本。

精养灵，说的是大脑思维的机能，必须依靠精血来滋养。精者，有形之物，在人体属阴，出生婴儿先天有之，后天之允，源于五色、五味之饮食。精血通过肺部的呼吸和心脏的血液循环作用，产生热量，升化为人体所需的内气。

练武讲究发力，力的大小由内气的充足与否来决定。

所谓养根，指的是气力的根源，气根在腰，而身根在脚，肱根在膀。力的运用条件有二，其一在于大脑的指挥，其二在于身体的运动。

元阳不动，简单地说，是男子未婚前已把功夫练成，童子功为真，婚后长期保持功夫即可。

丹田养久千斤宝：丹田原为道家语，指男子肚脐以下的下丹田，为内气之库。丹田的充盈由营养和练功日积月累培养而得，功成艺就贵如千斤之宝。何谓宝？宝者，精、气、神也！

万两黄金不谕人：拳术是用来保国御敌、强身自保，是打人的方法和手段，断不可以金钱做交易，以免误传歹人以伤善良之人。

三、太极内功训练之开筋拔骨

传统太极拳注重于周身整体的修炼，练至气、血、筋、骨、髓、肌肉、皮毛协调统一，才能求得整体浑圆之力。就开（挑）筋而言，大约有三种练法：

一是从桩功中练，对筋的训练讲究开筋、润筋与养筋。人体之筋如同橡皮条，长期伸拉会使其老化失去弹性，所以好的练法是在其拉开后补给其养分，以更好地增加周身弹性，延缓其自然老化。

二是在行动中练，以人体神经末梢带动周身，神用于内，意放于外来拉动，牵引全身自躯干至手指、脚趾末端的大小筋脉。

三是运用周身气血鼓荡伸缩的转换，使全身的筋骨膨起。

开筋是传统太极内功训练的一项基本功，可以通过各种练习而获得。当然，开筋开骨始终是传统太极内功训练的必修课，不仅调节气血、改善人体机能，更为日后功力的进阶打下良好的基础。

开筋基本包含两种含义，大至周身，小至关节末梢，只有开筋强骨。俗话说“开骨生灵”。所以，这里还涉及开骨、拔骨、滑骨、透骨的过程，待最终将精气神合一，使人体的机能产生质的变化，才能达到易髓，至此，内功才能达到高水平。

听劲感知　蒙目训练

——推手训练的特效方法

蒙起眼睛训练是武术技击训练的一种特殊手段，它的难度虽大，但是效果却是惊人的。人们都知道，李小龙当年在长堤国际空手道大赛中表演的中国功夫，就是咏春拳的“蔽目黐手”（即蒙着眼睛贴身近战）。由此可见，蒙目训练出来的功夫，成就自非一般。

太极拳的技击功夫，常常被人们誉为是一种身体艺术，因为太极拳家的身体任何部位都可以随时体现粘连黏随、接转化发和控制对方肢体的能力。所以，要想尽快地达到这一目的，在推手，特别是散推手中运用蒙目训练的方法，是会收到事半功倍的奇效的。

下面就让我们以散推手为例，谈谈蒙目训练的具体操作。

首先要弄清楚蒙目训练散推时，并不是两人都蒙目，而是一人蒙目，另一人不蒙，也就是说不蒙的人主要做主动的进攻、喂劲、变劲、用招的工作，而蒙目的人则是受训者，在对方进攻时，蒙目受训者则要努力用身体作出应答，以处理对方给予的各种动作和劲路的刺激。

这就要求蒙目者对自己周围的环境保持高度的警惕，身体的每一处皮毛都要有高度的敏锐的感觉，即拳经所谓“身体要松，皮毛要攻，节节贯穿，虚灵在中”。同时身体应接、判断要准确，处理要果断，并随着基本素质和训练水平的不断提高，对各种刺激的动作劲路及真假虚实等，要达到自动化处理的程度。

其次要懂得蒙目训练主要是练习粘贴控制对方来势的技术。因为没有视力的帮助，所以全凭肢体触觉的条件反射，立即感知对方的重心变化而迅速反应，使对方失稳，或得机会将对方摔倒。

同时还要明白“手似一道门，身灵步活即赢人”的道理。首要的是先训练两手的触觉反应（手既是扫描器，又是探测器），通过各种劲路的反复刺激，以建立神经系统复杂的条件反射，最后达到反应灵敏和随机应变，在迅速千变万化的实战中能应付自如。

譬如，在有意训练双手的探视和感觉，以及随时进攻的能力时，可运用几种动作循环反复地相互粘贴推拨滚转，在屈直交错、不断变化的动作中产生一种劲力流和前推控制的力度。这可以锻炼双手左右兼顾，以最快而流畅的划弧转圈卸除对方之力，不但锻炼了与对方交手接触的感觉和反应，而且锻炼了制造和寻找对方之空隙和漏洞的技能。

最后，当手上有了一定的能力（感知、控制和处理）后，可以适当地将对方的手臂有意引进自己的身体（即敞开门放其进身），我尽量空出双手不用或少用，而努力用身体去接转对方的手臂进攻之力，以此来训练感知、控制和处理（化发），如果能练到应付自如，把对方的手臂当成自己的借用了过来（对方不敢伸手，一伸便成了我的），并使对方的进攻还制其身，而此时我却又腾出了双手（比对方多了两只手），可以随意地击打摔跌对方。到此，蒙目训练就算大功告成。

敬爱的拳友们，你不妨试试！

蒙目训练应注意：

（1）必须懂得太极拳的技击原理和原则，不能盲目地蛮干。

（2）它是一种有意识、有目的、专门用于训练肢体听劲感知的、特殊的训练手段，而不是目的。

（3）训练的场地必须平整、宽阔，周围无障碍物和尖硬物体。

（4）喂劲的一方要循序渐进地增加力度和动作的复杂变化，以及动作的突然性和无规律可寻的快速性。

（5）适当的时候，喂劲的一方还要随时注意保护蒙目者，时时给予位置的指引。

抻筋拔骨聚内劲
散推对抗练真功
——太极拳技击功力训练的有效途径

《武魂》杂志1995年第6期高臣、于汶水二同志在《意拳与人体仿生学》一文中指出：中华武学内在力量的根本就是从动物运动机制中提炼出的抻筋拔骨的训练方法；恢复先天本能状态的训练手段是紧不是松。这种观点颇具见地，是符合拳术实践和运动技术形成规律的，太极拳的技击功夫（特别是功力）训练也不例外。下面就谈谈这方面的体会和训练方法，以抛砖引玉。

拳诀讲："运劲如百炼钢，无坚不摧。""蓄劲如开弓，发劲如放箭。"归根结蒂，就是松紧运动。自然界中凶猛的动物一般外观上看都很松软，但捕食时则极为灵敏，快捷有力。猫、狗等动物身体的任何一个部位，一经触击其身体必定抖动，接触点同时产生弹性绷力。有人也说著名拳家王芗斋先生身体放松时，双臂竟可拉出一尺的"量"，脊柱上下抻拉也有半尺的"量"，但动起来却能做到一触即发，周身无处不弹簧。武术家们高超的内功素养"见之似好妇，夺之似猛虎"，无不表现为拳术松紧运动的变化——极柔软、极坚刚。

一、抻筋拔骨增内功 意力结合挖潜能

1. 身肢放长，形松意紧

拳架动作熟练后，不但动作要放慢，而且要有意识地使肌肉整体放长。肌肉纤维变细、变长，增加初长度，从而使肌肉富于弹性，同时又要使各部位关节拔开、放松，尽量能做到立体旋转，灵活至极。

松则如一张纸、一件褂衣，使多么大的巨力击来时，都会通通（缓冲）卸得一干二净，这就是真正的形松。意紧就是随时着意全身，有身临实战搏击之其境，使身体任何一个部位都有一弹即发之势。

2. 处处着意，进入角色

调架不但要走低架、慢架（一次三四十分钟），而且一开始便进入角色状态，即站好预备势后，便着意上下、前后、左右、四面八方，均有外力来攻击身体的任何一个部位，而己身的任何一个部位都要随时作出反应，与外力抗争，真乃“依着何处何处击”也。

头有上顶之意，脚有下蹬之劲（五趾抓地，蹬地拧旋），两手有前推（刺、抓）之意，后背有后靠崩撞之劲。两臂既有往外横打之撑劲，亦有朝内夹击含抱之意。两手既有往前之推掷抛摔劲，亦有回捋牵引採带之意。

膝尖有前顶劲，膝弯有夹物意，腿上有蹬劲，臀下有坐意，胯有外撑劲，胯弯有夹物意。拳诀云：“蹬之于足，行之于腿，

活泼于腰，通达于背，神贯于顶，流行于气，运之于掌，通之于指，敛之于髓，达之于神，凝之于耳，息之于鼻，呼吸于腹，浑噩于身，发之于毛。”“筋骨要松，皮毛要攻。”正是这层意思。

3. 抻筋拔骨，贯劲增力

陈鑫说：“心劲一发，而周身之筋脉骨节无不随之。”在意识的指导下，用意使关节、韧带、骨缝开拔，要有用力外撑的膨胀感，手臂似有沉重感，指尖似有胀麻欲抓感，使身体内部产生抗争，促使各肌肉群协同工作，形成慢拉架子硬开弓之势。一方面由丹田处向四周梢节徐徐贯劲，另一方面在沉静的基础上，有意使身体内部上下、前后、左右各处产生对拉拔长和螺旋滚转的内力，有效地促使身体各部位协调的配合，由于矛盾抗争而达到力出统一，气力充沛，生动和谐，整体机动灵活。又由于这种意识指挥下的内力在体内各关节肌肉中不停地如链条式地滚转缠绕时上时下、时左时右，以及螺旋运动的劲力变化，使得身体各部位动作准确合拍，变化无穷，既训练了柔而不软（懈）、刚而不僵（生硬）的劲力素质，又有效地聚蓄了内劲能量。

4. 意力结合，激发潜能

历来太极拳家都强调打拳必须用意，如“势势存心揆用意”“意气君来骨肉臣”“先在心，后在身”“始而意动，继而劲动”“凡此皆是意，不在外面”“刻刻留心，挨何处，心要用在何处”“气未到，而意已吞”“走架打手着着留心”等，都是强调用意的拳论。

有人研究认为“意念活动是一种隐形的力”。太极拳的用意，即在于调动和激发人体精气神及大脑的潜在功能。意念，或叫作意念力，是人脑所特有的运动形式。科学研究证明，意念活动是一种力，有人称它为“人体意念场”，也有人称它是人体高级物质能量流。它不仅有思维信息功能，而且有对人体自身或体外事物直接产生作用的功能。也就是说它能统帅人体的全部功能和能量。当一个人意念力作用手掌上时，手掌的弹性、膨胀力量都会加大。上海同济大学生物医学研究所的一项实验就证明，意念力可以使手掌温度上升和下降（《中国人体科学》1994年第4期），就是很好的证明。

从技击劲力训练角度出发，把意念集中到应敌策略及技巧上，集中到自身发力部位上，集中到假设敌人的某个部位上，包括从施力点、力的运行路线、枢纽运化，以及最后达到的发力点上。也就是说，在掤、捋、挤、按、採、挒、肘、靠等诸劲过程中，都要贯注以意念力，从中不仅可锻炼到一些应敌的本领，还可以增强自己的胆量。

要想增强意念的能量，则必须在日常锻炼中逐步培养，即在平时练拳过程中，注意意念力的渗入。其中包括理性知识的充实和刻苦实践中的潜悟，但这又必须是在拳架练得精熟之后方可着重练习的。

着意培养意念意识：

（1）打拳行架，要经常有意识地树立假设敌，作攻防想象，对套路的每个动作都贯注招式含意，做有针对性的攻防想象，意真力才真，才能有效地调动人体潜能，发挥最大效能。

树立“我守我疆，不卑不亢”“人不犯我，我不犯人；人若犯我，我能以其人之力还治其人之身”的战略思想和应敌意识，并且对自身的力量有充分的估量。要充分自信自身的力量超过一切敌人，战略上藐视敌人，从思想上压倒一切敌人。一接触其皮毛，我意念中之力即已入彼骨髓，所谓“气来到，而意已吞”。

平时人们讲的“信心是成功的一半”，其中就包含了这种意念力的作用。

（2）对每一个拳势、每一个动作的技击含义都要清清楚楚，每个动作中力度的变化，运力起点、路线、枢纽、落点（发力点）都要清清楚楚，明明白白，即所谓“势势存心揆用意”，要刻刻注意使意念力准确而顺遂地达到发力点上。每个动作的技击技巧特征，发力点是在手指，还是在掌根？是力出拇指，还是中指？是抓筋拿脉式的入劲，还是捋按抛掷式的放劲？是顺势借力，还是创造借力的技巧等，都要明白清楚。如果我们天天遍遍练拳时，都能把这种意念力贯注于每一个动作的一点一滴上，天长日久，必将会锻炼出一种较强的太极内功，使周身充满活力和弹性，使“挨着何处何处击”指日可待（参见《武林》1995年第9期马虹 “论用意——关于太极拳的内功之三”）。

二、散推实作牛性劲 推掷摔打练真功

太极高手之所以为高手，就是因为第一，功力深厚（以人体肌肉素质为基础）；第二，力量、技巧配合得恰到好处（勤于实践）；第三，意、气、力相聚，整体运动掌握得好（精熟）。

1. 实力显功夫，刚极柔不防

凡是竞技运动如擒拿、摔跤、柔道等都是很讲究招式和劲道变化的，实力是其取得技击效能的保证。就这一点而论，太极拳的技击功夫也不例外，因为功力（专项身体素质）的大小及其发挥水平决定着其技击功夫的效能，没有一定的力度和实力是难以完成的。

以柔克刚是太极拳以弱胜强的一种方法，但刚极柔不防，强弱悬殊的柔克不了刚，可以想象一个体重很大的相扑或摔跤运动员与一个体重一般的推手运动员较技，结果是怎样。即使搬出目前我国有影响的太极正宗传人，也很可能是不乐观的。在国内组织的小范围的由年轻运动员与太极名家、太极正宗传人的推手“研讨”会上，年轻运动员的绝对优势也更好地说明了这一点。

2. 熟谙内功劲，始得真师传

太极拳的内劲表现出独特的沉实厚重，如内部灌有水银那样沉甸甸的，但流动又如行云，又极为快速、轻灵、圆转。它一般隐于内，而不显于外，能随人之动而不断改变方向或集中到某一点，变换极为迅速灵活。功夫纯粹者能随对方的劲力和方向粘黏变化丝毫不差。内劲贯注其臂如绵裹铁，柔软沉重，柔中寓刚，刚中有柔，似柔非柔，似刚非刚，极柔软，然后极坚刚，推手时虽手极轻，而威慑力极大。内劲潜移，化劲松净，意在人先，人不知我，我独知人，依着何处何处放劲，干脆利落，如矢离弦。

当熟谙太极内功劲力的情况后，首要任务便是接受太极真师（有真功夫的老师）强烈的喂劲刺激诱导（身传口授）。老师用几斤力或臂重之力恰到好处地压迫学生，让其竭尽全力忍受。小小秤砣能平衡住几百斤重物，这个小力调动大力就是利用了杠杆原理。功夫好的教师一搭手似有千斤，立刻叫人肩臂酸不可耐。熬上三五分钟，老师把劲转一转，稍息片刻，再重新给以刺激。如此活劲刺激，胜过借助器械的功力训练数倍。

老师再有意给徒弟一定重量，令其感到沉重难受，以增长其内力抗衡和筋骨肌肉的揉扭能力，以及承受打击时的敢接敢拼劲的能力的同时，也可以适度地放手打学生，或有意敞开门户任学生打，然后做出各种各样的变招进行防守反击，让学生懂得在什么情况下会遭到什么样的攻击，从而学到多种多样的变招，使其初步摸到一些基本规律，日久则讲求轻灵善变的吞吐运化能力，使推手逐渐向实作过渡。太极先辈、杨式太极一代宗师李雅轩先生也认为这是必经的阶段。这也同时要求老师也要以自身为试验对象，多给学生坐桩当靶子，试验技法和放劲，随时指出缺点，千万不可躲躲闪闪。要放下包袱，轻装上阵，有一就不说二，不吹牛，不乱讲，不故弄玄虚，更不能谈吐间设关置卡，“好像有许多绝技藏着不能试”，试了会受不了。要彻底赢得学生的尊重和理解，这是最重要的。

推手以竞技为目的，极讲究内劲的增长。因此，习拳一定要苦练功夫，功力是最重要的基础，功力越深，所遵守的法则也越少，也更能发挥人体技击潜能。作为学生，要求被喂劲，而增长自己的内劲功力时，一定要拿出浑身的解数，真打实干地在老师身上发力使劲。尽量做到动作时体内的力量与意念相互为用，或者说是力到意及，意及力到，意力相触（“以意贯力，是为内劲”）。只有这样，才能真正学到老师那真实的高超技能。

3. 散推功力增，牛劲练真功

当拳架动作达到能准确自如地完成后，与老师喂劲传授的同时，即可进行散推对抗的实践。其做法是首先精神放松，不必紧张，注意粘连黏随，听探顺化，随彼运动而求训练沉静中的松柔。其次是当对方用大力、猛力推掷我时，不要怕倒，要有意接住对方来劲，并尽力以掤法捧架，随机监听，保持外柔内刚，虚灵沉着，以内力的虚撑控制好自己的重心，以防止对方突破我的防线而长躯直入。甚至要有意与对方相持一段时间，然后在控制好、有把握的基础上，积极主动地想办法或前或后，或左或右，或上或下地引化对方大力。或在保全自已万无一失的情况下，沉气发力，以挤压劲灌注身肢，而达到接触部位。此时则身劲抖发，起如钢叉，在掀挫对方重心时，待对方将要倒地的一刻，复又施以重压，即贯劲下砸，方挫其锐气，始而训练出我之韧柔中坚刚（无坚不摧）的内功。

说到散推对抗，当首推抗衡式“牛劲”的训练方法。所谓抗衡就是不怕对方突然性地、连续性地或持久性地发大力、使大劲，敢于接对方的大劲，能将对方这种大力、大劲拒之于门外（或先给对方一个支撑后，瞬间又撤消使其扑空），使对方丝毫不能动摇我的重心平衡点。所谓牛劲，就是要像发威的公牛一样，不怕一切，勇往直前的同时，用劲又具有顽性，有持久和变化的能力。利用沉重浑厚的内力，贯注于动作之中，随意变换和极快速灵活地集中到某一点，着意练功找劲和整体控制。

牛劲抗衡练习是在双方贯劲情况下互相运化的练习。因为动作有内劲贯注，很有威力。所以，久练此功的人，当他贯劲时就使人感觉到他有一股沉重强大、坚韧而极富弹性、威力无穷的劲力，其威慑力极大。这种硬掤硬化练习，不仅可以快速提高运化水平，还可以极为有效地增强功力，发展内功。

牛劲练习，不但要在双方全力以赴下进行，而且是不拘形式地散推、乱推。往返折叠的来回劲随机应变，刚柔相济的劲力用得适时、巧妙，使其刚则发而必中，柔则躲而必化，形成软不吃，硬不啃，拖不垮，打不烂，粘连黏随咬得住，欺拿逼横，打得中。

在牛劲练习中，尽管运劲沉重，仍应保持自身的调节，使上体、下肢能灵活屈伸和挪转，扩大各方面的稳定角和基底范围，并降低重心，以使重力作用线不超出基底面。除此之外，还要善于使肌肉群适时地放松和绷紧，参照对方的变化，保持不丢不顶的状态。

牛劲训练的结果，使练习者在与人推手较技时，具有了一种极具威慑力的重武器，搭手后如果对方接劲不能运化，出现丢或背势状态，当即行使“逢丢必打”、以石头碰鸡蛋之势，将对方干脆利落地抛掷而出。如果对方接劲后不硬顶或能做出一点反应时，则顺应对方的劲加以运化，用“推手先着力，随即松开”的技法，使其先有拐棍可扶，而眨眼之间又突然抽掉拐棍，以形成当即扑空栽地的效果。这样就可以渐渐达到拳家意念放松时，对方扑来，瞬间唰地一松，全无着落，全部卸空，如击三尺悬衣；意念绷弹（内力收缩）时，接触点坚硬如铁，如撞弹簧或墙壁，不是被抛弹飞出，便是瘫软破碎的功成境界。

遭着何处何处击　摧枯拉朽谁能敌

——太极拳技击功夫入门的金钥匙：内功势能

杨澄甫先生说："巧内功不能胜大力者，何必练拳。"具备深厚的太极内功，方能"行气如九曲珠，无微不到，运劲似百炼钢，无坚不摧"，以增强身体的抗击力和加大攻击性的爆发力。"脚踢拳打下乘拳，妙处无处不浑然，任他四周都是敌，此身一动悉颠连，我身无处非太极，无心成化成珠圆，遭着何处何处击。如遇劲敌，内力猝发，如迅雷烈风摧枯拉朽，熟能当之。"此正是太极拳内功劲力（势能）的真实写照。

太极拳的内功，也称作内劲功力，它是太极拳的力量素质——劲力的体现。它不仅是肌肉工作时外部表现出来的力量，而且是在太极拳特定形式和意气活动的支配下，通过一系列身法调整，使身体各个部分的活动达到高度协调时所产生的极富弹性的综合整体的劲力。它是区别于其他长拳类拳术的主要标志。由于这种劲力与单纯外部肌肉表现出来的力量不同，所以人们一般习惯将其称为"内劲"。

陈鑫说："心劲一发，而周身之筋脉骨节无不随之，外之所形，皆由中之所发，故曰内劲。内劲何发何行？发于心，而行于四肢之骨髓，充于四肢之肌肤。"太极拳的内劲表现出独特的沉实重厚，如内部灌有水银那样沉甸甸的，但流动又如行云，又极为快速、轻灵、圆转，它一般隐于内而不显于外，能随人之动而不断改变方向或集中到某一点，变换极为迅速灵活。功夫纯粹者，能随对方的劲力和方向，粘黏走化丝毫不差。内劲贯注其臂如绵裹铁，柔软沉重，柔中寓刚，刚中有柔，似柔非柔，似刚非刚，极柔软，然后极坚刚。推手时虽手极轻而威慑力量极大。内劲潜移，化劲松静，意在人先，人不知我，我独知人，依着何处何处放劲，干脆利落，如矢离弦。

太极拳的内劲，其瞬间的爆发力能将人跌出几丈以外，它的内劲与激光的作用原理确有相似之处。太极拳锻炼时要求全身关节松开，肌肉松弛，与人交手时亦是如此，只有在内劲发放的瞬间，将需要发劲部位的关节和肌肉，由脚而腿，通于背而形于手。同时一紧，这好比激光的光波，同时同步集中向一个方向发射（发劲需沉着松静，专注一方），发出巨大的威力。

太极拳的内劲质量及其运用技巧，是评价太极拳训练水平的两个基本要素。作为竞技性的推手，如果没有雄厚的内劲，技巧就无法发挥出来。所以，要练好太极拳技击功夫，必须首先练好内劲。

太极拳的内劲训练是在放松意识的支配下，通过意气活动与骨肉活动，由动作螺旋式地划弧转圈，反复运转，松紧交替的方法和两人的内力抗衡锻炼所取得的。该放松的肌肉、关节要充分放松，该用力的肌肉、关节要充分用力（用力的肌肉、关节仍需要放松的意念贯注其中，此谓实中有虚），并且要有韧性和耐性，拖不垮、打不烂、咬得住。

具体的训练方法是：在通过多种途径进行基本功、基本动作和套路练习时，首先学会柔运劲，刚落点，缓慢运动和快速发劲相结合，发展刚柔相济的内劲。再次是采用两人实战抗衡和辅助器械（如拉橡皮筋、抖麻辫、抖大杆等手段），加大运动强度，使身体内部和外部都得到广泛的适应性发展，大幅度提高内劲质量。最后进入练习性推手，在与对手的互相推揉摩荡中进一步提高自己的内劲素质，使之达到雄浑沉厚、刚柔相济的境界。

第一步喂劲。所谓喂劲是以有高深内功的人，以母亲给婴儿喂奶的方式，喂劲给对方，也是给初学者引路加功的过程。从古到今，技击教学总是强调言传身教。在身教中，教者在开始阶段有意给对方以一定重量，令对方感到沉重难受，以增长学生的体力（内劲的抗衡能力）和锻炼筋骨肌肉的揉扭能力，以及承受打击时的敢接劲能力。教师往往可以适度地放手打学生，或者有意地敞开门户任学生打，然后做出各种各样的变招进行防守反击，让学生懂得在什么情况下会遭到什么样的攻击，从而学到多种多样的变招，使学者初步摸到一些基本规律，日久则讲求轻灵善变的吞吐运化能力，使推手逐渐向实战过渡。李雅轩先生认为这是必经的阶段，太极拳有形、气、神之三阶段，此是练形的初级，以后则向气与神转化。

作为喂劲的教师，本身必须有高深的内功和高超的太极拳技击本领。技击运动时，可以做到不假思索，不期然而然，莫知至而至，不以一招一式制对方，而是靠身法、凭内劲，随心所欲，顺其自然。内劲已练得纯熟，功夫上了身，推手时同机械自动化动作一样，一开动便能因敌变化（这是由于双方动作变化可以快到百分之几秒，是来不及用意思索分析的。利用皮肤感觉的灵敏，固然能探知对方的来力动向，而制定应付的方法，在极快的动作速度的情况下，往往是不容许临阵“探知”“制定”的），身无定向，脚无定位，周身各处似弹簧又似水中鱼身，有感皆应，全身处处都可击人又可化人。不论往来行住坐卧，已不假思索，有意无意之间，一触就能将人放出丈外，或控制于手中。

喂劲的老师应该随时指出化解、还击之法，使学者不致流于自行摸索，走入歧途。对重点培养的学生，教师更要以自身为试验对象，多给学生坐桩当靶子，试验技法和放劲，随时指出缺点。当教者与学者技术水平不分上下时，学者应尊重老师的正确指导，但教师应当允许或推荐学者请教技术水平更高的老师，以便迅速提高。

作为被喂劲的学者，必须懂得在老师手里虽然不能自主，但同样受到训练，知道老师的劲是怎样作用于自己身体各部位的，身体的神经、肌肉感觉，会自然而然接受教师身传的技术。运动中要意识中正，方能气势饱满，支撑八面，虚实才能转换。当与教师接劲时，静听其劲路、劲别和体察其重心、外形上的虚实变化，这都要通过身躯、肢体骨肉的活动来执行和体现，即“意气为君，骨肉为臣”。所以，有拳家说先练意后练力，先求松沉，后求柔活，再达刚强。先里后外，意为先柔，形为后随。身柔者可以克刚，意松者，身轻步灵。以意贯力，是为内劲，达于肌表遂为外形，内劲通灵。彼来击之，如打自影，如撞墙壁。上乘功夫，法从心生，苦学勤练，拳中出功。

推手以竞技为目的，极讲究内劲的增长。因此，习拳一定要苦练功夫，功力是最重要的基础，功力越深，所遵守的法则也越少，也更能发挥人体技击潜能。作为学生，要求被喂劲，而增长自己的内劲功力时，一定要拿出浑身的解数，真打实干地在老师身上发力使劲。尽量做到动作时体内的力量与意念相互为用，或者说是力到意及，意及力到，意力相融，意力合一，即“力断意不断，意断神犹连，神连再生力，力量不空忙”。只有这样，才能真正学到老师那真实的高超技能。但作为发力使劲的初学者，首先必须懂得作用力的路线和发力的方法。

脚为根节，身为中节，手臂为梢节；大臂为根节，前臂为中节，手到腕部为梢节。力的传递是由根节经中节最后到达梢节的。在推手中，经常与对方接触的是中节和梢节，也就是前臂和手腕部分。就节段来讲，根节的力量大于中节，中节的力量又大于梢节。所以怎样加强梢节的意力是非常关键和切实的问题。只有梢节得到加强，配合根节的力量传导，方能在与对手接触的中节上得到力的表现。梢节的软弱无力等于自己的胳膊短了一节儿，无形中等于加强了对手的力量。故诀曰“手头不丢，手腕平直，要有掤劲贯串”。在力的传递上，不仅要弄清自身力的传递顺序，而且要把自身的力量传递到对方的身上去，这样才能起到摧败之功，一般说来，自身力量的传递来自根节，形于梢节，而作用到对方身上时，则是要通过他的梢节、中节到根节传到他的身上去。当然，高手也可以直接作用到对方中节和根节，这是中、上乘功夫所为。

其方法是根节松，梢节紧；梢节松，根节紧。上虚下实，下虚上实；点上松，身上紧；身上松，点上紧等。只有随意自然地掌握，才能做到周身无处不是点，无处不弹簧，无处不发劲，无处不技击。

在推、拉、开、合的转换过程中，要不断用头和身体去“凑合”手，从中摸索种种变化。力求“有一势可变百千势，百千势而归于一势之基也”。又必须注意步法和身法的配合，因为攻击往往是在进半步与退半步或更小移动的矛盾状态中进行的。正如拳谚所云：“脚踏中门夺敌位，即是神仙也难防。”譬如，对方双手从下往上奔我的胸部推来时，不要用拙力去顶，而要用在我的双手做向两侧分拧的动作时，肩撑肘横，使对方指向我中线的力量分向两侧，从而失去其构成的威胁，我随即将前脚踏进对方裆下（中门），用正面的发劲，将其推出。这样就可以慢慢走向懂劲。只有懂劲了，推手时方可以随时取得主动的地位，才能达到对方不动则已，只要一动就总是被我借力，总是受我指挥。但是，必须懂得，懂劲也是没有止境的，你懂劲了，如果对方比你功夫高，他就比你更懂劲，懂得更细致、更精确，他就取得了

“我独知人”的能力，两相比较，你就成了什么也不知，只有被动挨打的份儿了。实际上，受高手喂劲应该贯彻始终，不断向更高功夫的老师学习，是提高自己功夫的极好方法。

第二步问答劲。所谓问答，即我有所问，彼有所答，一问一答则生动静，既存动静又分虚实。在推手时，以意探之，以劲问之，俟其答复，再听其虚实。若问而不答（不会走化），则可进而攻之。若有所答，则须听其动静之缓急及进退之方向，始能辩别出对方真正的虚实和变化，这都要通过实践中的问答训练而得到。问答劲训练的目的是为了听其劲，观其动，得其机，攻其势。所谓听其劲，即权其轻重虚实的意思，在推手为侦察敌情，听之于心，凝之于耳，行之于气，运之于手。所以说以心行意，以意运气，以气运身，听而后发。听劲要准确灵敏，随其伸就其曲，乃能进退自如。

灵敏的反应速度训练，首先是进行问答劲练习。由一方主动问劲，另一方根据问劲的方向、大小、强弱、速度作出反应，时时刻刻保持不丢不顶、舍己从人的状态，以达到提高反应速度的目的。其次是在实际对抗练习中，进一步实践提高，特别是要多与不同类型的对手练习，以及运用多种不同的对抗练习形式，提高在复杂多变形势下的反应速度，即急来急应，迅速处理。

问答劲训练是为了练习全身皮肤触觉和内体感觉的灵敏度，探知对方劲力的虚实、长短、迟速、动向，然后选择粘黏点为支点，运用磨擦力的牵引作用，发挥“引进落空”“乘势借力”“以轻制重”的技巧，牵动对方重心，使成我顺人背之势。在时间和力点最为恰当的时机，则又“以重击轻”“以实破虚”，将全身劲力迅速集中于一点发击对方。

问答劲以掤、捋、挤、按、採、挒、肘、靠为基本方法，是最基本的功课。问答劲越练越细密，推起手来也就会得心应手，

“打轮”时在任何角度都能走化，任何角度都能越过对方防守点而控制其重心，将对方打出。这种基本功是无止境的，老一辈推手名家都坚持训练，练达到紧小脱化，能化能发，化劲松静，发劲干脆，信手而应，不假思索方为妙手。

通过问答劲阶段的训练，掌握基本八法的劲路变化形式，了解推手运动的基本规律，提高在对抗中根据对手信息，运用劲路变化的能力。

问答劲训练，首先要找一位在太极拳技击运动中和自己“情投意合”、敢打敢摔、愿意互相帮助提高技艺、又不红脸、不好面子的知己为对手。双方分为上下手互相配合练习，由一方主动变化劲力的大小、方向和速度等，让另一方通过劲点来讨对方的信息，并作出相应的变化。主动出劲的一方为问劲，作出相应变化的一方为答劲。所以，问答劲练习为问劲的一方主动向对方发送劲力的信息，而答劲的一方根据对方的信息调整自己，尽量与对方保持不丢不顶、粘连黏随的状态，逐步掌握“动急则急应，动缓则缓随”“彼不动，己不动；彼微动，己先动”的功夫。

其次，二人进行听劲感知和反应调节的练习。从劲点来讨到对方运劲的大小、方向和速度信息，在太极拳术语上也称听劲。在问答劲练习中，主动送劲的一方是容易做的，困难的是答劲的一方，他必须先听出对方的劲，并进行反应调节。

听劲感知：因为要通过与对方手的接触点去感知对方所问劲的大小、方向和速度等，从劲点听出对方劲力的变化，所以这个环节练的是皮肤的感觉，以及大脑的判断力，是灵敏的训练。它要求精神高度集中，从松静、轻柔入手，动中求静，视动犹静，逐步提高听劲的灵敏度，最终达到“一羽不能加，蝇虫不能落”的高度灵敏境界。

反应调节：当从劲点听到对方的信息后，如何作出反应，进行自身的调整，这是问答劲练习中的重要环节。一般人习惯于在手接触点处发现对方来劲，然后马上由手作出反应，但在太极拳训练中，一般不这样，因为只由手作出反应，容易犯太极拳“稍动”受牵的毛病。应该如何做？太极拳家罗基宏先生曾提出：劲先由里边变换（力点、方向、路线、快慢、刚柔、轻重……），才能解决知己知彼，特别是“人不知我，我独知人”的懂劲功夫。拳论十三势歌中也有：“命意源头在腰际，变换虚实需留意……刻刻留心在腰间，腹内松净气腾然。”这里所说的“里边变换”，主要指的是腰脊命门穴为调节全身平衡的轴心。即是说，从接触点感知对方的劲之后，根据对方的劲路首先进行命门内换，然后调整身体的各部分、各关节。命门内换包括命门的向左右及前后的位移、命门的转动，其位移及转动量的大小根据对方的劲路决定。命门的位移与转动带动身体及四肢各关节作出相应的调整，为化发做好准备。所以反应调节这一环主要是练命门内换的功夫。命门内换要求隐而不露，当命门进行调节时，与对方接触的劲点必须在动态下保持相对静止，使对方感觉不到我的内部变换。所以有人把听劲比喻为“神以知来”的功夫，把反应调节的分析处理看作“智以藏往”的功夫。

在两人练习中，可以先让一方问劲，另一方答劲，然后交换问答方。在练习过程中应随时交流感觉，随时检查自身的身法调整状况与对劲路变化的反应能力，以及反应调节的准确性，及时发现问题，及时纠正。随着问答劲练习的逐步深入，问劲的一方可随时变换攻击形式，到最后可以进行无规则的、任意变化的问答劲推手，到此，已基本接近实际对抗了。

第三步是实战对抗的“抗衡”式“抗劲”训练。所谓抗衡就是不怕对方突然性地、连续性地、或持久性地发大力、使大劲。敢于接对方的大劲，能将对方这种大力、大劲拒之于门外，使其丝毫不能动摇我的重心平衡点。所谓抗劲，就是要像发威的公牛一样，不怕一切、勇往直前，用劲具有顽性，有持久和变化的能力。利用沉重浑厚的内力，贯注于动作之中，随意变换和极快速灵活地集中到某一点，着重练功找劲，使形神合一。抗劲抗衡练习是在双方贯劲情况下互相运化的练习，因为动作有内劲贯注，方能有威力。所以，久练此功的人，当他贯劲时就使人感觉到他有一股沉重而强大，坚韧、极富弹性、威力无穷的劲力，其威慑力极大。这种硬掤硬化练习，不仅可以快速地提高运化水平，还可以极为有效地增强功力，发展内功。

抗劲推手练习一般也使用喂劲的方法，即当一方的劲力比另一方稍强时，劲力强的一方用喂劲。但必须根据对方的承受能力，确定自己贯劲的强度，使这个贯劲强度刚好使对方感到满负荷。当然，如果双方的劲力相当，则双方都在满负荷全力以赴下进行练习。

与问答劲推手练习一样，抗劲推手首先也用单个的特定形式练习，熟练后可以串起来练习，最后是不拘形式地练习。往返折叠的来回劲随机应变，刚柔相济的劲力用得适时、巧妙，使其刚则发而必中，柔则躲而必化，形成软不吃、硬不啃，拖不垮、打不烂；粘连黏随咬得住，欺拿逼横，打得中。在抗劲练习中，尽管运劲沉重，仍应保持自身的调节，使上体、下肢能灵活屈伸和挪转，扩大各方面的稳定角和基底范围，并降低重心以使重力作用线不超出基底面。除此之外，还要善于使肌肉群适时地放松和绷紧，参照对方的变化保持不丢不顶的状态。

在实际推手中，抗劲推手是一种具有威慑力的重武器，又是侦察对方实力的一种重要手段。与对方搭手之前，我可以初步估计对方的实力，确定某一贯劲强度。如果对方接到我的劲后不能运化，出现丢与背势状态，我则可按照拳论“逢丢必打”，马上干脆将对方发出。如果对方接到我的劲后还能作出反应变化，则应参照对方的劲再加以运化，使用“推手先着力，随即松开”的方法，将对方的劲力引化。

抗劲练习有了一定的功夫以后，可适当瞄准机会，运用肩、肘、膝、胯、踢、打、勾、绊、抛、撩、抓、抢、摔等方法，以加强难度练习。

通过以上三个步骤的训练，就基本具备了较强的内劲功力，在此基础上，再进一步细究太极拳的高妙技巧。

一羽不能加　蝇虫不能落

——赵堡太极拳从“对抗”中获得“身知”的诀窍

太极拳论讲：“先在心，后在身。”“先在心”就是先求“心知”，即理论上的认识，明白太极拳的各种规矩、特点和要求等。“后在身”就是求“身知”，是用于对抗的。

按照要领练拳时，调整身体平衡，将身体练成“周身一家”，是“身知”的基础性功夫。而“身知”必须在对抗中练习才能得到。譬如，经过对抗实践，可体会到“擎、引、松、放”四个字是分不开的，它是一下，不是几下，是一个完整的技法运用。

李亦畬先生当年研习推手时，就非常注重实践。他研究有了一个新的认识时，就即刻将它写成条子，贴在墙壁上，然后招邻里身材高大的人来实战试验，经过实战印证对的，将条子保留，与实战不符的再来实战试验，直到与实战相符为止。正因为李亦畬这种求实的研究，才使他的“身知”功夫不断进入新的境界，使他的研究为后人练功树立了榜样。

一、“身知”是追求“一羽不能加，蝇虫不能落”的必由之路

（1）“身知”，顾名思义就是身体感知。一般来讲，知的

主体是人的头脑、意识对客观事物的反映，经过运用概念、判断、推理而得出“知”来。人的头脑、意识是知的主体，而平常所说的“身”是指人的躯体，人的躯体不是认知事物的主体。但须要明确的是，这是通过反复成千上万次的感知训练，由有意到无意，从第一信号系统和第二信号系统建立的联系，通过反复的强化，最后形成了动力定型，出现了自动化现象，从而脱离了第一信号系统。例如，人们学走路，由慢慢迈步、用心注意，到最后不假思索的走路一样。学骑自行车也是如此，先要学稳住车把，学如何掌握平衡等，最后到随便如何都可将车子骑得很自如。这些都与训练“身知”是一个道理，可以达到“省事”“节能”“自如”“自动化处理”的程度。这就是拳论所要求的“洵乎若水之就下，沛然莫之能御也。若火机之内攻，发之而不及掩耳。不假思索，不烦疑议，诚不期然而然，莫之至而至是无所致”。所以说，“身知”是太极武功修炼追求“一羽不能加，蝇虫不能落”的必由之路。

（2）“身知”就是“身上装艺”的过程。

1852年，武禹襄赴河南温县赵堡镇跟赵堡镇太极拳一代宗师陈清平学拳，得到了陈清平的悉心传授，当时，自己也以为得到了真传，可以用于实践了。可是回到永年老家后，发现老师教的东西虽然好，但是与自已的亲友推手时用不上。他感到太极拳的传授只是心知还不行，还得把老师所教的功夫练到身上，让自己的身体知道、能用，才称真正掌握了太极拳。于是他与自己的外甥李亦畬一起将陈清平老师所传一一付诸实践。经过很长一段时间，才将陈清平老师所教的精妙拳艺才练在身上，并表现了出来，使他才真正懂得了习练太极拳单是心知还远远不够，必须“身知”体悟，才能真正掌握太极武功，这就是拳家常说的“身上装艺”。

武禹襄对于“身知”并没有明确的拳论记录，倒是他的兄长武秋赢先生所作的一篇《打手论》中明确地讲到了身知。其《打手论》原文为：“初学打手，先学搂、按、肘。此用肘，彼用按，此用按，彼用搂；此用肘，彼用按……二人一样，手不离手，互相粘连，来往循环，周而复始，谓之‘老三着’。以后，高势、低势，逐渐增多，周身上下，打着何处，何处接应，身随劲（己之劲）转。论内劲，不论外形，此打手磨练之法，练到纯熟时能引劲（人之劲），不能知人劲怎样来，己之劲怎样引。此中巧妙，必须心悟，不能口传。心知才能身知，身知胜于心知。徒心知尚不能适用，待到身知，方能懂劲，懂劲洵不易也……”由此可见，对“身知”及其训练已经很明确了。

二、“身知”是在对抗中获得的

（1）对抗双方的相接触是“身知”的必要条件。

“身知”，是从推手搏击的角度提出的。因此，“身知”是以对抗双方身体相接触为前提的。李亦畬先生在《五字诀》中讲：“要刻刻留意，挨何处，心要用在何处。”“挨何处”说明了双方必须有接触，在双方身体的接触处“讨消息”。“身知”的锻炼，身体不接触是不能练习的，而这种接触是“挨”的方式，“挨”的方式与过去的搏击是有差别的。古代战场上徒手搏斗一般都是双方离开有一段的距离，然后瞅准机会拳脚相加，这种搏击的方式不是“挨”的方式。一个“挨”字突出了太极拳推手搏击的特点，“挨”的轻重是有分寸的，用重力肯定不是“挨”。双方相挨的部位是练“身知”的关键所在。

李锦藩先生也说：“武式太极拳在推手中讲究与人接触，相互接住劲。两个人一点都不接触，中间什么东西都没有，不粘住，是无法打的。两人相粘不但皮肉相接触，还要劲与劲相接触，才能进行顺势借力发放。”所以说，“身知”的练习，必须以“挨”的方式相接触，这是“身知”的必要条件。

（2）在身不知手之舞之，足之蹈之（身体能达到自动化处理）。

《太极拳解》中说：“先在心，后在身，在身则不知手之舞之，足之蹈之。所谓一气呵成，舍己从人，引进落空，四两拨千斤。”如果两位太极拳手推手搏击，一方比另一方功夫精深，或者说懂劲了，在身体上就会出现“不知手之舞之，足之蹈之”的情况，就能在粘着处随接随转，旋转自如，在动态中不知不觉地找到机势，轻易取胜。那么，这一方肯定是已经达到了“身知”，身体达到了自动化处理的程度。本来人的手脚是听人的大脑指挥的，但到了“身知”的高级阶段，已不用大脑指挥了，身体会自然而然地因敌变化借力打人，将人放出。

（3）到了“身知”的程度，即可与其他拳种的人进行实战对抗。

太极拳的产生和发展延续至鸦片战争之前，它都是用于保家卫国，在战场上建功立业的。老一辈的太极拳家都是在刀尖上讨日子的，追求能在擂台上对抗取胜。杨露禅、杨班侯被世人称为“杨无敌”即是很好的说明。近代赵堡著名太极拳师郑伯英先生，新中国成立前在河南开封打擂勇夺冠军，更是一个很好的例证。

如果太极拳不能与其他拳种相抗衡，它就不成其为太极拳，也不配称武术。“身知”学说指导人们进行这种抗衡训练，接劲是这种抗衡的主要方式。《廉让堂太极拳》中有一实例:有一个镖师叫葛福来，精通八方锤等拳术。有一次，他经过永年，找李亦畬，说是沿河村刘洛香介绍来的，要求与李亦畬比试一下。李亦畬再三谦让，不与他比。第二年他又来找到李亦畬，这次他非要李亦畬和他交手不可。李亦畬再次谦让，但他不许。李亦畬无法，对他说：“我有一个门人叫郝和，学太极拳还没学到一半，请你与他试试。”李亦畬把郝和叫来，说：“郝和站在这里，他不动手，任你怎么打都可。”葛哪里相信郝和有这种功夫，于是，出手连击三次，均被郝以身反弹打出。葛福来甚是惭愧地说：“我当保镖二十年，纵横四方数千里，听到哪里有名家我就去领教，到现在为止还没有胜过我，想不到您的技艺如此神妙。”于是葛福来跪在地上请求李亦畬收他为徒。从这个例子看出，武式太极拳第三代传人以身接劲发放的功夫是相当好的。这种没有任何防御的条件，只靠“身知”的功夫反击，在那个靠功夫走天下的年代，功夫不到家，差微则忙。从郝和取胜的过程看，确实具备了“身知”的功夫，是完全可以与练其他拳种的人对抗的。

“身知”是练太极拳的人所产生的一种技击本领，达到高境界时，能在“物来顺应”“顺其自然”中取得优势而胜，这种“身知”的境界是无止境的。

“身知”与“心知”是太极拳练习的两个阶段，其是不可分割的，单有心知，不能致用，只是口头理论，一交手，始终是门外汉。没有“心知”去追求“身知”，也像在茫茫大海中没有舵的船，不会驶到彼岸。“身知”是实践，前者指导后者，后者印证前者，并不断创新，这是条真理。“身知”与“心知”两相比较，“身知”比心知更重要，因为“实践是检验真理的唯一标准”。

若非此身成铁汉　掷地何来金石声

——太极拳推手功夫训练

拳谚说：“拳家功夫真，力大强十分；练拳不练功，到老一场空。”“功夫”在这里指的是有效地发挥实战搏击技术的能力。这个“力”指的并不是常人的笨力、拙力、呆力、僵力、蛮力，而是专指习武者通过特殊训练而获得的、具有控制和变化能力的内劲活力（意气配合下的肌肉弹性张力和爆发收缩力）。它是身体接触型抗衡训练下所产生出的特有的东西，是神意气力与灵巧机智高度的结合表现。“一场空”指的则是没有技击搏斗能力、不具备内功劲力的人，练拳仅只像公园里大众健身的“拳操”，对于擂台上的实战搏击则毫无用处。古今中外，不管是泰国拳、空手道、跆拳道，还是拳击、散打、太极推手等技击运动项目，都无一例外地说明笃实的功夫体能训练是搏击运动的核心。武术搏技功夫的高深程度，历来是古今武术家享誉盛名的重要标志。

一、功夫是武术家技击技术的综合表现

1. 力、劲、内力、功力的本质

一般所说的力，是指普通人的常力，如人们走路和提重物

等，都表现出一种力量，这是一种局部的、散乱而不集中的平庸力。这种常力如果不经过一番艰苦而系统的技击训练，要应付对敌实战，则一般表现为僵力、蛮力、呆力，武术家们把这统称为“拙劲”。僵力是在动作处于泛化阶段时，主动肌和对抗肌同时收缩产生的合力。这种力使关节僵紧，肌肉僵硬，动作不准确；蛮力是不按照动作的用力法则，而一味用力所表现的猛力。它使动作不顺达，易断滞而不连贯；呆力是不能因对方劲路的变化而变化的直杠子力，常表现为对方直来则直顶，横来则横抗。

习惯上把体内的肌肉、骨、韧带、关节、筋膜等组织的力称为人体的内力，人体自身的运动以内力为基础。内力牵动关节，产生人体各部位间的相对运动。它作用于外界，可以克服阻力而使物体产生运动，也可以获得外界给予的反作用力，引起人体的整个运动。武术运动中引起人体运动的“劲”，同样是人体内力，从这一点说，劲与力是一回事。所以《中国武术大辞典》对劲的解释是：①强；有力。②犹作“力”。民间劲、力多通用。③经揉练之力。武术界一般将经过反复揉练，并与武术技法相融合的肌肉力量称“劲”。这种劲善于变向，擅聚全身之劲发于一点，并能与武术技法紧密结合（见《中国武术大辞典》316页）。

劲是习武过程中经过特殊训练而获得的一种力法，如通过两人身体及手臂的对接推挤靠撞而得的崩闯之力等。也就是说，武术的劲，是通过肢体运动表现出来的一种融于武术技击术的力。这种力，是在意识支配下，通过气息吐纳和肌肉舒缩的有序化配合产生的。意识支配指神经系统对呼吸和肌肉的控制。有序化配合是指气息吐纳和肌肉舒缩按照武术技术动作的一定顺序和规格，同时起动、同步运行，同时到达一定部位。肢体动作依靠劲为动力，动作的技击规格又制约着劲的方向、大小和长短。训练有素者，能意到气到，意气到处，肌肉随意识的支配而收缩或舒张（劲到），使肢体产生运动（形到）。意、气、劲、形的统一，既能使全身的内力聚为一整劲，又能使此整劲通过身体某一部位发放出去。

显然“劲”与通常所说的力是不能等同的。首先“力”指大脑指挥下的肌肉收缩力，“劲”是意识支配下的气息吐纳和肌肉舒缩，按照一定动作规格进行有序化配合产生的力，劲包含的要素比力多。其次力作用于外界时，往往是局部用力，而且作用面积大，压强相对小，劲作用于外界时，强调聚全身之力（整劲）于一点发出，故作用面积小，压强相对大，也就是攻击力大。再次，力是先天具有的本能，传递较慢，变转滞钝，随意性较小。劲是经过意识支配，经“有序化”配合而锻炼获得的、传递迅速、变转灵活、随意性较大。

劲发放集中，如“寸劲”“冷劲”“弹抖劲”“崩撞劲”，就是劲法快速而集中的表现。劲是刚柔结合的体现，武术的“劲”应发自柔，柔里含刚，没有充分柔和即不能产生真正的武“劲”，只能是常人的粗莽鲁笨之力。因此只有学会和正确运用肌肉和关节的协调放松和收缩，才能表现出刚柔结合的“劲力”。

劲和力虽然不是一回事，但不可把“劲”看得神秘，它们有着内在的、本质的联系。应该说力是武术劲法的基础，一个人如果力气较大，那他就具备了练好武术劲道的基础。概要地说，习武者应将常力纳入柔和，使强烈爆发力寓于柔中，通过实践反复练习，定能够在技击实战中体现出上乘劲道。

所谓活劲、内劲、功力，就武术的技击功夫而言，实质上也都是一回事。活劲指一发即回，含蓄于内，能随意变化方向、大小的力。《中国武术大辞典》说内劲也是指经过武术锻炼获得的一种能随意转换方向、变化大小的力。因其运转隐于内而不显于外，故名“内劲”。这种劲具有聚全身气力于一点的威力，亦称“整劲”。内劲锻炼注意以意识引导动作，以呼吸配合力的蓄发，从而提高神经中枢系统驾驭肌肉张弛机能和以气催力的能力（见《中国武术大辞典》316页）。内劲也正是经过长期内、外功结合训练的人在体内蕴藏的一种劲源。在外表上，这种劲力难以看出，但运用时，则显出巨大的威力。古拳家称它寄于无形之中，而接于有形之表，可以意会，而难以言传。功力也是指技击家内力的大小和技能所达到的程度。如言内力深厚、膂力过人。就技击技能的基本功夫而言，功力则是专指内劲攻防的威力。俗话说：力不打拳，拳不打功。力大者不如会拳者，若与拳家交手，只能败北。只会拳脚而无功力，若与功深者交手，也必然溃败。武术名家如杨澄甫、陈发科、陈照奎、冯志强等人的练功实践和高超的功力就是很好的证明。

2. 太极名家内功功力及其规律

①杨澄甫。杨澄甫的学生金承珍回忆说：“杨澄甫老师的手劲厉害极了，他出一手几个年轻力壮的小伙子都按不下去，只要他轻轻一弹，对方便要跌出两三丈远。杨澄甫的体重300来斤，身高一米八，额头有白斑，人称他花和尚。他食量惊人，声言宏响，笑如铜钟……”

②陈发科。田秀臣说到他的老师陈发科的功夫时讲：“陈老师推手时，粘手就拿，只要他的小指勾住了你的大指，倾刻之间就可以把你摔倒，如若被他的大拇指勾住，任你有多大本事，也只有听他的摆布了。”

③陈照奎。陈照奎先生之子陈瑜回忆说：“照奎先生的擒拿手法堪称一绝，轻柔刚猛，变幻莫测，使人防不胜防。推手功夫

也是出神入化，化劲轻灵、巧妙，发劲冷脆、威猛。当时，曾有一习举重者，随先生习拳，此人身强力大，体重逾百公斤。一次练习推手，先生命其捉住双腕，使全力推之，先生只微下沉，轻抖双臂，其人已被弹起数尺跌坐在身后数米之外的床上，床都被砸断了。”

④冯志强。陈式太极大师冯志强先生曾去日本访问传技。当时有一个身材高大健壮的青年想试一下他的太极功夫，便来了一个饿虎扑食，双手重重地推住了冯的前胸，而冯只就势向下一低，气沉丹田，在身体右转90°退右步的同时，以胸引化对方来劲，双手后捋其臂，由于对方用力过猛，顿时失去重心，被摔出四五米远。还有一位自恃身高体大和练了20多年柔道、空手道的有硬功功底的青年，一上来就双手狠狠地抓住冯先生的胳膊，使尽全力地推掷，冯引而后发，将其发出一丈多远，重重地摔在地上。他爬起来又推冯的肚子，而冯先生却丹田一转圈，又把他扔在了身后。后来冯用太极中的粘连黏随劲和他推手，将他推得东倒西歪，根本站不住脚。这时，冯对他说：这样吧，我拿两个手指点你一下，让您体会太极拳点点透骨的劲力。他同意后，冯用食指和中指点了一下他前胸，再见他脸色大变，一会红、一会白，干张着嘴喘不过气来。

冯志强先生原来在北京电机厂工作，厂里人都知道他会武术。一天，有十多个青年找他比试，冯志强怕伤着他们，就说咱们比比劲吧。他站好，让十多个青年轮流推他，他纹丝不动，像树桩一样。接着，他又让十多个青年排成一排再推，他仍然站立不动。那些青年反过来让他推，他内中一动，双手一推，青年们像触了电一样，纷纷东倒西歪。又有一次，冯志强在车间干活时，一台重500公斤的电机从手推车上滑下来，眼看就要摔到地上，他眼疾手快，一步上前，双手将电机接住，随势平稳地放回车上，在场的工人看了大吃一惊。由此，工人们称他为“大力王”。

上述太极拳家的功夫事实，说明太极功夫是功和术的结合，实战中的所谓顺势借力、引进落空、后发先至、以静制动等技能，均是太极拳家功力和技巧的高度综合。

二、太极推手功力的训练

第一步，学拳架、练拳架、调拳架动作的内功劲力。

《体育运动生理学》上的动作技能形成规律一般包括粗略地掌握、改进和提高以及巩固和运用自如三个阶段。在粗略的掌握动作阶段，大脑皮质兴奋过程扩散，做动作显得很吃力，紧张而不协调，并伴有多余或错误动作。经过指导和反复练习，大脑皮质兴奋与抑制过程逐步分化，初步建立动力定型，能正确地完成动作，但还不够熟练，此为改进和提高阶段。再进行反复练习，大脑皮质兴奋过程高度集中，形成牢固的动力定型，动作准确、熟练、轻快、省力和自动化，则已达到巩固和运用自如阶段。随着动作的不断重复和技术细节的不断改进，自动化程度也将不断提高。太极拳的拳架、推手、散手技术动作的形成当然也遵循这一规律。一般来讲，拳架中的每一个动作既是推手化、发的技术，又是散手实战搏斗的技法，不然的话，就是脱离实际的花架子（旨在健身娱乐则另当别论）。所以，要学练太极拳的技击功夫，首先要认真一丝不苟地学习太极拳的套路，要按照动作技能的形成规律，逐步做到准确、熟练、轻松、自动化动力定型的程度。继而再进一步求太极拳独具特色的内功劲力。

太极拳内功劲力的标准是动作表现出柔而不软、刚而不僵。

那么，怎样才能达到这样的标准呢？拳谚说："柔而不软在于韧，刚而不僵在于松。"说明要在"韧""松"二字上下功夫。那么，"韧""松"功夫如何获得呢？武术前辈们告诉我们："松在静中取，韧在动中求。"意思是说，要达到人体各部既松柔又坚韧的效果，应采取动静结合的训练方法。如调架时外松内紧，外静内动，外慢内快，外柔内刚。其具体做法是在意识的指导下，一方面由丹田处向四周梢节徐徐贯劲，另一方面在沉静的基础上，有意使身体内部上下、前后、左右各处产生对拉拔长和螺旋滚转的内力，但在外形上看去仍是轻缓柔和、连贯圆润的，这也就是术语所讲的无形的内练法。这种练法的好处是，能有效地促使身体各部位协调配合行动，由于矛盾抗争而达到力出统一、气力充沛、生动和谐、整体机动灵活。又由于这种意识指挥下的内力在体内各关节肌群中不停地如链条式的滚转缠绕，时上时下、时左时右，以及螺旋运动的劲力转化，使得身体各部位动作准确合拍、变化无穷，所以，既训练了柔而不软、刚而不僵的内功劲力，又增加了动作技术的实用程度。

此外还有一种办法，那就是在自由散推手中求之。即当拳架动作达到能不假思索而准确自如地完成时，即进行散推实践。其做法是首先精神放松，不必紧张，注重粘连黏随、听探顺化，随彼运动而求训练沉静中的松柔。其次是当对方用大力、猛力推掷我时，不要怕倒，要有意接住对方来劲，并尽力以掤法捧架，随机监听，保持外柔内刚，虚灵沉着，以内力的虚撑控制好自己的重心，以防止对方突破我的防线而长躯直入，甚至要有意与对方相持一段时间，然后在控制好、有把握的基础上，积极主动地想办法或前或后、或左或右、或上或下地引化对方大力，或在保全自己万无一失的情况下，沉气发劲，以挤压劲灌注身肢，而达到接触部位，此时则身劲抖发，起如钢叉，在掀挫对方重心时，待对方将要倒地的一刻，复又施以重压，即贯劲下砸，方挫其锐气，始而训练出我之韧柔中坚刚。此法经过实践的检验，证明是有特效。

第二步，换劲训练。

所谓换劲就是要通过一定的练功方式，将人体固有的先天自然的笨拙力量，如僵力、蛮力、呆力转换成高质量的、便于技击实用的活力内劲。因为当人遇到袭击时，会本能地进行防御，其防御的动作多显得僵硬呆板而缺少变化，它是妨碍发挥攻防效能的阻力。换劲就是要在训练中克服这种拙劲阻力的同时，将人体原来的这种本能的用力方式变换成符合太极拳技法要求的劲力。这一步也是求懂劲、身上装劲的训练。

（1）以内引外训练法。所谓以内引外训练法是指以内动引导外动的练习方法。“内动”指人体内部的意、气、力三者的动转，“外动”指人体外部形态的变动。“外动”依赖“内动”而启动，内不动则外不发。“内动”通过“外动”来表达，外不动则内不显。这种训练法，能有效地形成内动外即随的条件反射，促进意、气、力、形四者的有序化配合，一动俱动，一到俱到。其主要手段是以调架子和单盘操练某一个或几个，一组或几组式子来求得。

（2）以外导内训练法。所谓以外导内训练法是指以外动导引内动的练习方法。“内动”指意识指挥内劲功力，“外动”主要指肢体的运动。这种训练法的要点是“以体训练”“开关利气”，在配合走转步法和身法的吞吐开合、起伏转折的同时，身体各关节依次松沉，协调而灵活自如地运动，即拳经所谓“筋骨要松，皮毛要攻，节节贯串，虚灵在中”，并能促使内力穿肩、越肘、过腕、达于指端。这种训练法由练外入手，看得见，摸得着，易于运用，因而较为科学有效，并有助于学者获得以外形变动，导引内劲贯注，从而形成形动劲随的条件反射，对听探顺化、粘连黏随劲法的形成特别有效，能促成意、气、劲、神、形的有序化配合。以外导内的主要手段是采用散推手及其接劲，以及接住对方劲力后的耗劲、问劲和滚旋钻撑磨合劲的推揉来训练发动内劲功力的方法。

①散推的好处和方法。

散推的好处是能将僵硬不协调的动作揉顺、揉协调。因为它原则上是在身肢放松、放长的基础上进行的运用内力的练习，可以消除动作时肌肉强直收缩的僵力，并使动作在意识的支配下，该收缩的肌肉适时收缩，不该收缩的肌肉（对抗肌）适时放松，又配以气息吐纳使得身体各部产生有序化配合行动，使得僵硬笨拙的动作很快搓揉得松沉圆满，轻灵柔和，外柔内刚。这个道理就如同揉搓面块一样，随着搓揉用劲的大小和时间的延长，散乱而生硬的面块会越来越变得筋柔而富有弹性，最后可拉扯成很细很长的龙须面供人饱食美餐。

散推中应注意不要做一些毫无意义的盲目动作。比如，在对方肢体和劲路不动的情况下，有人为了黏粘缠转而使自己没有目的地动了起来，而不是随对方势动和劲路而行。这样的盲目运动，是没有攻防意识的自动，是万万要不得的，否则极易给对方抓住破绽，造成可乘之机，使自己处于被动局面。但是，要分清主动的牵引或施以假动作，或故意卖个破绽而引对方上钩，或逼其送货上门，再施以变劲发击，则属于主动的、有目的、有意识的积极行动。

散推时身体要保持上下一条线，无贪于前，无先于后，步步立稳，身力贯联，手脚相应，并且放松，气沉丹田，身体不管在任何角度、方向、都必须保持中正。

那么，怎样才能做到身体放松和立身中正呢？首先要求我们在精神意识不紧张的指导下，使身体各个器官、各功能系统肌肉关节处处都达到放松的要求，保持“关节要松，皮毛要攻，周身贯穿，虚灵在中，上虚下实中间灵”的姿态。但是，要放松并不等于软弱无力，要辩证地看待松与合的关系。放松主要能起到关节灵活、劲力顺达的作用。内不合则外不顺，所以必须在放松的前提下合住劲后，才能随机应变提高敏捷、灵活的化发能力。皮毛要攻、周身贯穿、虚灵在中是要力求全身劲力圆整，以提高听劲的灵敏程度来提高应变能力。要重视练习听劲能力，通过听劲感知才能觉察对方劲力的来龙去脉，逐步达到人不知我、我已知人，这样才能有效地以自己的虚点来寻找对方的实点。听不仅耳听眼看，最重要的是通过自己的肢体与对方接触时，利用皮毛的触觉来察测判断来劲的方向、力量的大小和攻防意图。这种能力要在散推中形成习惯，使它成为一种灵敏的素质，同时这也是具备沉重的弹性和韧性的内功劲力不可缺少的东西。太极技击功夫愈深，这种身体的能力也就愈强。

上虚下实中间灵的上虚是指手上的技击意图要隐蔽。拳经说：“有意莫带形，带形必不赢。”就是不让对方摸清底细。下实指底盘要牢固，搭手推磨如不倒翁。中间灵指身法要灵活，内气要充盈，丹田要有劲，利于活腰转胯随机应变，化发自如，得心应手。

②接劲训练。

散推手首要的是练好接劲，接者，承接、迎接、连接、承合也。接劲一般有三种情况：一是用手或身体某一部分将对方加于我身之劲接住，这种接触是太极拳“听劲”的先决条件。二是与对方接触后，需将自己的劲与对方之劲连接起来，运用太极拳中引化拿发的技能将彼发出。三是将发劲之后断劲或在对抗中被迫产生的断劲重新连接起来，以利控制对方，发放对方。

接劲亦称接手、接招、接势。如何接劲并无具体动作，只能随着对方不同的进攻方法而随时运用身肢各个部位接劲，或主动牵引对方出劲，以此确定接转其劲力的方法。但切记，思想要高度集中，对来劲的判断准确无误，如果接得好，处理得法，会当即破坏对方推“大铲车”的方法，如果接不住，处理不好冲来的劲力，就会被动挨打，甚至于无法招架而沿着对方所指的方向直线后退。所以，接劲要求对于对方的进攻时间、运行路线、空间位置、攻击部位、功力大小以及用力方法等，都得反应灵敏，心中有数，严加控制，毫无差错。接劲是各种技法的先锋，多种劲别的应用无不在接劲之后，所以必须对接劲的练习给予高度重视。拳术是科学，只能循其规律，老老实实，苦练多悟，绝非巧取所能练就。

有意练接劲时，每次搭手可为一人随便出手，一人接手，发劲后得势一方可向对方突然出手进攻（以不造成伤害为原则），以此达到接劲的目的。达到一定水平后，可每天安排一些时间两人快速互喂，一人发大劲，一人掤接。发劲可由慢到快、由急到冷、由轻至重至沉刚，接劲者沉着冷静，在尽力维持好自己的重心平衡的基础上，自由自在地、随心所欲地将对方的大劲、快劲、冷劲掤住，顺势化转推掷。亦可做连环放劲，即攻者劲跟劲、劲变劲，接二连三地进攻，接者亦连续不断地应付控制对方，力求随心所欲，得心应手，使身体能自动化地处理对方的劲力攻势（这实际上也是在训练动急则急应、动缓则缓随的功夫）。

接住彼劲后首问知觉，运用皮肤触觉和内体感觉的灵敏性，探明对方劲力的大小、轻重、长短、速度、方向以及真假虚实等。

③散推中耗滚旋钻撑磨合的推揉，以及粘连黏随方法的

训练。

在接住对方劲力后要做耗劲、滚旋钻撑磨合的推揉，以及粘连黏随方法的训练。所谓耗劲就是两人适当地做静力性用力对抗，以增长内劲耐力。滚旋钻撑磨合劲是由滚、旋、钻、撑、磨、合六个方法所组成的联合劲法。滚旋钻与撑磨合联用，前者体现出转旋出击；后者体现出转旋外开内合。在这种圆转不滞、变化灵活的动作中，六种劲力相互转换，主次关节相互变化，将产生出多种劲力动作。滚劲是支配躯干左右扭转，四肢内旋、外旋的劲力。旋是指肢体做螺旋式升降或进退，其源动力在腰脊，通过旋腰拧脊，节节贯串而至四肢。其劲向上行则经转膀旋腕，达于指端；其向下行，则经转腿旋踝，达于脚趾端。回转时，四梢劲循原路线向回缠旋，复归于腰脊。运用旋法能使对方直来之力沿我方动作弧线上的切线方向而去，如果对方继续加力，其劲力将被我的转旋之力引化落空，我劲则越过对方防线逼入。钻是指内力发动集中时，使肢体产生极为集中的、内部刚坚的旋转穿透力，拳经谓“无坚不摧”。

撑是支配肢体由内往外推伸排挤的劲力，此劲既用于推排阻力，也用于维持自身平衡。其标准是猛拉不扑，冷推不倒，前者如遇到反抗力时，我以内力撑抗；后者如两手前推时，自身后背向后撑，即所谓“前去之中，必有后撑”。撑的关键是身内逐渐装配有提、沉、塌、崩、十字劲，截撞整劲之法。

磨是直挫、横抹、竖揉的推磨旋转的用力方法，由直、横、竖三力交错联合而行，产生搓磨揉转的劲力。直是着力点朝攻击目标直线出击，有戳挫克划之意；横是以腰的拧转带动上肢发放内力，有勾抹扫削之意；竖是向斜上或斜下发出的内力，意在掀根拔户，折叠挫根；合是肢体由外向内合聚的内力，多寓于吞法的吸化引转动作之中，并与撑法相连互用。一般先横撑化开对方来手，闯入其内门，一俟开至得势，马上变为合力，逼迫对方移位跌倒。内力汇聚相合又能使全身之气聚凝不散充沛而饱满，有一触即发之势。

接住对方劲力练习粘黏时，亦要不拘形式，即不管对方的劲路和动作如何千变万化，而我与对方相接之处就像胶漆一样，粘住不离，使对方脱不开、丢不掉，迫使对方无法进招用技，对方的招数与劲力在我身上不起作用或减少作用，我则可以通过粘黏的方法伺机跟紧对方的劲路变化，寻出对方的破绽，找对方的僵滞点和重心平衡点，再随化随进，引动对方重心落空后掀挫之。连随亦是不拘形式，对方动作大，则我动作也大，对方动作小，则我动作也随之而小。总而言之，不管对方采用任何角度、方向和路线形式，我均相应地采用同样的形式来进行粘连黏随，跟住对方劲路的变化，以达到彼刚想变而我劲已至，着发彼前的目的。

接劲训练至此，不但换劲的目的已经达到，而且也可以说基本上达到了懂劲的程度，既明白自己动作所须的劲力规格，又了解对手所用劲力的来路去向和大小。前者是“知己劲”，后者是“知彼劲”，只有知己劲，才能正确的运动，使动作合规中矩；只有知彼劲，才能依对方的来势及时作出正确的反应。譬如，通过搓磨察试感觉对方的劲力后，会迅速、正确地判断出对方的攻防意图，并采取相应的攻防措施，或先发制人，或采用有效的防守，或堵截对方的劲路，破坏对方的企图。

第三步，抢招抢劲训练。

抢招抢劲训练是两人相互搏斗，力求制人而不制于人的训练方法，其普遍运用于提高实战搏斗技能。抢招抢劲训练分为限定型和自由型两个阶段。

限定型抢招抢劲训练主要用于提高运用个别动作和组合动

作的能力。常用限定条件包括攻防对象、攻击招法、攻击次数、攻击部位。开始时限定条件较多，随训练水平的提高减少限定条件，直至过渡到无限定条件的自由型抢招抢劲。

①全限定抢招抢劲。规定一方为进攻者，使用某一定进攻招法，攻击某一定部位一次或两次。同时规定另一方为防守者，进行化防练习。

②三限定抢招抢劲。在限定一方攻、一方守的基础上，减去进攻者另三个限定条件中的一个。例如，不限定进攻招法，可以用任一招法攻击对手某一指定部位一次或两次；或者不限定攻击部位，可以用固定的进攻招法，攻击对手任一部位一次或两次；或者不限定攻击次数，在以固定招法攻击对方固定部位时，可以乘对方一防未了，又抢发一击、二击等。

③两限定抢招抢劲。在全限定抢招抢劲的基本上，减去进攻者另三个限定条件中的两个。例如，不限定攻击部位和攻击次数，但只准以固定招法攻击对方；或者不限定攻击招法和攻击部位，但只准攻击一次或两次；或者不限定攻击次数和攻击招法，但只准攻击某一指定部位。

④一限定抢招抢劲。在攻防对象、攻击着法、攻击次数、攻击部位四者中，只限定一个条件，进行两人的互搏抢招抢劲训练。

自由型抢招抢劲训练是在无任何条件限制的情况下，要尽可能地接近实战的环境。要注意和不同技术风格、不同身高，甚至是不同体重级别的对手进行自由抢着抢劲训练，以提高推手中适应不同对手、不同打法的能力。此外，自由型抢招抢劲训练的目的是提高攻防技能和体能，而不是故意要伤害对方，因此，所谓“自由抢招抢劲”，应以友好为基础，相互切磋提高。如果是为参加推手运动竞赛进行专门训练，还应以竞赛规则的有关规定为准绳，在规则允许的范围内进行训练。

第四步，採拿折别训练。

①学习必要的解剖知识，明白运动器官的结构及其运动的基本规律。例如，某关节有几个活动面、最大活动度是多少、其上附着几对主要韧带等。还要学习人体主要穴位和要害的准确位置，做到应手而得，方可在掐穴、拿筋、折别捏扣、钳制关节时灵活运用。

②锻炼手把抓拧握掐、捏扣折别能力。因为没有足够的把力，是很难得心应手的。要通过动作贯劲、空握抓扣，以及拧棒子、卷棒功、上罐功、麻辫功等功法的锻炼，有效地提高两手臂的抓钳扣折能力。

③学习基本採拿折别技法。在学习时，可用一人喂招递手、一人训练的方法，反复练习一个採拿折别法，或採拿折别与化解反採拿交替进行，一法练熟再换一法，并在学习中逐步领悟採拿折别法的基本技法和原理。

④练习连环採拿折别法。将多个採拿折别技法连续不断地串起来练。即一方採拿折别住对方，对方先解脱再反採拿折别，又复而化解，又採拿折别，如此拿、解交替循环练习。

⑤两人抢机採拿折别练习。这种练习不限定谁进攻、谁防守，由练习者根据对手变化，抢到机会，随势应用。练习中，先采用只准用一种方法採拿折别某一部位的抢机练习，然后，逐次增加着法数量和可採拿折别的部位，直至两人进行完全无限定的抢机採拿折别。

第五步，跌掷发放用劲的实战应用训练。

跌掷发放用劲的实战应用训练属太极推手功夫的应用训练阶段。这一阶段开始训练时，一般是先由老师诱导学生体会各种劲道和跌掷攻守应用的方法。老师打出不同的劲和跌掷技法，让学生感受，然后再让学生使用同样的劲力，跌掷之技用在老师身上，待老师鉴定正确无误时，再和对手进行比试相较、切磋提高。

此阶段的训练，以采用注重採拿折别、跌掷摔打兼施并用的推手方法为最佳。如传统的赵堡架三合一太极拳上下步（亦称进一退一）顺式推手法，它极讲究一胆、二巧、三功夫，重视运用上中下三盘明暗四十八技法。其中的抓拿折扣、别错掷跌，摔打兼施并用之法，几乎在训练中没有多大限制，非常接近于实战搏击，极易过渡到散打比技，实用性强，见效也快。

①先训练内劲的蓄、发。

蓄指体内积聚劲力。蓄的方法是将弛散的意识收敛集中，将散向四梢的意气收归丹田，同时以吸气配合，放松各部肌肉，肢体外形适度屈曲，以致被收敛的意气好似被压紧的弹簧，有一松即弹之势。放松的肌肉被屈曲的关节预先拉长，好似以躯肢为弓胎，以筋肉为弓弦而拉满的弓，有一放即发之势。

发指将体内蓄好了的劲力发放出去。各种进攻性劲力的发出过程，都是发的具体表现。发放体内劲力方法有两类：一类是以有意识的“蓄劲”为前奏，“蓄而后发”。这类发劲，要求意气先回敛，汇聚成一点，再迅速通过身体某部向攻击目标发出，同时以呼气配合，收缩主动肌和协调肌，肢体外形适度展开。

另一类是以任一形态为预备势“一触即发”。这类发劲一般是在运动过程中，通过加快呼气和收缩肌肉完成发劲。也有在静止和放松形态时，突然收缩肌肉，呼气发劲的。这类发劲，由于未经有意识的蓄劲准备，发劲较前一类快，无预兆，但劲的力度没有前一类大，冷劲和抖劲就属这一类。

②训练寸劲与长劲的发放。

寸劲是指距离攻击目标很近时，或者动作接近终了时的瞬间，突然加速收缩肌肉发出的短促、刚脆的爆发力。发好“寸劲”的关键在于把握住运用加速度的时机，这个时机应在我肢体着力点出击至粘贴对方衣服时，突然加速的发劲。

长劲是在原有化发劲力的基础上继续伸长的劲力。它是在意识的指挥下，加大了化、发动作的幅度（贯劲作用超过了对方维持平衡的极限），使对方随之不及、化之不尽被迫而受制，如“挤”“按”“塌”“压”“靠”“撞”等均可附以长劲发之，让内劲蠕蠕出击，不断延伸，使对方愈退愈促。

③训练透劲与通透劲的发放。

透劲是指能穿透攻击目标的劲力。欲发此劲，首先意识要有穿透感，意气要有穿透感，目光要有穿透感，内劲冲力要有穿透感。其次要延长发劲的量度，使意感与劲力配合整体而行。譬如，穿心肘横击对方前胸，“意感”是透过对方前胸击其后背，劲力也须击中对方前胸后仍继续透达其后背，甚至延长于其背后远处，或地内深处，其效果为最佳。

通透劲是指以腰脊发放内力，通肩串臂过腕于梢端，迅速爆发击出的内劲功力。发放此劲时，先舒胸含肩，挺腰拔背，使腰背部肌肉充分展开，以增加肌肉的初长度，然后突然展肩、吐胸、挺顶、撑腰，使内功活力在瞬间节节贯串而出。

④训练鞭劲和飘打劲的发放。

鞭劲是以臂喻鞭，似抽鞭样松柔抡摔上肢的内功劲力。发放此劲的要点是摧、探、抖、弹四字，要求以腰脊为劲源，通过活肩、松臂、抖腕，使内劲功力通肩过臂达于手梢，似鞭如棒弹击而出。

飘打劲是要打得飘摇多变，使对方应付不了，琢磨不透。其包括三种运动方法：一是在运动中加快速度；二是在运动中改变运动方向；三是在力点上延长时间或加大压力强度，使对方难以承受。

三、结语

实践证明，通过上述五个步骤的训练，能快速有效地提高太极推手的技击功夫，因为这种训练始终是在看得见、摸得着的对抗中进行的，强调实、真二字，所以实用性强，见效也快。这种高效率的训练，同时也打破了传统地依靠自“悟”的局限和“太极十年不出门”的说法，为太极拳推手技击运动的科学训练闯出了一条新路。

卷八

拳经歌诀阐秘

武当赵堡承架太极拳歌诀

一、承架传授诀

太极三合一，承架传授稀；
练架软如绳，揭手活如龙。
二人来打斗，全凭心指挥；
散打手法快，进退活步行。
五行相生克，动作快如风；
不动如山岳，动比鹅毛轻。
身法微一动，电闪与雷鸣；
打人不见形，见形不为能。
出手如棉花，变拳硬如钉；
打人心要狠，出捶如山崩。
对准发落点，捶捶不落空；
脚腿还要快，踢踹勾挂蹬。
拳家功夫真，劲大强十分；
不说外行话，不懂莫乱喷。
拳真功夫深，实打练百春；
对抗得传授，深功继承人。

二、武当赵堡承架太极拳歌序

太极亦称心意拳，因势借力妙无边。
拳法施圈走螺旋，阴阳虚实掤贯穿。
总之要求懂四明，四明不通艺不成。
上节不明无依宗，中节不明身自空。
下节不明吃栽跌，散手不明则多凶。
精通太极非易事，师传悟练功自修。
上节须用意领劲，松肩沉肘自坦然。
中节含胸自拔背，通脊挺胸鼓荡全。
下节进退顾盼定，随机变化要悟通。
拳架推手散开用，哼哈二气威无穷。
武当太极三合一，承架传授历来稀。
根节一动梢节发，中节整劲生妙法。
有手摸手不见手，有肘摸肘不见肘。
若还手到不能走，这样方显是高手。
十三势法三丰传，内家拳技代代研。

三、武当赵堡承架太极拳势法诀

赵堡承架太极拳，古传绝技显特点。
披身滚臂展双掤，採挒折别手法灵。

上步出手金刚掌，捌臂掤捋敌地躺。
连环玄肘扣搬揽，捣心顶裆踩脚面。
太极绝技妙无穷，採捌跌打扎衣生。
掤捋挤按连珠用，钳手管肘呈英雄。
白鹤亮翅打腾空，合手端肘倒栽葱。
含胸拔背立圆进，顾盼轻灵拳脚迅。
双钳臂肘拉单鞭，前后左右顾盼间。
上下绕打用不尽，鞭捶击根追人魂。
上步出手金刚掌，捌臂掤捋敌地躺。
连环玄肘扣搬揽，捣心顶裆踩脚面。
白鹤亮翅打腾空，合手端肘倒栽葱。
含胸拔背立圆进，顾盼轻灵拳脚迅。
避锋下势内掤撑，贴身扣腿弓膝崩。
十字手法变中论，肘靠膝胯顺势运。
怀抱琵琶上下翻，打了两头击中间。
连环翻肘掌中窍，端肘破法在此找。
跃步迈脚人称奇，踩臁踹膝还要踢。
斜行靠进十字肘，壁腿一落敌难走。
后撤避击卸步行，进步掀按摔法成，
此式开合称虎扑，意到俱到身似忽。
回身拧转下琵琶，採捌劈挂敌爬下。
滚按卷挤不能停，得机妙发掌中擎。
跃步中定人称奇，专踩两臁并两膝。
连环玄肘扣搬拦，捣心顶裆踩脚面。
若遇搂抱欲解束，十字抱胸劲沉住。
双臂环绕通脊抖，摔跌敌人随意走。
遇敌出手使擒拿，折叠反关把敌发。

分筋错骨制顽敌，翻腕抖捶击喉鼻。
串捶巧打面胸足，两拳连环如串珠。
屈沉蓄劲抖捶风，进步肘靠破门中。
打右顾左翻身肘，肘底藏捶看似守。
屈肘沉落千斤坠，肘捶齐进当心对。
退行三把倒卷肱，怎识退中有进攻。
进退顾盼都悟透，攻防防攻变化就。
白鹤亮翅打腾空，合手端肘倒栽葱。
含胸拔背立圆进，顾盼轻灵拳脚迅。
避锋下势内掤撑，贴身扣腿弓膝崩。
十字手法变中论，肘靠膝胯顺势运。
闪通臂势圈划圆，须知圆中有往返。
海底捞月单展翅，肘靠膝打不停止。
白鹤亮翅打腾空，合手端肘倒栽葱。
含胸拔背立圆进，顾盼轻灵拳脚迅。
双钳臂肘拉单鞭，前后左右顾盼间。
上下绕打用不尽，鞭捶击根追人魂。
云手三进顾盼间，两臂交叉成连环。
上手打头后打面，分进捋挒左右换。
探马插镫蹬敌裆，翻身上马迎太阳。
惊上打下互为用，打瘫敌人不能动。
插脚一起进裆里，劲力原源在腰脊。
脚面直撩尖对点，命门一突神技显。
转身提膝把脚蹬，双拳回贯前后冲。
蹬裆蹬腹又蹬胸，旁蹬软肋用不空。
顺裹拗搂三步捶，顺拗进步连击随。
进步栽捶扑面打，青龙探海中线要。

栽捶滚翻身腾空，空中连击两脚蹬。
脚到手到二起妙，踢裆踢腕踢喉要。
倒钩即进桩分门，十字手掤滚臂运。
上掤下点身攻进，三盘齐到着法迅。
顺势提膝拧裹就，双手端肘不许溜。
钻翻滚按鹊蹬枝，失敌平衡捋挒撕。
鹞子翻身主在跟，转身採挒挑摔狠。
翻身之中遇肘靠，提膝撩扫摔跌要。
踡腿护裆旋脚蹬，提带敌腿玄蹬封。
手腿旋带返回送，顺势借力妙无穷。
落脚横踩走中定，拦腰掌法软肋敬。
两掌分飞左右用，中定步在坐盘应。
落脚横踩走中定，拦腰掌法软肋敬。
两掌分飞左右用，中定步在坐盘应。
捶隐藏在掌肱后，故名捶称掩手肱。
掩而不露为藏真，欺身过步要用心。
双臂绕举虎抱头，抱头技法推山求。
势成抱头推山就，推山亦可破抱头。
双钳臂肘拉单鞭，前后左右顾盼间。
上下绕打用不尽，鞭捶击根追人魂。
前后照法拧裹精，引进敌来使落空。
转腰拧身旋挫劲，使敌栽跌狠又迅。
手挥琵琶当前站，脚手划弧齐向前。
手肘肩靠正横进，野马飞奔不停顿。
穿梭双掌吞吐进，又似白蛇吐双信。
吐信之掌先刺喉，採住敌手双瞳求。
白鹤亮翅打腾空，合手端肘倒栽葱。

含胸拔背立圆进，顾盼轻灵拳脚迅。
双钳臂肘拉单鞭，前后左右顾盼间。
上下绕打用不尽，鞭捶击根追人魂。
云手三进顾盼间，两臂交叉成连环。
上手打头后打面，分进捋挒左右换。
遇敌逼近勿须忙，童子拜祖功高强。
跌岔寓有踩臁意，紧跟扫堂不留隙。
左右金鸡独立势，好似利剑冲天刺。
上擎掌托下敬膝，勾缠跪挑壁劈踢。
手绕头转解敌手，肘往外旋反挒肘，
两脚先后双震跺，踩踏脚面不为过。
退行三把倒卷肱，怎识退中有进攻。
进退顾盼都悟透，攻防防攻变化就。
白鹤亮翅打腾空，合手端肘倒栽葱。
含胸拔背立圆进，顾盼轻灵拳脚迅。
避锋下势内捌撑，贴身扣腿弓膝崩。
十字手法变中论，肘靠膝胯顺势运。
闪通臂势圈划圆，须知圆中有往返。
海底捞月单展翅，肘靠膝打不停止。
白鹤亮翅打腾空，合手端肘倒栽葱。
含胸拔背立圆进，顾盼轻灵拳脚迅。
双钳臂肘拉单鞭，前后左右顾盼间。
上下绕打用不尽，鞭捶击根追人魂。
云手三进顾盼间，两臂交叉成连环。
上手打头后打面，分进捋挒左右换。
十字手法变不尽，连环用技不停顿。
正隅互变侧身进，壁腿进靠贴身运。

遇敌出手使擒拿，折叠反关把敌发。
分筋错骨制顽敌，切磋武艺技法奇。
十字手法变不尽，连环用技不停顿。
正隅互变侧身进，壁腿进靠贴身运。
十字摆莲腿法精，内撩外摆显神通。
连环臂绕扑面打，脑后一掌不要耍。
落掌攥拳破採拿，正身旋转把肘发。
左右旋打连环肘，右肘旋内指裆手。
上步出手金刚掌，挒臂掤捋敌地躺。
连环玄肘扣搬拦，捣心顶裆跺脚面。
太极绝技妙无穷，採挒跌打扎衣生。
掤捋挤按连珠用，钳手管肘呈英雄。
下势号称弓头蛇，又施一技寻花着。
反捋带挒扑地步，下砸七星把头护。
撩腿回头把画看，说来此画不景然。
腿起脚落挑撩端，已是来敌躺平川。
撩腿进步紧着追，箭步蹬催指裆捶。
全神贯注捶裆挥，敌人缴械显神威。
双钳臂肘拉单鞭，前后左右顾盼间。
上下绕打用不尽，鞭捶击根追人魂。
下势号称弓头蛇，又施一技寻花着。
反捋带挒扑地步，下砸七星把头护。
惊上取下随机变，忽然撤步正身换。
势成跨虎身中正，蹲身稳盘龙门弄。
转身摆莲步扣定，提腿横扫脚来敬。
平撩扫摆敌倾倒，双掌扑击敌难跑。

敌人如把臂擒拿，转身还击双拳打。
左捌右扣採制敌，连环捶肘戏中戏。
上步出手金刚掌，捌臂掤捋敌地躺。
连环玄肘扣搬拦，捣心顶裆踩脚面。
太极无始亦无终，阴阳相济总相同。
走即粘来粘即走，动静相宜攻为守。
以柔克刚含不露，刚柔虚实要悟透。
知己知彼练绝技，后发先至巧应敌。
任他狡敌多机变，怎能逃出太极圈。
太极以寡能御众，武当承架为正宗。

四、散手打法要诀

上打咽喉下打阴，左右两肋中在心。
转身疾使拦腰掌，前招后招紧着跟。
左右拳打紫金关，二龙戏珠紧跟上。
下截两脚并两膝，脑后一掌见真魂。
满面开花要打准，选择传授于后人。

五、太极揭手秘要歌

太极手法比如秤，此秤称敌轻与重。
生手手法先打人，看手手法防进攻。
生手看手配合用，太极揭手不失胜。

诱敌还手要急快，不怕敌人来势凶。
闪进顾打要一致，打顾顾打一起行。
太极功夫分三层，功夫就是重轻空。
按说大力克小力，太极讲究技术精。
单重双重要分清，单重小力能成功。
轻重虚实变化通，能使四两拨千斤。
只要遇力不丢顶，就要乘势来进攻。
交手发觉重显轻，立即发手不放松。
敌人失去抵抗力，定使敌人处处空。
秘诀常用双关语，举一反三艺高筹。

六、实战窍要诀

同动近取，切削还击；目光泛视，拳从口出。敌强闪侧，敌弱破中；动则身变，三尖一线。遇拿便打，逢摔用坠；彼若乱击，抽击肚脐。彼若转身，蹬臀踹腰；抢机发招，唯快不破。整体发力，意透敌背；远拳近肘，触着即打。连消带打，力出气摧；出手螺旋，勾挫惊弹。直线攻击，弧形格化；以斜击正，欲退先打。着实发力，受击弹抖；以凸击凹，以硬击软。连击快攻，闪化即进；动先进身，脚手齐到。腿法实战，全在连环；发力之秘，惊起四梢。肘法之妙，拳肘合拍；实战身法，活若龙蛇。先至之妙，意在敌先；快拳之秘，由后超前。

武当赵堡太极拳三盘打手歌

武当赵堡承架三合一太极拳以技击实用而著称，尤其是推手技击技术的上中下三盘明暗四十八字技法，为行家们所称道。现以几十年的技击实践和前辈的传授，将其核心技术方法以打手歌的形式公开出来，与大家共享。

上盘明八法

掤捋挤按须认真，上下相随人难进；
任他巨力来打我，牵动四两拨千斤；
引进落空合即出，粘连黏随不丢顶；
听探顺化问刚柔，得机必发不容情。

採挒肘靠制顽敌，跌翻颠插不稀奇；
若能轻灵并坚硬，发打效果俱无疑；
果能领会精髓处，行之不用费心机；
玄妙技法身口授，功夫无息体悟修。

中盘明八法

起落进退需谨慎，动静之机突显神；

虚领顶劲攻守便，气沉丹田亦不难；
沉肩坠肘翻翘板，松活腰盘转换点；
对拉拔长掀根起，行家里手没法比。

腾闪圆转顶头悬，上领下坠活腰盘；
轻灵活泼修懂劲，开合鼓荡无滞病；
筋骨要松神贯顶，皮毛要攻体能应；
节节贯串通于指，虚灵在中浑噩身。

下盘明八法

缠脆挑撩即时用，上下结合妙无穷；
擒拿折别串子手，提拉掏绊应声走；
缠腿踏跟绷膝窝，折腿必栽实难躲；
跪挑拖撩连环施，千变万化无休止。

劈壁挂蹬见效快，即刻使敌俯仰栽；
劈挂同时要粘连，上下结合撑扯剪；
壁腿挂蹬紧连环，採拿捋带紧相连；
亦有壁挂拾腿法，掀起倒插神鬼怕。

上盘暗八法

攥扣锁撅手中藏，一索即得不用忙；

节拿抓闭老虎钳，敌欲反抗难上难；
刁拿锁扣婴儿攥，抖撅快打真灵验；
手如粘胶把有力，指腕灵活狠无比。

叠挫扯掷打飘飞，擎掷撑拔显神威；
往返折叠必挫劲，发打冷脆不用问；
捏扯拖送合一体，擎引松放令飞起；
跌掷发打劲发快，挫根打飘不奇怪。

中盘暗八法

含拔通挺百会顶，身掤劲整弹劲攻；
缓急应随影随形，敷盖对吞定能赢；
以柔克刚静制动，左顾右盼中定正；
通脊挺胸突命门，无形弹放有学问。

环管吞吐化无形，虚空无物显奇能；
乱环术法最为精，上下随合妙无穷；
陷敌深入乱环内，翻转乱环落不空；
手脚齐到横竖找，发落点对控为妙。

下盘暗八法

勾掰截点短劲快，击伤打残不奇怪；

勾挂连环随机动，掰膝开门夺位拥；
截劲趁机削打送，猫玩老鼠不让动；
点按敲击抖擞打，技艺高超似玩耍。

绷跐滚踡下盘显，侧身进步似贴脸；
绷法主要在膝窝，贴身绷打不能过；
跐胫踩踏脚掌面，劈开肉绽不用看；
滚衬膝挑仰朝天，踡提下跺脚下瘫。

技法要诀　融会贯通

——赵堡侯氏太极推手技击歌诀

一、太极十三势歌

掤捋挤按本无弊，若无对抗似游戏。
採挒肘靠求无敌，冷脆狠准练绝技。
进退套绊勾挂利，顾盼定间成武艺。

二、太极推手48字歌

掤捋挤按随意起，採挒肘靠更精奇。
起落进退身法显，腾闪圆转走自然。
缠脆挑撩套插绊，劈壁挂蹬脆快连。
攥扣锁撅把中坚，叠挫扯掷最惊险。
含拔通挺身上看，环管吞吐妙无边。
勾掰截点用脚尖，绷踋滚踡膝占先。
推手你转我不转，四十八法打你看。

三、太极推手技击歌

上领下坠活腰盘，松体掤撑劲内含。

接招找劲胆向前，皮毛敏觉侦防线。
分筋错骨拧抖旋，颠番倒插看脚尖。
力偶杠杆变两边，打发劲贯圆心点。
逢闪必进进必闪，紧要全在腰胯间。
採挒肘靠着连环，冷急快脆劲惊弹。
引进落空诱诈骗，发放掷打任自然。
粘黏连随控制严，从人由己太极拳。
三前七星要顾盼，意在人先劲发前。
遇掤点震敲砸穿，肩胯膝打靠相连。
触手即占先上先，中实即发艺不难。
欺身过步神意占，把活力狠事易办。
顺势借力捋挤按，截堵滚挫磨旋钻。
敷盖对吞刚柔变，攥扣锁撅手上看。
缠跪挑撩插套绊，劈壁挂蹬腿连环。
口授身传真格干，技精艺绝苦功练。

四、推手技击四十八在歌

掤在周身要弹撑，捋在牵羊身步灵。
挤在身拥逼夺位，按在腰攻手肘冲。
採在十指不放松，挒在挫折把拧中。
肘在屈使翻杆用，靠在惊炸崩撞猛。
起在撑拔掀挫翻，落在摔砸人难眠。
进在插绊步过人，退在勾劈拖挂隐。
腾在起落出快手，闪在纵横任意走。
圆在运转圈乱环，转在立圆挫滚间。

缠在膝窝下踏跟，跪在勾套用膝狠。
挑在中节掀拔起，撩在梢节粘黏挤。
劈在摆杠脆快猛，壁在立柱挡绊惊。
挂在勾扫拖擦地，蹬在展膝跟中机。
攥在破採巧中巧，扣在捏摘制点妙。
锁在钳制咬得死，撅在搬折断关指。
叠在往返折中撕，挫在脆快抖撅是。
扯在撕挂猛劲带，掷在拔根抛起摔。
含在虚撑劲始蓄，拔在对拉内力聚。
通在意贯发点对，挺在通达哼哈准。
环在交错用法精，管在控制终要赢。
吞在吸化身步灵，吐在拥射弹劲冷。
勾在脚尖身下滑，掰在膝内裆下插。
截在中节把势封，点在膝骨惊吓蹦。
绷在膝窝抖腿应，跐在胫骨踩踏蹬。
滚在衬托轴转中，踡在屈腿盘挑成。

五、推手技术四十八字法要歌

掤要虚撑，捋要顺轻。挤要身拥，按要腰攻。
採要抓扣，挒要折抖。肘要顶摆，靠要撞摔。
起要撑拔，落要沉塌。进要逼夺，退要扫拖。
腾要闪绽，闪要多变。圆要滚转，转要往返。
缠要松盘，跪要坐翻。挑要勾摆，撩要仰摔。
劈要斩根，壁要绊狠。挂要粘黏，蹬要力穿。
攥要捏实，扣要钳制。锁要夹死，撅要抖撕。

叠要折返，挫要拧断。扯要撕刮，掷要倒插。
含要身採，拔要撑捽。通要劲达，挺要哼哈。
环要交错，管要变多。吞要吸化，吐要惊吓。
勾要扣转，掰要步撵。截要封势，点要快制。
绷要脆弹，跐要踩臁。滚要衬转，踡要缠翻。

习拳练技艺　术语要悟通

——赵堡太极推手术语诀释

一、虚领顶劲

下颌微收会上顶，精神提起临阵醒。

轻灵安舒又活泼，宽胸实腹劲欲火。

①下颌微收会上顶，精神提起临阵醒。

下颌向内微微收一下，同时百会穴上顶，这就做到了虚领顶劲，千万不可强顶硬撑。虚领、上顶便可提起全副精神，进入临阵状态，提高警觉度。

②轻灵安舒又活泼，宽胸实腹劲欲火。

宽胸实腹指气沉丹田，这样一来，上边虚领顶劲，下边气沉丹田，形成了上下对拉拔长，中间的腰隙便可以轻灵转换，身体安舒自然，八面支撑。

二、沉肩坠肘

三尺罗衣挂树上，两臂松沉甩鞭忙。
关节灵转妙如神，屈肘沉发惊人魂。

①三尺罗衣挂树上，两臂松沉甩鞭忙。

太极拳“九要论”中说“三尺罗衣挂在无影树上”，这里引深为人体的骨架恰似树干、树枝，皮肉和两肢如绸缎纱衣，可以随风飘荡，以形成身体内紧外松的感觉。这样不但两臂可以松沉，而且滚动起来又如车把式甩鞭一样，其灵便的威力可想而知。

②关节灵转妙如神，屈肘沉发惊人魂。

只要体会和做到了三尺罗衣挂树上，其关节便可做到灵转自如，特别是肩肘关节。肘在屈使，有沉坠劲存于肘中时，发击打出的威力是相当惊人的。“宁挨一拳，不挨一肘”就是这层意思。

三、左顾右盼

顾住三前盼七星，抢机发人定能赢。
以静制动动中求，审时度势触发擎。

①顾住三前盼七星，抢机发人定能赢。

与人较技时，要注意自己的脚前、手前和身前，同时要防备对方头、手、肩、肘、胯、膝、足七大关节的进攻，亦要自己随时准备运用这七星进攻对方。进攻和发放的时机，往往是旧力已过新力未生之时，或当对方刚要发动进攻，但还未来得及发出时，我已抢机先发，也叫后人发先人至，以静制动，效果极佳。

②以静制动动中求，审时度势触发擎。

上述的以静制动，往往在运动中进行，效果将更好。但是必须审时度势，打有把握之仗。触发必须擎起拔根，使对方失去支撑，没有着落。

四、擒拿折别

擒拿手法前三指，握拧撕扯是为旨。
身步双臂合力用，分筋错骨螺旋动。

①擒拿的手法中，大拇指、食指、中指是主要的，起着采擒捏扣的作用。“满把握为拿”，所以拧撕扯是此手法的要旨。

②在运用上述技法时，要身步协调，拿实后要双臂合力，用身体整劲。在力法的运用上，要用螺旋拧折撕撅的分筋错骨之法。

五、太极乱环

乱环术法妙无穷，大圈小圈环套用。
往返折叠环中妙，反应规律是为要。

①乱环术法妙无穷，大圈小圈环套用。

太极拳推手技术无处不是圈，其所有的技法都是在圈上作文章，所以说其妙在大圈套小圈，变化运用。

②往返折叠环中妙，反应规律是为要。

往返折叠的方法是其中的妙诀。如我用右掌扇对方的左耳光，对方低头或向其右偏头闪过，以为我这一扇就算完事，实则不然。我之右掌又反手由原路线返回，再扇其右脸，这一下对方定逃不掉，这就属于返往折叠之法，但都是利用人体反应规律进行的。

六、变换虚实

推手体感重轻空，轻重虚实手中称。
遇力莫顶趋向攻，趁势追击不能等。

①推手体感重轻空，轻重虚实手中称。

推手时时都要小心，细心去体感重轻空，对己来讲，其动作和给对方的感觉是重不如轻、轻不如空（指划转时），反之亦然。处处能使对方感觉空无着落，肯定是胜对方一筹。推手时一定要在接触中权衡。

②遇力莫顶趋向攻，趁势追击不能等。

遇到对方的前冲力量过来，不要去顶它，要在转身走化的同时或在其背后加力，或捋带顺其方向加劲，促使其倒地，并要趁势穷追不舍，直至其倒地为止。

七、柔化刚发

以柔克刚太极拳，勤学苦练莫等闲。
浑身柔软若无骨，猛然放劲追魂鼓。

①以柔克刚太极拳，勤学苦练莫等闲。

太极拳主张以柔克刚，以静制动，后发先至，但必须勤学苦练，下数倍的功夫才能练成。千万不能投机取巧，不出力流汗是办不到的。

②浑身柔软若无骨，猛然放劲追魂鼓。

太极拳追求极柔软，然后极坚刚，就是这层意思。柔软无骨是为了使对方用劲落空，消化对方的进攻，使其无着落，忽然放劲爆发剧烈是求坚刚下的打击效果。

八、腾挪闪转

腾挪乘虚任意入，闪转迫进击妙处。
身手步到发人妙，腰胯运化是窍要。

①腾挪乘虚任意入，闪转迫进击妙处。

腾为空也，挪为转闪也。趁着空隙钻进去，迫近对方，击打对方难以化转的地方，使对方干着急没办法。

②身手步到发人妙，腰胯运化是窍要。

发人要身手协调，动作完整一气，即“手到步亦到，打人如拔草”。腰胯间的转换是发着用技的诀窍。

九、惊弹脆快

引进落空加速度，冷急脆快莫迟误。
松活弹抖整劲涌，发落点对立成功。

①引进落空加速度，冷急脆快莫迟误。

在诱使、迫使对方失去平衡时，就要加快速度，以避免其补救，此时发劲就必须冷急脆快，绝对不可迟误。

②松活弹抖整劲涌，发落点对立成功。

只要能做到松活弹抖，那么发劲时就会感觉整劲如洪水一样向外涌出，发点和落点对准，直发出去，立刻就会成功。

十、採捌肘靠

採捌肘靠狠为奇，破掤化挤勤研习。
苦练身肢神气惊，弹射抽打不能等。

①採挒肘靠最奇特的表现就是狠，它可以破解对方的掤劲和挤劲，所以要好好研习。

②要下苦功夫练习自己的身肢，使每一举动，其气魄达惊人的程度，发劲採挒肘靠要弹射连发，冷抽狠打，不能有半点的松懈。

十一、引进落空

屈中求直蓄后发，直中求屈更可怕。
蓄劲饱满发得好，合出放人断线跑。

①屈中求直蓄后发，直中求屈更可怕。不要只知太极拳屈中求直，其更有直中求屈，其屈折得更狠，亦可卸膀，亦可轻轻将人揣起。

②将劲蓄足，发出才显饱满，颇具威力，周身合劲把人打出，就像断了线的风筝，无法牵回。

十二、粘黏连随

如漆似胶粘黏劲，连随被动莫真信。

无过不及屈就伸，控彼待机打为真。

①如漆似胶粘黏劲，连随被动莫真信。

用粘黏劲要做到如胶似漆，给对方贴上，令对方烦恼、讨厌、没办法，并要随机控制对方。连随是主动的，并非被动，目的是寻机下手。如果被动听从对方摆布，那就大错特错了。

②无过不及屈就伸，控彼待机打为真。

太极拳讲无过不及，随屈就伸，是为了更好地控制对方，寻找机会打击对方，这才是真的。

十三、身传口授

入门引路身口授，功夫无息勤研修。

练拳必明此中理，推手对抗求真的。

①入门引路身口授，功夫无息勤研修。

学习功夫，入门须要老师一边讲，一边手把手地教，也指喂劲递招练习，这就叫身口授。同时也说明功夫是无止境的，要勤学苦练，多加思考、琢磨。

②练功夫要明白、清楚上述的道理，推手求真实的对抗，只有这样才能练成太极拳真功夫。

绝技承传　秘诀难言

——赵堡太极推手技击歌四首释义

一、上领下坠活腰盘，松体掤撑劲内含。
接招找劲胆向前，皮毛敏觉侦防线。
分筋错骨拧抖旋，颠番倒插看脚尖。
力偶杠杆变两边，打发劲贯圆心点。

1. 上领下坠活腰盘

上领：即头顶百会穴虚虚领起，下颌微内收（虚领顶劲），此时可提起全身精神，使技击运动进入临阵状态，以提高身体的警觉敏感度。其次，走圈打轮时手指要领起，特别是中、食指，同时手腕亦不得软塌，此法叫作手头不能丢。

下坠：第一指沉肩坠肘，以勉僵肩和亮肘而受制；第二指臀部有下坠之意，以使背后命门穴处有上下拉拔之感，同时膝、胯关节均有弹性；第三指气沉丹田。

活腰盘：指以腰眼为界，使上部的胸腰和下部的腰胯似乎形成两个磨盘似的东西，可以活转自如，以腰为枢纽，灵活便利。

2. 松体掤撑劲内含

松体：指身体放松，皮肤就像一件衣服挂在身架上一样，能产生即使对方扯我的这件衣服而身架不受影响的效果。并不是浑体软塌、懈透，毫无弹性。

掤撑：指身体放松皮肤这件衣服的同时，身架要内存弹性，虚虚地掤撑起来，也就是适度地外松内紧。

劲内含：体内有了掤撑劲，才能精神饱满，有了一触即发的弹性，浑厚有实力，如存满粮的仓库。此劲内含，从外观上是看不出来的，高手之间一搭手便可知晓。

3. 接招找劲胆向前

推手要有攻防意识，要对抗，不要玩成健身养生的划圈游戏。要敢于和对方接火，要主动摸劲、找劲、问劲、发劲、变劲、学劲，来磨练自己。所以，胆要大，不怕苦，不怕累，不怕流汗，不怕被摔，不怕脏，不怕受伤（流血或伤骨断筋），浑身是胆雄赳赳，内劲充足不发愁，此为要诀。

4. 皮毛敏觉侦防线

只有胆、有勇还不行，还得有谋、有机智、灵活。使你的皮肤、毛孔像地雷的撞针，一触即爆；像警犬的鼻子，有高度的嗅觉；又像侦空的雷达，火眼金睛；又像自动仪，可以自动处理。

5. 分筋错骨拧抖旋

指擒拿採捌折别的手法。如要卸掉对方的臂膀时，首先採拧对方的手指，同时控制和钳死其腕、肘、肩三个关节；其次使对方臂屈成小于或略等于直角，在微微一松之间，我双手合住劲，以抖、撅、拧、旋、撕、扯的综合劲法，意贯其肩窝处，即刻就可将其臂卸掉。

拧抖旋亦是抛掷跌打之摔法的关键。拧，一指採拧对方被擒处，二指拧转自己身体，如卖脸倒卷肱，卖脸（拧转头部）可加大旋转幅度。抖，可以打断对方的跟劲化解，又可以振奋增加我的内劲。旋，可以加大摔出离心力，增强打击效果，如卖脸倒卷肱，打得恰到好处时，可将对方旋飞腾空摔出旋向360°，使其无法招架。

6. 颠番倒插看脚尖

“颠番倒插”一词来自于戚继光《拳经》，亦称颠起倒插。顾名思义即将人掷起，头朝下脚朝上，直向地面如插柳一般栽下去。如用短劲打倒卷肱、白鹤亮翅之类的技法时均是如此。此法的关键是冷、脆、快、狠。

看脚尖，是指打法中的神态变化。抖掷而起时，意向上，看手头；向下时突然变换，看自己脚尖，将对方栽于吾之裆下脚前。高手打此法时，分寸掌握得相当好，可使被打者在下栽头发沾土之机，又变上提劲，使其脚先着地，使之吓出一身冷汗，而不伤及皮毛，保护得很好。

7. 力偶杠杆变两边

指技法中的手法原理问题，即利用力偶的旋转贯性理论和杠杆翻转两头的方法，巧用支点撬起等理论武装自己，使其应用于自己的推手技法实践中去。如上述的倒卷肱、白鹤亮翅就是很好的例证。

太极八法挪捋挤按、採捌肘靠，以及技法中的“吃啥还啥”“左重则左虚（变右边进击），右重则右杳（变左边进击）”“翻上打下，诱东打西”以及乱环打法等，都是力学原理的实践应用。

8. 打发劲贯圆心点

太极对自己讲圆和转，对别人却不是这样，要尽一切办法使对方僵、死，有棱角。发劲不打边，怕其原地旋转化劲，不产生位移和跌摔，而要集中自己的优势兵力，在完全掌握和控制好的前提下，发劲直指对方的圆心点，即对方僵滞点，使其不得转动化解而产生位移。术语叫作“发落点对即成功”。形象地比喻就如垒球运动员用棒子击圆球——指哪打哪。台球运动员击台球要直线，不要曲线打转。

二、逢闪必进进必闪，紧要全在腰胯间。
采挒肘靠着连环，冷急快脆劲惊弹。
引进落空诱诈骗，发放掷打任自然。
粘黏连随控制严，从人由己太极拳。

1. 逢闪必进进必闪

“闪进全在动中求”。闪即进，进即闪，不必远求。如果对方发招凶猛不及还招时，可先闪避开他的锋锐，或趁机闪进贴身击打，或向其身侧进击（取对方的横线）。

2. 紧要全在腰胯间

在推手运动中，化解对方压过来的劲和调整倒换虚实、变劲打招，主要靠腰胯间的转换，故有“势势存心揆用意，命意源头在腰隙，刻刻留心在腰间，腹内松净气腾然”“掌腕肘和肩，背腰胯膝脚，上下九节劲，节节腰中发”之说。

3. 采挒肘靠着连环

采挒肘靠一般情况下都不是单一使用的，都是互相配合的综合手法。采挒一般同时进行，肘靠可对付采挒。如果诸法连环使用，将效果极佳。

4. 冷急快脆劲惊弹

发招打劲一定要冷急快脆、干净利落，毫不拖泥带水，打出潇洒的气魄来，同时要给对方以震惊感。如弹皮球般发出，令人羡慕。

5. 引进落空诱诈骗

拳术本来就是讲诡诈、诱骗、声东击西的兵法战术，“拳打人不知”“人不知我，我独知人”，就是这层意思。譬如为了使对方落空下栽，可先给对方一个支撑劲引其上当，对方若扶上我的劲，我便立刻抽掉这个支撑，其便可栽倒。给对方一个冲劲，若对方顺势捋化，我则进步变靠将对方打出。前者是假，后者才是真。

6. 发放掷打任自然

现在许多推手，特别是公园式的推手都不讲发放掷打，只求健身，怕伤面子，所以只是推推揉揉（有的干脆就叫揉手）。而传统的推手是练技击功夫的，最终是要过渡到实战散手的，所以要求在近距离推手的情况下，适当地练习发放掷打兼施并用，以提高技术的实用价值（既要採挒肘靠，又要跌掷击打）。

7. 粘黏连随控制严

粘黏连随是主动行动，其目的是严密地控制好对方，为了掌握运动的主动权，为有效地、有把握地实施打击创造机会和条件。

8. 从人由己太极拳

舍己从人并不是被动地听人使唤，从人的目的是为了由己，由自己掌握“战时的变化”，更好地控制对方，打“有把握之仗”，这才是太极拳技击运动的本质。

三、三前七星要顾盼，意在人先劲发前。
遇掤点震敲砸穿，肩胯膝打靠相连。
触手即占先上先，中实即发艺不难。
欺身过步神意占，把活力狠事易办。

1. 三前七星要顾盼

“顾住三前盼七星”。要特别注意自己的身前、脚前和手前，同时提防对方头、手、肘、肩、膝、胯、足（七星）有可能随时向我进攻和所有的动向，亦有随时准备出击我的七星去打击对方。

2. 意在人先劲发前

推手技击时，首要的是胆正，要冷静、意要胜人，要控制好对方。每到机会出现之前，都要先于对方把住时机，要“后人发，先人至”。发劲要抢机、抢势、抢先，把对方欲发劲“闷死”在我的发劲中，这样才能使我的方法奏效。

3. 遇掤点震敲砸穿

遇到对方的掤劲很大，一时难以进攻时，要用点打（断击）、敲砸的办法卸掉对方，使其顾此失彼。这种打击的办法不但要紧连重击，而且要有穿透性，这样才具威力。

4. 肩胯膝打靠相连

打掉对方的掤劲，得住机会，乘胜追击，肩、胯、膝、打、靠连珠炮动，不给对方喘息之机，直至对方投降。

5. 触手即占先上先

触手和对方临近时，除了控制好场上的机势外，必要时要采取先发制人的方式，不失时机地打击对方，其法既快捷又方便。

6. 中实即发艺不难

“得实不发艺难精”。机会是最重要的，机会来之不易，失去机会就等于失去一切。所以说，手已得实的时候，就应立刻放手发招，绝不能迟疑。“逢虚则守，遇实则发”“重里显轻必发手，身手步到不能走”“俯掌即发”，就是这个道理。只要时时注意这些，成艺是不难的。

7. 欺身过步神意占

推手技击时，身要欺人，步要过人，神要逼人，意要占先。同时势要欺人，身要拥人，艺要压人，有意莫带形。处处封占正门，前手起，后手紧催，前脚迈，后脚紧随，配合协调，此是要诀。

8. 把活力狠事易办

推手技击，两手上的功力是关键，既要灵敏，又要有力才能奏效。拳经云：“用把把要有力。”“手把要灵，不灵则生变，发手要快，不快则迟误；举手要火，不火则不快；打手要狠，不狠则不济；存心要毒，不毒则不准；脚手要活，不活则担险；存心要精，不精则受愚；发作要鹰扬勇猛，泼皮胆大，机熟连环，忽畏惧迟疑，心细胆大，面善心狠，静似书生，动如雷霆。”

四、顺势借力捋挤按，截堵滚挫磨旋钻。
敷盖对吞刚柔变，擸扣锁撅手上看。
缠跪挑撩插套绊，劈壁挂蹬腿连环。
口授身传真格干，技精艺绝苦功练。

1. 顺势借力捋挤按

捋、挤、按之法都要求顺势借力，不得主观行事，更不能硬来。

2. 截堵滚挫磨旋钻

对彼发来的劲，不要去硬顶，而尽量采取截、堵、滚、挫、磨、旋、钻之法，可以取得很好的效果。

3. 敷盖对吞刚柔变

敷、盖是控制，对、吞是发化，都和运动的刚柔变化有关，要注意体会。

4. 擸扣锁撅手上看

擸、扣、锁、撅是赵堡太极拳推手术上八法中的暗法，全是指手上的功夫，所以说手上看。

5. 缠跪挑撩插套绊

缠跪挑撩是赵堡太极推手下八法的前四法，这些方法的应用一般都和进步（偷步）的插、套、绊腿配合使用，故有“动必进步，进必套插”之说。

6. 劈壁挂蹬腿连环

劈、壁、挂、蹬是赵堡太极推手下八法的后四法，这些方法在下盘腿法中的应用，一般都是连环出现的，随着机势的变化，单独使用的时候比较少。

7. 口授身传真格干

练功夫不是嘴上说说而已，要在老师的指导下用功练习。在学习的过程中，要老老实实地一步一个脚印，任老师用身体喂，用心体会才行。自个儿练习时亦要当真练，交流、较技亦当如此。

8. 技精艺绝苦功练

对技术要精益求精，千锤百炼，以达到纯熟和绝伦的程度。所以必须出大力，流大汗，甚至于不怕流血牺牲地去练，这样才能够成功，任何投机取巧都是不行的。

拳经歌诀辑录

太极拳打手歌

掤捋挤按须认真，上下相随人难进。
任他巨力来打我，牵动四两拨千斤。
引进落空合即出，粘连黏随不丢顶。

太极拳掌法诀

阴阳掌法变不尽，空心拳打穿透功。
不得已时撮手用，撮手点打致命功。

太极拳擎放诀

擎开彼劲借彼力，引到身前劲始蓄。
松开我劲勿使屈，放时腰脚认端的。

太极拳十三总势歌

十三总势莫轻视，命意源头在腰隙。

变转虚实须留意，气遍身躯不稍滞。
静中触动动犹静，因敌变化示神奇。
势势揆心须用意，得来不觉费功夫。
刻刻留心在腰间，腹内松净气腾然。
尾闾中正神贯顶，满身轻利顶头悬。
仔细留心向推求，屈伸开合听自由。
入门引路须口授，功夫无息法自休。
若言体用何为准？意气君来骨肉臣。
想推用意终何在？益寿延年不老春。
歌兮歌兮百卅字，字字真切义无遗。
若不向此推求去，枉费功夫贻叹息。

太极拳十三字行功诀

掤手两臂要圆撑，动静虚实任意攻。
搭手捋开挤掌使，敌欲还招势难逞。
按手用招似倾倒，二把採住不放松。
来势凶猛挒手用，肘靠随时任意行。
进退反侧应机走，何怕敌人艺业精。
遇敌上前迫近打，顾住三前盼七星。
敌人逼近来打我，闪开正中定横中。
太极十三字中法，精意揣摩妙更生。

太极拳十三字用功诀

逢手遇掤莫如盘，黏粘不离得着难。

闭掤要上採挒法，二把得实急无援。
按定四正隅方变，触手即占先上先。
捋挤二法趁机使，肘靠攻在脚跟前。
遇机得势进退走，三前七星顾盼间。
周身实力意中定，听探顺化神气关。
见实不上得攻手，何日功夫是体全。
操练不按体中用，修到终期艺难精。

太极拳八字法诀

三换二捋一挤按，搭手遇掤莫让先。
柔里有刚攻不破，刚中无柔不为坚。
避人攻守要採挒，力在惊弹走螺旋。
逞势进攻贴身肘，肩胯膝打靠为先。

太极拳虚实诀

虚虚实实神会中，虚实实虚手行功。
练拳不谙虚实理，枉费功夫终无成。
虚守实发掌中窍，中实不发艺难精。
虚实自有虚实在，实实虚虚攻不空。

太极拳乱环诀

乱环术法最难通，上下随合妙无穷。

若能解开乱环窍，打人必定占上风。
陷敌深入乱环内，四两千斤招法成。
手脚齐进横竖找，掌中乱环落不空。
欲知环中法何在，发落点对即成功。

太极拳阴阳诀

太极阴阳少人修，吞吐开合问刚柔。
正隅收放任君走，动静变化何须愁。
生克二发随招用，闪进全在动中求。
轻重虚实怎的是，重里现轻勿稍留。

太极拳八字歌

掤捋挤按世间稀，十个艺人十不知。
若能轻灵并坚硬，粘黏连随俱无疑。
採挒肘靠更出奇，行之不用费心机。
果得粘黏连随字，得其环中不支离。

太极拳周身大用论

一要心性与意静，自然无处不轻灵。
二要遍体气流行，一定继续不能停。
三要喉头永不抛，问尽天下众英豪。

如询大用缘何得，表里精细无不到。

太极拳经诀

顺项贯顶两膀松，束胁下气把裆撑。
胃音开劲两捶争，五趾抓地上弯弓。
举步轻灵神内敛，莫教断续一气研。
左宜右有虚实处，意上寓下后天还。
拿住丹田练内功，哼哈二气妙无穷。
动分静合屈伸就，缓应急随理贯通。
忽隐忽现进则长，一羽不加至道藏。
手慢手快皆非似，四两拨千运化良。
极柔即刚极虚灵，运若抽丝处处明。
开展紧凑乃缜密，待机而动如猫行。
掤捋挤按四方正，採挒肘靠斜角成。
乾坤震兑乃八卦，进退顾盼定五行。

太极拳心会论

腰脊为第一之主宰，喉头为第二之主宰，心地为第三之主宰。丹田为第一之宾辅，指掌为第二之宾辅，足掌为第三之宾辅。

太极拳真义诀

无形物象，全身透空。应物自然，西山悬磬。
虎吼猿鸣，泉清水净。翻江播海，尽性立命。

太极拳十六关要论

活泼于腰，灵机于顶，神通于背，气沉丹田。
行之于腿，蹬之于足，运之于掌，通之于指。
敛之于髓，达之于神，凝之于耳，吸之于鼻。
呼吸于口，纵之于膝，浑噩一身，发之于毛。

太极拳通变歌

进退顾盼定，五位喻五行。生克分制化，阴阳实错综。
虚实互乘变，开合是枢机。刚柔相摩荡，八法显机能。
黏连与粘随，相互起作用。运动知往返，被动转主动。
学者时体验，应用妙无穷。传之为心法，得机乐融融。

太极拳五字经诀

披从侧方入，闪展全无空。担化对方力，搓磨试其功。

歉含力蓄使，黏粘不离宗。随进随退走，拘意莫放松。
拿闭敌血脉，扳挽顺势封。软非用拙力，掤臂要圆撑。
搂进圆活力，摧坚戳敌峰。掩护敌猛入，撮点致命攻。
坠走牵挽势，继续勿失空。挤他虚实现，摊开即成功。

太极拳八法秘诀

掤劲义何解，如水负舟行。先实丹田气，次须顶头悬。
全体弹簧劲，开合一定间。任有千斤重，飘浮亦不难。
捋劲义何解，引导使之前。顺其来势力，轻灵不丢顶。
力尽自然空，丢击任自然。重心自维持，莫为他人乘。
挤劲义何解，用时有两方。直接单纯意，迎合一动中。
间接反应力，如球撞壁还。又如钱投鼓，跃然声铿锵。
按劲义何解，运用如水行。柔中尤寓刚，急法势难挡。
遇高则膨满，逢洼向下潜。波浪有起伏，有孔无不入。
採劲义何解，如权之引衡。任尔力巨细，权后知轻重。
牵动只四两，千斤亦可平。若问理何在，杠杆之作用。
挒劲义何解，旋转若飞轮。投物于其上，脱然掷丈寻。
君不见漩涡，卷浪若螺纹。落叶坠其上，倏尔便沉沦；
肘劲义何解，方法有五行。阴阳分上下，虚实须辨清。
连环势莫当，开花捶更凶。六劲融通后，运用始无穷。
靠劲义何解，其法肩背胸。斜行势用肩，肩中亦有背。
一旦得机势，轰然如山崩。仔细维重心，失中徒无功。

太极拳打手要言歌

欲要引进落空，先要知己知彼；欲要巧拨千斤，先要舍己从人；

欲要舍己从人，先要得机得势；欲要得机得势，先要周身一家；

欲要周身一家，先要身无缺陷；欲要身无缺陷，先要神气鼓荡；

欲要神气鼓荡，先要提起精神；欲要提起精神，先要神不外散；

欲要神不外散，先要神气收敛；欲要神气收敛，先要前节有力；

欲要两肩松开，先要内气下沉；欲要劲起脚跟，先要变换身步；

欲要旋转自如，先要劲内转换；自己安排得好，人一挨近我身；

我不动彼丝毫，趁势寻隙而入；接定彼劲对准，一挤彼自跌出。

太极拳论举动歌

一举一动身轻灵，进退顾盼如猫行；意气鼓荡神内敛，劲力贯串毋有断。

其根在脚发于腿，腰劲手头定打准；完整一气得机势，向前退后莫迟滞。

腰腿得劲身不乱，得机得势着灵便；上下前后皆使然。左右内外意相连。

有上有下有前后，有左有右如意求；意上寓下掀物起，斩挫断根又加挤。

掤捋挤按顾盼定，採挒肘靠进退应；身节贯串虚实宜，毁敌之速俱无疑。

太极拳行功歌

以心行气令沉着，收敛入骨气运身；务令顺遂利从心，精神提起无迟虞。

意气须换又得灵，圆活有趣变虚实；发劲沉着又松净，专主一方把敌制。

立身中正撑八面，气行九珠无不利；运劲如钢坚不摧，踢打跌拿莫迟迟。

形似搏兔之鹰鹄，神如捕鼠之狗猫；静如山岳动若河，冷弹脆快要熟知。

蓄劲如弓发放箭，曲中求直蓄后发；力有脊发顺畅贯，随身换步手法识。

收即放而断复连，往复折叠有身传；进退转换极虚灵，柔软坚硬要时日。

吸化呼发能灵活，气以直养而无害；劲以曲蓄力充沛，腰如车轴滚转吃。

太极拳刚柔歌

人刚我柔谓之走，我顺人背谓之黏。动急急应动缓随，变化万端理一贯。

着熟渐悟而懂劲，阶及神明贯通焉。虚灵顶劲气丹田，不偏不倚忽隐现。

左重左虚右则杳，仰之则高俯弥深。进之愈长退愈促，一羽不加至道藏。

蝇虫不落独知人，英雄所向更无敌。

太极拳三字解

身虽动，心贵静；气须敛，神宜舒。心为令，气为旗；神为帅，身驱使。刻留意，有所得；先在心，后在身。

由舍己，始从人；是主动，定能赢。牵引进，使落空；加四两，拨千斤。

一举动，无不动；一俱静，无不静。内固神，外安逸；许从人，始由己。从人活，生硬滞。

不尚力，尚养气。彼不动，己不动；彼微动，己先动。欲从人，要知己；有往复，分阴阳。

知进退，有转合。力人借，机己发。能随转，能随接；能黏人，能放人。既不后，又不先。

提精神，能抖擞。随黏依，跟得灵；见落空，始得妙。

太极拳散手要言歌

手自心出，拳随意发，知己知彼，随机应变。心气一发，四肢皆动，足起有地，动转有位。

或黏而挤，或连而随，或腾而闪，或折而捌。拳打随意，五尺以内，三尺以外，如怀取物。

远不发肘，近不发手，无论前后，左右亦然。遇敌较艺，一步一捶，得人为准，无形为妙。

击其无备，袭其不意，乘击而袭，乘袭而击。虚而实之，实而虚之，避实击虚，取本求末。

出遇众围，犹如生龙，恰似活虎，勇不可当。逢击单敌，以炮直轰，上下前后，一气把定。

手不空起，亦不空落，精敏神巧，全在于活。能去能就，能刚能柔，能进能退，能上能下。

不动如山，难知阴阳，无穷天地，充实太仓。浩渺四海，炫耀三光，察知来势，揣敌短长。

静以待动，动以处静，似动犹静，动静机变。出手勇猛，不可抵挡，迎面中堂，脆快异常。

抢上抢下，势如猛虎，类似鹰鹞，扑下鸡场。翻江拨海，单凤朝阳，云背日月，武艺争强。

发手进步，侧步进身，身手齐到，的确为真。法中有诀，理妙如神，古有闪进，又有打顾。

进闪闪进，不必远求，顾打打顾，发手便是。心如火药，手如弓弹，灵机一动，飞鸟难逃。

身似弓弦，手似飞箭，弦响鸟落，方显奇神。起手闪电，不及合眸，袭敌迅雷，不及掩耳。

左过右来，右过左来，手从心发，闪向前落。力起足上，犹如火作，主宰于腰，松活弹抖。

上左进右，上右进左，发步轻快，足根着地。十趾抓地，腿脚有力，步要稳当，身要庄重。

去时撒手，着人成拳，上下左右，身为主宰。不贪不歉，不即不离，拳由心发，以身催手。

一肢启动，百骸皆随，一屈皆屈，一伸皆伸。伸要伸尽，屈要屈紧，如炮卷紧，崩得有力。

拳术战斗，不拘提打，按打击打，冲打膊打，肘打胯打，腿打头打，手打膝打，高打低打。

顺打横打，进打退打，截打借打，身打步打。百般打法，一气相贯，一呼即出，一闪即到。

出身站位，先占巧地，远不发手，尽可转走。战斗要诀，决定输赢，骨节要对，不对无力。

手把要灵，不灵生变，发手要快，不快迟误。打手要狠，不狠不济，脚手要活，不活担险。

存心要精，不精受愚，发身要快，动作如风。鹰扬猛勇，泼皮胆大，机智连环，勿惧迟疑。

关临白马，赵临长坂，神威凛凛，波开浪裂。静如山岳，动如雷发，轻如行云，重如山压。

人之来势，务要审察，足踢头歪，拳打膊乍。侧身进步，伏身起发，足来提膝，拳来肘发。

顺来横击，横来棒压，左来右接，右来左迎。远便上手，近便用肘，远便足踢，近便加膝。

拳打上风，审顾地形，手要迅急，足要轻快。心要齐整，目要明清，身手齐到，始则成功。

手身不到，击敌不妙，手到身到，破敌摧草。战斗篇云，善击打者，先看步位，后下手势。

上打咽喉，下打阴囊，左右两胁，中打心膛。前打一丈，不应为远，近打咫尺，只在寸间。

操演面前，如似有人，对敌战斗，时若无人。面前手来，似不见手，胸前来肘，似不见肘。

手起足落，足落手起，心要占先，意要胜人。身要攻入，步要过人，头须仰起，胸须现起。

腰须坚起，丹田运起，自顶至足，一气相贯。胆战心寒，必不取胜，不察形势，不能防人。

先动为师，后动为弟，后之一发，先之一至。能教一进，莫教一退，艺高胆大，胆大艺高。

运用之妙，存乎一心，运乎二气，行乎三节。达乎四梢，统乎五行，时时操演，朝朝运化。

始而勉强，久而自然，拳术之道，终于此矣。

太极拳要诀

虚灵顶劲，头容正直；神贯于顶，不可用力。虚灵自然，精神提起；含胸拔背，胸略内涵。气沉丹田，气贴于背；自能拔背，力由脊发。松腰落胯，一身主宰；两足有力，下盘稳固。虚实变化，皆由腰转；分清虚实，虚实能分。转动轻灵，毫不费力；如不能分，自立不稳。

沉肩坠肘，肩松下垂；气亦随之，无不得力。坠肘下松，放人求远；用意避力，全身松开。轻灵变化，圆转自如；意之所至，如绵裹铁。上下相随，其根在脚；发于腿脚，主宰于腰。形于手指，完整一气；内外相合，神为主帅。身为驱使，精神提起；举动轻灵，浑然一体。

相连不断，自始至终；绵绵不断，周而复始。循环无端，一气贯串；动中求静，以静御动。虽动犹静，呼吸深长；气沉丹田，细心体认。

太极拳论歌

太极拳者，无极而生，阴阳之母。动之则分，静之则合。无过不及，随曲就伸。人刚我柔，我顺人背，黏走相宜。动急急应，动缓缓随。虽有变化，理为一贯。招而熟之，渐悟懂劲，始由懂劲，阶及神明。用力日久，豁然贯通。虚灵顶劲，气沉丹田。不偏不倚，忽隐忽现。左重左虚，右重右杳。仰之弥高，俯之弥深，进之愈长，退之愈促。一羽不加，蝇虫不落，人不知我，我独知人。英雄所向，自然无敌。耄耋御众，快何能为。立如秤准，活如车轮，偏沉则随，双重则滞。数年纯功，不能运化，皆为人制，双重未悟。欲避此病，须知阴阳；黏即是走，走即是黏，阳不离阴，阴不离阳；阴阳相济，方为懂劲。懂劲之后，愈练愈精，默识揣摩，渐至从心。舍己从人，勿误求远。差之毫厘，谬之千里，不可不辨。

太极拳四字五曰歌

一曰心静。一举手动，前后左右，全无定向，起初举动，未能由己，悉心体认。随人所动，随屈就伸，不丢不顶，勿自伸缩。彼若有力，我亦有力，我力在先；彼弱无力，我亦无力，我意在先。刻刻留心。挨着何处，心用何处，不丢不顶，讨要消息。从此做去，一年半载，始能于身。全是用意，不是用劲。实践已久，人为我制。

二曰身灵。身滞僵硬，不能自如，故要身灵。举手动作，不可呆相，彼之用力，挨我皮毛，我之用意，已入彼里。两手支撑，一气贯穿。左重左虚，而右已去；右重右虚，而左已去。气如车轮，腰如车轴，周身相随，以心使身。身能从心，由己从人。从人则活，便有分寸。秤彼大小，分厘不错；权彼长短，毫发无差。前进后退，处处恰合。工弥久治，而技弥精。

三曰气敛。气势散漫，便无含蓄，身易散乱。使气敛骨，呼吸通灵，周身罔间。吸为蓄合，呼为开发，吸得自然，能提得起，亦拿人起；呼则自然，亦沉得下，放得人出。此是意气，非以力气。

四曰劲整。一身之劲，练成一家。分清虚实，发劲有根。劲起脚根，主宰于腰，形于手指，发于脊背。又要提起，全副精神，彼劲将出，未发之际，我之用劲，已接彼劲，恰到好处，不后不先。如皮燃火，如泉涌出，前进后退，毫不散乱。曲中求直，蓄而后发，方能奏效。

五曰神聚。上者俱备，总归神聚。神聚窍要，一气鼓荡，练气归神，气势腾挪，精神贯注，开合有数，虚实清楚，左虚右实，右虚左实。气势腾挪，精神贯注。力从人借，气由脊发。气向下沉，收入脊骨，注入腰间，形于脊骨，布于两膊，施于手指。合便是收，开便是放。懂得开合，便知阴阳。到此地位，工用一日，技精一日，从心所欲，罔不如意。

太极拳技击要诀歌二首

（见《少林与太极》2015年第9期）

一、实战操练歌

太极拳法妙无穷，技击对抗窍诀生。
掤手身臂要圆撑，动静虚实随意攻。
搭手捋开挤掌使，敌欲还着势难逞。
按手用着似颠倒，二把採住不放松。
来势凶猛挒手用，肘靠随时任意行。
进退反侧应机走，何怕敌人艺业精。
遇敌上前迫近打，顾住三前用七星。
敌人逼近来打我，闪开正中定横中。
逢手遇掤莫入盘，黏粘不离得着难。
闭掤要上採挒法，二把得实如虎钳。
按定四正隅方变，触手即占先上先。

掤挤二法趁机使，肘靠攻在脚跟前。
周身实力意中定，听探顺化应机变。
左牵右引一挤按，搭手遇掤莫让先。
柔里有刚攻不破，刚中无柔不为坚。
避人攻守要採挒，力在惊弹走螺旋。
逞势进取贴身肘，肩胯膝打靠为先。
虚虚实实神会中，虚实实虚手中功。
看到窟窿咱就塞，封堵脆快不奇怪。
採拿之法掌中窍，遇採之时拳握牢。
你拿我时手中有，即刻反打不留情。
手脚齐进横竖找，随机变化落不空。
欲知掷打法何在，发落点对即成功。
轻重虚实要审视，重里显轻必发手。
操练不按实战用，修到终期艺难精。

二、五字要诀歌

踩定中轴位，前足夺后踵。后足站前踪，横直主力攻。趁势侧锋入，得横变正冲。

展转急要快，力定在腰中。打人如亲嘴，手到身要拥。左右侧面站，单手克双功。

守静如处女，动似迅雷至。力松意宜紧，神机由内变。螺旋滚无形，毛发力加载。

筋骨遒即放，浑噩一惊时。支点增强力，遍体弹簧似。百骸若机轮，旋转有劲力。

腰身似蛇惊，步行旋风起。指端力如电，骨节锋棱起。活泼比猿捷，迈步如猫似。

大凡举与动，浑身皆消息。一触即爆发，威力无边际。运动如弓满，着敌似电急。

鹰胆虎威视，足腕似倪泥。鹘落似龙潜，浑身尽蓄力。面善心要狠，胆大更心细。

缠劈攒裹横，扭拧弹簧力。来时机伶进，拳打要进身。见势顺他劲，变步拧腰身。

手眼身法步，欺到方为真。掳手随身靠，捆时反劲欺。动手先看肩，指手在胸前。

肩偏手必到，身仰脚必发。伸手步先行，见劲顺手中。若见力过猛，撤化闪进空。

进步捋崩挤，掳发顺劲倚。若见高手法，撞倚先拔根，掤架打中线，掳推撞进身。

莫教死方滞，莫教招法拘。句句是要言，莫当是儿戏。愿我同道者，切记要切记。

太极拳歌十八首

（参照互联网相关内容改编）

一、太极拳懂劲歌

懂劲实为明劲力，诱力化发始显奇。
学会接力卸人力，控制尚好爆发急。
练沉练整练放松，练出劲力如泉涌。
松沉撑拔劲上擎，松紧突变定能赢。
哪处接上哪处应，无需强求用七星。
推手多时感觉灵，节节控制皮毛攻。

手臂力量总有限，整体协调力无穷。
打向对方难动处，顺水推舟效能增。
懂人必须知彼已，避免得机还不攻。
练出杠杆拨撬人，四两千斤不落空。
明白粘黏与连随，太极专长要悟通。
真劲还须名师喂，功夫必须实践精。
常打常验勤磨练，各种用劲刻骨中。
反复尝试勤体验，千琢万磨境界升。
先化力头顺人劲，顺手牵羊再发力。
感觉他人微有动，抢先化打同时攻。
初级往往四肢力，渐渐学会腰腿功。
化劲各有不同味，发劲个个有特征。
学艺无涯苦作舟，登上高山更见峰。
艺不得法行路远，学而不练空谈兵。
循序渐进遵规矩，超强训练要年轻。
学艺上身始成已，举一反三又显奇。
用功还须有心计，时常拳打人不知。
神舒体静心有数，应对总在掌控中。
太极劲似好弹性，轻灵圆活整长惊。
以静制动虚幻空，阴阳虚实绵中钉。
粘黏连随化又封，千变万化巧妙精。
懂劲就是摸动静，各种劲法都适应。
不懂劲时似神奇，懂劲上身不是谜。
功夫渐进始渐通，推手经验日日丰。
神技奥妙窗户纸，功夫下到点点捅。
多年功夫刹那明，时时兴奋欢笑声。

思悟练功更有趣，针对训练功力增。

二、懂劲层次歌

懂劲高低有层次，质的飞跃没顶峰。
懂劲明白作用点，懂劲知晓哪支撑。
懂劲知道使腰腹，懂劲明白玩虚空。
懂劲知敌哪里弱，懂劲如同会用兵。
知己知彼知环境，心中有数虚实清。
懂劲使出优选法，懂劲练出拳中精。
刚懂之时感稀奇，久后才觉很普通。
懂劲必须由招熟，招熟必须勤练功。
一招练出多个劲，多劲合到一招中。
有意练来无意用，闪念身法自然应。
圈圈式式有落点，关关节节能控听。
只要对方一点动，自是落点必无空。
对方不动难借力，松紧变化诱他动。
狸猫玩鼠蛇待鹰，诱他暴露显特征。
抓住特征好下药，知道动向好用兵。
懂劲一层又一层，不懂你就悟练通。

三、太极拳练功歌

练拳无路勤为径，功夫上身对抗通。
求师访友悟真经，绝不闭门下死功。
死功难出灵活劲，对抗思悟不失宗。
狠下功夫不退缩，脚踏实地攀高峰。
熟能生巧千万遍，万遍不离对抗精。

年年月月时时功，练柔练化练进攻。
练松练沉练变易，练气练意练觉听。
练快练慢练刚柔，练稳练活练轻灵。
练重练轻练虚空，练形练意练神明。
行住坐卧都想着，不知不觉功夫增。
练功需要长时间，功夫上身境界升。
苦练巧练勤改进，投师访友多交流。
过程验经多提炼，明师点睛要当先。
功夫深化人增智，眼明手快身步灵。
松活弹抖劲力整，时时琢磨经验丰。

四、太极推手作用歌

推手招法不含糊，检验拳架校正误。
引化拿发见分晓，训练懂劲不可少。
虽名推手乃搭手，全身上下皆是手。
听劲感知力虚实，顺势借力妙无穷。
身肢灵觉听消息，掌握方寸与空隙。
举手投足皆随目，训练细腻心有数。
心意到处全似手，随机发放处处有。
劲源接地巧又妙，随意攻防少不了。
妙因身步都到位，精是多年功到位。
初推常思想一点，功深处处都兼顾。
推出轻松悟懂劲，推到明白功夫成。
推手形式虽多样，随心所欲显发放。
越推身体越健康，越推功夫越高强。

五、太极弹性发劲歌

太极拳啊太极拳，经常借力打反弹。
反弹需要内劲足，哼哈神力如箭簇。
借力打力实不易，以退为进更为难。
顺手牵羊处处有，凌空发放劲抖擞。
处处弹簧接触点，哪方来力朝哪还。
时时处处都借力，哼哈之瞬亦粘黏。
身体松沉脚跟端，把人来力向地传。
身如弹簧被压缩，随人力尾合拍弹。
力点压我后脚跟，发机不后也不前。
早一丁点则会顶，晚一刹那身后悬。
有后之时必有前，好似杠杆跷跷板。
托我肘时手头进，推我右边左侧掀。
堵我手时用进肘，顺去受阻变横拦。
推手好似齿轮转，遇凸曲收遇凹填。
过硬容易刚碰顶，过软容易缩一团。
又有刚时又有绵，刚柔互济推不难。

六、太极拳练练歌

练拳练身练肌筋，练气练性又练心。
心是思维心是令，发落点对心相应。
用心练拳好懂劲，心中有数作用深。
接手不怕力量大，就怕顶撞不会化。
拳打万遍身自然，身手矫健不待言。

身心急毒称上策，随机应变必胜人。
练到心心皆忘我，自然崩弹是体全。

七、太极拳掤字歌

掤字首见太极拳，从头至尾都贯穿。
古代是指箭壶盖，现代太极为专爱。
拳中表示独特意，掤撑掤胀掤拦截。
掤架掤发掤控制，掤粘掤黏掤连随。
掤圆掤方掤虚实，掤攻掤击掤人跌。
掤字读兵又读捧，意作绷时又可堋。
捧端捧起寓膨胀，遇力不扁不怕撞。
掤为碰时做碰撞，作为抨劲更刚强。
碰人手臂牵人根，打人空飘追人魂。
掤劲难住众好汉，不练对抗难体验。
掤是柔韧弹性强，时时对抗不用忙。
对抗实战上功快，掤劲上身不奇怪。

八、太极拳发劲歌

太极拳法尚发劲，松紧突变心相印。
行于指掌向外展，粘化发打一气显。
得机多在静中求，打人随意不发愁。
打准重心随手倒，稳准脆快不轻饶。
打人重心玩技巧，借力化发不让跑。
发人丈余不稀奇，引人自跌更有趣。

九、太极搭手境界歌

初学拳法重视招，变化大多在末梢。

功夫渐深形渐变，听觉感知重体验。
听人动向听力点，控人形体控腰眼。
随人所动不必撵，搭手黏住双脚管。
使人愣神难动弹，无法移动任我掀。
真正高手打人妙，敌手敢出尽借到。

十、太极套路歌

太极套路技法仓，千万招式其内装。
防前打后迎左右，闪展腾挪迎八方。
熟练套路拆招练，求得应用是体全。
千般招数一攻守，百家身势一弛张。
推手知人验彼已，知境从来没有疆。
套路练出身法巧，套路练来人健康。
南拳北腿东西棍，拳械齐练手脚运。
练拳好像老烧酒，陈酿逾久不走香。
俗语慢工出巧匠，各个环节不用慌。
学会架子拆招使，练到圆活打出方。
只练套路不可取，套路仅是空皮囊。
实用套路哪家拳，练打结合是真传。

十一、太极拳放松歌

太极身法讲中正，中正才能求体用。
腕松肘松肩膀松，虚胸实腹坐如钟。
以内引外求放松，聚整由脚往上擎。
松到圆活不受力，松到不为人支撑。
三尺罗衣挂树上，顶头悬起虚灵藏。
竖项顺脊尾闾正，拔背两肾略后撑。

松到身法如忘我，松到体内中气腾。
松到九曲气流畅，松到涌泉皆地场。
浑身饱满不一样，指胀掌热充能量。
做到松静气腾然，脏腑舒坦自当然。
放松臂沉若装水，出劲如同喷涌泉。
松而不散妙难言，松紧转换在瞬间。
放松不是浑身软，不受来力正对点。

十二、太极拳随劲歌

太极重意不重形，重形肯定不能赢。
随人所动始由己，着力蓄积增势能。
随为不与人打别，随为跟上主动从。
随中摸准人力脉，随走顺化随人停。
随为知人隐藏己，随一程时看一程。
欲随人时己先松，有力不能力过盈。
随须转换先天力，随须修炼后天形。
可见小儿握物手，有意无意咬紧绳。
此握还是先天劲，如此挖掘先天能。
随人纠缠粘黏人，使人打我手难腾。
随使对手只顾躲，随使对手自难应。
随逼对方不敢动，随到对方不能停。
随手发出拿回来，随心所欲步神明。
随着水路爬大山，顺着风浪不怕险。
随势控鸟不易飞，粘连黏随轻灵对。

十三、太极功夫挫磨歌

太极拳法尽巧着，巧着尽是功夫磨。

磨到挒出千斤力，磨到一力也不驮。
推挫转磨查感觉，磨拳擦掌磨手搏。
磨长筋膜不怕抻，磨平突凹不觉硌。
磨去棱角转动快，磨出沟槽磨出辙。
磨师磨友磨徒弟，磨快磨慢磨挫锉。
平磨竖磨膛线磨，磨出死式再磨活。
磨骨磨肉磨皮毛，磨到深厚磨浅薄。
磨炼意志磨脾气，磨劲磨法磨口舌。
脚下磨出梅花坑，手掌磨拧杆子折。
折磨琢磨如着魔，磨到散开一块合。
宝剑锋从磨砺出，人生多从磨难活。
磨是体验磨是练，磨是玉石在雕琢。
磨出拳技成神手，磨难九九成仙佛。

十四、太极拳玩味歌

太极劲道难琢磨，核心仍是腰髋活。
随身进退有尺寸，行功沉稳寓腾挪。
沉肩坠肘护腹肋，手臂应用如龙蛇。
浑身上下整如铁，放松一力也不驮。
动如江河滔滔水，静似金刚如卧佛。
身肢运行多为圈，身手协调内外合。
长期训练熟生巧，听探化发能掌握。
恰逢时机必要用，感觉灵敏推琢磨。
挒腕舒指手如棉，展指坚如锥子戳。
粘黏化圈虚实变，招手诱敌入我壳。
长劲涌人停不下，短打瞬间一哆嗦。
省力全在玩杠杆，巧拨千斤是妙着。

十五、太极拳招式歌

太极起势一抬手，技击应对啥都有。
进前退后半步走，守也攻时攻也守。
龙蛇之臂如鞭子，脚若生根腰似柳。
身法真动不见动，螺旋之劲不见扭。
从有到无是真无，从无到有是真有。
形清清时味浓浓，好似陈年老烧酒。
若是朋友来兴致，不防伸手尝一口。
一招确有多种劲，多劲融汇一搭手。
一杯两杯品品香，过量好汉也出丑。
若是同门对脾气，不防回家送一篓。

十六、太极自然歌

乾转坤移轨迹圆，太极运行很自然。
分分合合一规律，事事物物刚与绵。
对立统一本一体，法则亦适太极拳。
人身本来出天然，一动一静俱浑然。
有圆之时不识圆，却要后天再练拳。
初学乍练不似圆，手舞足蹈不自然。
学成规矩运方圆，自始至终形规范。
有无相生循规律，虚实实虚紧相连。
转来送去是必然，反璞归真先天还。
阴为柔时阳为刚，攻为方时守为圆。
规矩之中很随便，随形就势尺寸严。
常悟之时好练功，分清虚实好用拳。

常年练习增功力，自然练成功夫拳。

十七、太极拿法技巧歌

若遇缠腕顺势走，拧卷顺绽我也有。
指尖被握松臂手，握拳松肩反打肘。
怀中抱月捌手技，吃啥还啥不稀奇。
腕练柔韧转角大，筋长半指不害怕。
以身拿指不费力，击此拿彼显绝技。
以劲拿力比较巧，以人拿人是技巧。
强处对弱大对小，坚决消灭不让跑。
拿无分寸勿轻使，拿哪也要分清楚。
拿根敏感拿咽死，牵顺一发扑地跐。
推手粘腕拿人力，使人一身不由己。
防人跑时勾绊挤，顺水推舟显奇技。
太极发人最巧妙，顺势借力首为要。
巧拿不如拙笨打，精神振奋威猛要。
该出手时就出手，不知详情不动手。
轻敌一时终悔恨，失手一下丢名分。
艺浅受制受欺凌，心服口服才叫赢。
点到为止谁能让，冲拳飞腿势难挡。
逢事三思再成行，出名之时难安宁。

十八、太极拳动静歌

太极拳法讲动静，顺势借力巧取胜。
静中触动动犹静，诱人往我掌中送。
极静臂膀极松灵，极静身法极中正。

极静无有方向性，不显竖来不显横。
不动之时不乱形，急动之时无隙缝。
动静虚实听反应，意图叫人搞不定。
静中听劲极其准，发劲打人狠又恨。
不动要逼人先动，随人所动发手竟。

卷九

承架当代传人

功深铸丰碑　德高传万代

——纪念父亲侯春秀诞辰102周年

侯转运

今年农历10月4日，是我的父亲侯春秀诞辰102周年纪念日。今天，我和自己家里的弟兄姐妹们以及一起学拳的师兄弟们，还有下一代的弟子们，济济一堂，在这里共同缅怀父亲的生平业迹，追忆父亲当年走过的人生道路，继承父亲的文化精神，把父亲对我们的谆谆教诲化为发扬光大太极拳文化的实际行动。方不负他老人家的殷殷企盼和临终嘱托。

父亲生长于清末到民国的战乱年代，从小目睹社会的黑暗与人民生活的贫困，决心习武，强身健体，防敌御敌。17岁时即拜武当赵堡承架太极拳第十二代宗师张敬芝先生为师，学习太极功夫，起早贪黑，刻苦锻炼，细心揣摩，反复实践。随师习武多年，尽得真传。父亲继承了中国古代以来尊师重道的优良传统，在张敬芝先生年事日高时，整整三年，朝夕陪伴，深得张敬芝先生的感动与器重，于临终前将太极拳之秘诀全盘托出。父亲继承师业，发扬光大，最终成为武当赵堡承架太极拳一代宗师。抗战期间，为避战乱，父亲离开家乡赵堡镇，辗转来到陕西，先到宝鸡，后又定居西安。数十年来，父亲精研太极拳，精益求精，勤练不辍，在太极拳功夫造诣上已达出神入化、炉火纯青之上乘境界，与各门派武林同道切磋武功，从未失败过。父亲为人正派、谦虚，深得武林各界人士的推崇与敬重。自20世纪50年代以来，父亲打破过去秘而不传的门规，面向社会公开教拳。三十多年来，不辞劳苦，社会各界受惠者无数，为传播太极拳做出了重大贡献。

父亲太极功夫最大的特点有三点。第一，是他的腰部已经练到仿佛一个万向旋转的陀螺一般的境界，任何外力袭来，可随意旋转而不受力，在瞬间化解一切外力。同时在任何情况下自身整体身形不背势，只要腰部略微转动，立刻扭转一切背势而使自己永远立于不败之地。第二，父亲的手掌整体略微外倾，与人搭手，对方即感到一种压力在无形中绵绵而来，随手于瞬间採人手指、手腕、关节、肘肩，随心所欲，无人能逃，一招制敌，百採百中。第三，父亲整体身形发动之快，可谓电光石火，迅疾异常，真正做到了“彼不动，己不动；彼微动，己先动”，后发而先至，发敌于无形的境界。从而奠定了在中国大西北“一侯二郑”的太极拳界泰山北斗的崇高地位。父亲与武当赵堡太极拳另外两位杰出的传人郑伯英、郑悟清共同打造了中国武当赵堡太极拳在西北地区的根据地，从而使武当赵堡太极拳从湖北武当山到河南温县赵堡镇，再由赵堡镇到西安市，最终落脚在西安市，使古都西安成为中国太极拳真正的大本营。

泰山北斗德高望重，功夫精深威名远扬。由于父亲在武术界的巨大影响，1974年时，日本武术代表团就由松田隆智先生率领到西安专程拜访父亲，并为父亲的拳架录了像。1982年西安市在为支援陕北陕南的赈灾义演中，西安市武协特邀父亲登场表演太极功夫，曾经轰动一时。1984年，市武协挖掘整理民间武术遗产，由西安体育学院耿鸿鹏教授亲自为父亲的拳架与推手拍了录像，留下了宝贵的文献资料。

打破门户之见，博采众家之长。父亲一生主张武林各门派不应闭关自守，夜郎自大，而应该打破门户之见，互相学习，取长补短。为此，他经常主动登门拜访，和西安武术界各家保持着密切的联系，如郑伯英、郑悟清、焦明德、悟柄杰、李秀桐等名家都是父亲生前好友。这体现了父亲谦逊谨慎、虚怀若谷的博大胸怀。同时，对于别门别派的下一代弟子，凡来求教者，父亲一律热情接待，细心指点。如对郑悟清介绍来的诸多弟子，父亲从功理功法，一招一式上详加指导，使他们的拳技功夫有了突飞猛进的进步，其中佼佼者有刘玉英、泉会景、徐效昌、刘瑞、李随成、宋蕴华、张四群、吴本忠、郭大军、段红良等人。今天，刘瑞、李随成、宋蕴华等人已成为西安地区太极拳界的重要人物，他们的影响已遍及中国香港、澳门和新加坡等地区及国家。

刘瑞等人对父亲的武功与人格精神都非常敬佩，在“文革”后期那段供应紧张、生活水平较低的时代，刘瑞每月给父亲买几斤白糖送来，其他的弟子们也都是如此，表达了后学弟子对父亲的尊重。

在我10岁以后，我记得刘瑞、李随成等师兄们经常带我去南门一块儿练拳，有时去大雁塔摆场子练功。在我的印象中，他们在谈论到父亲时都表现得十分虔诚与尊重。有一次李随成说：“我在侯老师这儿确实学到了太极拳的真谛。”

父亲去世时，在西安市东一路举办了隆重的悼念大会，父亲的生前好友和弟子们以及李随成、宋蕴华与下一代弟子们一齐赶来悼唁。那时刘瑞与我的姐夫王喜元在广州，得知消息后立即赶回西安，后来来到父亲坟前，哭拜在地。

父亲的这种人格精神极大地影响了我，我和刘瑞、李随成、宋蕴华等人一直保持着密切的联系。自20世纪70年代以来，宋蕴华的好几位弟子都是由我代教太极功夫。

2005年10月，山西运城地区通背拳掌门人岳剑峰来到西安，我与他共同回忆了当年他来西安向父亲学拳的情景，岳剑峰先生紧紧握住我的手说："你一定要把父亲传下来的太极拳继续发扬光大。"

今天，在各位师兄的帮助下，在弟兄姐妹们的共同努力下，在社会各界武术爱好者的支持下，侯春秀拳法研究会、侯春秀太极拳推广发展中心组建起来了。兴庆公园北码头兴庆湖畔，穿着印有"侯春秀太极拳"服装的练功队伍日渐扩大，父亲的太极拳事业后继有人，兴旺发达。

父亲，你的在天之灵一定会得到安慰的。在改革开放的新时代，侯春秀太极拳一定能够为广大群众防治疾病、强身健体、开展全民健身运动，起到巨大的推动作用，一定能为防身御敌、提高我国的武术搏击水平起到巨大的促进作用，一定能使古老的中国太极文化重新复兴，走向世界，为构建和谐中国、和谐世界的人类伟大事业做出自己的贡献！

2006年11月25日

一代太极拳大师侯转运先生

中国的太极拳自六百年前由武当派张三丰祖师集中国功夫之大成而完善并流传之后，代代传人，连绵不绝。

侯转运先生祖籍河南省温县赵堡镇，是武当传统承架太极拳第十三代传人侯春秀的三儿子。侯春秀作为一代太极拳宗师，身怀绝技，是张三丰武当传统太极拳承架的正宗传人。抗日战争时期，因避战乱，侯春秀携家人辗转来到西安。侯春秀先师在中国太极拳史上的伟大功劳，是把在民间秘密隐藏六百年的武当传统承架太极拳第一次公诸于世，使世人得以窥见张三丰武当传统太极拳的原本风貌，同时也使得中国太极拳的大本营由河南温县赵堡镇转移到了西安市。

一、侯转运先生的成长经历

1957年8月，侯转运先生出生于西安，并成长于这个太极拳兴旺发达的时代。他目睹父亲惊世骇俗的太极功夫，决心继承父业，学到真本事，把太极拳事业发扬光大，为民造福。在其父亲手把手的严格教授下，侯转运先生从小就全面学习武当传统承架太极拳，每日坚持习练，三十多年来不分寒暑，未敢懈怠。由于他勤学苦练，再加上得天独厚的严传家教，因而尽得其父真传，从拳架、推手、散打诸方面全面继承了武当传统承架太极拳功法的真谛。

侯先生从小就随其父亲侯春秀习练太极拳。那时他上小学一二年级，练拳的地方在西安革命公园。在侯先生的记忆中，当时跟其父亲学拳的有刘玉英、张玉亮、黄江天、侯建国、王喜元、史振义、毛桃、火鸡等十几个人。20世纪70年代后，跟其父亲学拳的有权惠敬、徐孝昌、岳剑峰、郭宗发、王建、党建民、刘瑞、李随成、李双印、魏富金、廖振翔、刘会峙、李宗有、张顺林、张长林、林泉宝、裴国强、秋保平、罗及午、王德信、赵策、刘晓凯等人。

到13岁时，也就是20世纪70年代初，他经常跟随其父亲的学生一起去大雁塔看摆场子。所谓摆场子就是当时西安所有练拳的老师、学生，每逢星期天上午8点去大雁塔进行大比武，各门派的各拳种都在这里展示表演。当时经常带侯先生去大雁塔看摆场子的有陈志生、郭宗发、王建、党建民、郭虎、孙子生等。他们经常让侯先生在场子里表演太极拳，并与其他门派交流技击、推手技术等。此外侯先生还经常和他们去南门、新城广场、兴庆公园、北门等练拳人多的地方去看练拳，拜访武林前辈，结识武林名流人士，并与各门派交流技击、推手技术，还一起练拳架、谈拳。

同时，侯先生还向他父亲的学生们学习其他拳术。陈志生、郭宗发、王建他们原来是练陕西红拳的，郭虎、孙子生原来是练梅花拳的，由于他们又跟侯先生的父亲侯春秀先师学练太极拳，所以侯先生就有了学习其他拳术的良好条件。他向师兄们学了陕西的炮捶、翻子，还有棍术对练、双人对打等，同时他还和他的师兄们在一起推手，磨练实战技术。他15岁时就已能熟练地与成人进行推手对抗。

其父侯春秀先师在20世纪70年代去咸阳传授太极拳时，经常带他同去。当时他和父亲就住在张长林、朱君堂家里，后来住在裴国强家。这段时间的教拳实践为他后来的太极拳教学活动打下了基础。

20世纪80年代初，侯转运先生即在西安东门外开始授徒教学，同时与武林各门派人士进行实战搏击切磋，取长补短，提高自己。由于注重实战，侯转运先生的太极功夫日渐提高，终于达到了炉火纯青的上乘境界。

1980年，侯先生家从东六路搬至东一路75号，因距东门很近，侯春秀先师的授拳地点也就从革命公园换到了东门外的环城公园。每天晚上侯先生随其父一起教拳，在协助父亲教拳的同时，他自己也开始招收弟子和学生。这一时期的学生有赵洪宾、付宾、王洪恩、李刚、刘松普、陈根生等，侯先生每晚带他们在环城公园练拳，教授他们拳架和推手。

这一时期经常有人来切磋拳技。如在1984年9月一天晚上，侯转运先生和弟子、学生正在练推手，西安看守所武警林子英来到这里，他提出要与侯先生切磋一下。当他与侯先生搭手之后，侯先生用太极擒拿和摔法将他摔了几个跟斗，然后，他又与侯先生的几个学生切磋，也没有胜过他们。最后他说："这种太极拳，我没有见过。"从那以后，他在每个周末的晚上都来找侯先生谈拳、请教，后来，他们就成了朋友。

侯转运先生十分关心社会、关心民间、关心祖国文化遗产的保护，他跟随父亲侯春秀先师多次参加各种社会公益活动。

1976年，唐山地震，侯先生随其父参加了当时的西安市政府举办的赈灾义演活动。义演活动在西安市体育场举行，侯春秀先师表演武当太极拳架，侯先生和王喜元一起表演太极推手。1980年6月，侯先生随其父又参加了陕西省武术协会举办的民间武术家义演活动，支援灾区建设，体现了侯春秀先师和侯先生对灾区人民的拳拳仁爱之心。

1983年5月，武当赵堡太极拳研究会成立。在成立大会上，侯先生和裴国强一起进行了推手表演，为武当赵堡太极拳研究会的成立增辉添色。

1984年10月，为了深入挖掘和保留民间传统武术，中华武术总会民间武术挖掘整理小组由耿宏鹏任组长，对武当传统承架太极拳进行保护、挖掘和整理，对拳架、推手等内容进行影像拍摄。侯春秀先师带领侯转运、王喜元、侯玉娥和刘晓凯进行了拳架和推手表演，使武当传统承架太极拳第一次有了影像资料的保存，为中华优秀文化传统的继承和发扬做出了重大贡献。

黄江天、刘会峙、赵策、刘晓凯、王德信、魏富金、罗及午、裴国强等，他们对侯春秀先师特别孝道，在侯春秀先师有病时，他们轮流守夜伺候。1985年3月8日，侯先生的父亲，一代太极拳宗师侯春秀去世。当时侯春秀先师的入室弟子、再传弟子、学生、拳界好友都来参加了追悼会。侯春秀先师去世后，他的入室弟子经常来看望侯春秀先师的夫人，直到她2000年1月2日过世，大家在办完丧事安葬后才都离去。

二、开始肩负传播太极拳的重任

自侯春秀先师去世后，侯转运先生就担任起传播武当传统承架太极拳的重任，这时他经常在东门外环城公园和市第三中学操场教授弟子及学生。在这一时期，有两位知识人士成为了侯转运先生的入室弟子，对推动太极拳的传播起到了很大的作用。一位是西安外国语大学的艾光明先生，另一位是西北大学的吴江先生。

侯先生和艾光明是1985年在兴庆公园认识的。艾光明是西安外语学院的副教授，特别喜欢中国传统文化，如周易、气功及传统武术。他以前跟一位道长学过太极内功八式等，通过与侯先生交手，认识到了武当传统承架太极拳的技击特性和作用，并且他与侯先生在一起交谈甚为投机，从而他决心跟随侯先生学拳，随后递帖拜师，成为了侯先生的入室弟子。同时期还有张伯友成为了侯先生的弟子。之后，艾光明联系了陕西省气功学会，所以侯先生经常在玉祥门省气功学会大礼堂和省军区干休所大礼堂做太极拳报告会及交流会。

1991年，在省气功学会做报告和交流时，吴江看到了侯先生和弟子张伯友的推手表演。报告会结束时，吴江向侯先生介绍了他自身的情况，他是西北大学的副教授，特别喜欢中国传统武术，他当时练的是形意、八卦和陈式太极拳等。会后大家一起去侯先生家座谈，在侯先生家里，他们一起谈论、交流太极拳的推手和技击，气氛热烈，吴江当时表示愿意拜侯先生为师。后来经过跟侯先生几个月的太极拳学习，侯先生从各方面了解了他，才决定收他为入室弟子。当时递帖拜师的还有朱小丽、郭东升、侯宪君，跟侯先生学拳的学生则有张银生、何建西、王东亮等。

之后，吴江与西北大学习武会联系，侯转运先生和弟子们在那里举行了一次太极拳报告会和推手演练。报告会结束后，习武会会长张金国和他的几位同学，找侯先生来交流切磋，被侯先生折服，张金国一定让侯老师在西北大学长期开班。就这样，侯先生开始在西北大学开班传授太极拳。在开班期间，递帖拜师的有薛益民、张金国、黄青峰、纪凡。在西北大学开班后，同学们一致反映学习效果很好，因而侯转运先生被西北大学习武会聘任为习武会顾问兼太极拳总教练。

侯转运先生随后又被西安交通大学武术总会秘书长陈庆悦邀

请前去做报告和交流会。在学生大礼堂来听报告的人很多，很多学生都站在走廊里听。当时和侯先生一道去举行报告交流会的人有王长庚、李延庆、弟子艾光明和吴江。在报告会上，侯先生给同学们做了太极拳实战演练，当时还有几位同学上台与侯先生切磋，被侯先生在台上折服，台下同学对侯先生的太极功夫非常认同并受到鼓舞。报告会结束后，武术总会在校体育场内举办太极拳学习班，报名的人数达到数百人，当时校报来了多名记者对此事做了报道，这是西安交通大学建校以来学习太极拳人数最多的一次。侯转运先生被西安交通大学武术总会聘为武术总会名誉会长。

在西安交通大学开班时，陕西机械学院（现西安理工大学）武术协会几位同学来交通大学与侯先生联系，邀请侯先生去他们学校做报告会和开办太极拳学习班。侯转运先生随后在机械学院也开办起了太极拳学习班，后被陕西省机械学院武术协会聘为武术协会名誉会长兼武术总教练。在这段时间里，侯先生和弟子艾光明还被西北农业大学气功协会邀请前去做过报告会。之后侯转运先生被陕西省第五届高等院校大学生武术邀请赛聘为大会名誉主席。

三、太极功夫在散手实战中的体现

1992年春，侯转运先生在兴庆公园三八林给张银生、艾光明、朱小利等弟子传授太极拳时，来了一位年龄在20多岁的小伙，他自称是在公安局工作的一位司机，特别喜欢武术散打，已经练习多年。他提出想和侯先生交流一下，侯先生让他随意出拳，他一记右直拳迅猛地向侯先生左脸击来，只见侯先生出左手将对方来拳挡于左臂之外，同时身体向前，屈左肘直击，正中对方胸部，他仰面倒地，半天爬不起来。侯先生一招制敌，令对方佩服不已。

1995年夏，西安市东郊一位练了多年功力拳的王姓武师慕名前来切磋。但见这位王师傅双拳上下翻飞，攻势凌厉异常。侯先生只进不退，在间不容发之际避过对方来拳，一记右摆拳，击在王师傅的左脖颈，王师傅应声倒地。起身之后，连声“惭愧”，他多年苦练的硬功夫，罕逢对手，今天不曾想如此一招就落败，真是天外有天啊。

1996年夏，来自德国柏林的迈克尔先生经人引荐见到了侯转运先生。迈克尔先生曾取得过德国自由搏击竞赛优异成绩。他的直拳、摆拳、勾拳、侧踢、左右旋踢等均十分熟练到位，且身高力猛，故而其十分自信。在侯先生家中，侯先生让迈克尔随意出手，迈克尔就一个右直拳随身而进，直奔侯先生面门而来。侯先生则迅即上右步并左侧身，同时右拳击打在迈克尔的右臂上，将迈克尔的右直拳击打在外。侯先生并未停止，右手以拳背砸向迈克尔的额头，如电光石火一般，迈克尔的头部中了一拳，他不由自主倒退了一步，但其反应很快，迅即起右腿向侯先生踢来。侯先生随即身体右转，双掌齐出，推在迈克尔的腿部，迈克尔站立不住，砰然摔倒在地。迈克尔站起后双手抱拳，连声说道：“中国功夫，太好了！”深表心悦诚服。

2001年夏，侯转运先生正在兴庆公园沉香亭和袁光年、宋蕴华、刘天才等拳友聊天时，来了一位身高一米八左右的外地人，年龄大约40岁左右。他自称来自山东，爱好武术太极拳，曾多次听说西安赵堡太极拳有一位侯转运老师的太极拳法不错，来西安出差，借这次机会想认识和拜访一下侯老师。几个拳友告诉他，这位就是你要找的侯老师。当时他很惊喜地上前和侯先生握手，并说今天很荣幸能够见到侯老师。随后侯先生和他谈起了太极拳的拳理、拳技，他听完后提出想和侯先生推手，侯先生当时很高兴地就答应了。在推手时，他刚想用劲就被侯先生一个返折叠劲将他摔倒在地。他从地上起来后，感到整个右手臂都很疼痛，不禁从内心而感折服。这位山东大汉连声说："没想到侯老师的太极劲道如此神速。"

四、全身心地致力于太极拳的教学推广

侯先生从不摆架子，他平易近人，对每一位来访者都热情接待，就像对待多年的朋友一样。他诙谐幽默，谈笑风生，使每个人都感到心情舒畅，相互之间都畅所欲言。大家既佩服侯先生的高超上乘武功，又为他的谦逊、开朗、诙谐的性格魅力所倾倒。侯先生在教拳中，能够以非常通俗的语言和浅显形象的比喻来解释说明拳架及推手的动作，令学者觉得生动而亲切，形象而易懂。因此多年来跟从侯先生学习太极拳者纷纷不断，侯先生总是耐心指导，使从学者学有所成。他常说："让每一个学生都能学到真东西，让他们确实感到有所收获，这就是我的最大心愿。"

二十多年来，侯转运先生以西安为大本营，在全国各地广泛传播太极拳，而今弟子已遍布海内外，有来自加拿大、澳大利亚、德国、日本、新加坡、韩国等国家的太极拳武术爱好者，也有来自包括北京、天津、长春、哈尔滨、成都、广东、广西、福建、山东、山西、陕西、浙江、新疆等全国各地的太极拳武术爱好者。至今慕名前来学习者仍接连不断，侯先生的弟子可谓桃李满天下。

侯先生精湛的太极拳功夫和事迹日益为社会各界人士所传

扬，《中国太极拳大辞典》《华夏名人录》《三秦名人录》《武当》《气功与健康》、西安广播电台等以及国内外多家传媒曾多次予以刊载、宣传和报道，慕名前来访问者络绎不绝，侯转运先生均予以热情接待，相互切磋并给予指导，深受广大太极拳爱好者的推崇与尊敬。侯转运先生曾经被省内外武术团体聘为西安市武术协会委员、武术教练，陕西省高等院校科技开发集团智能研究所首席顾问，西安气功武术馆馆长兼总教练，唐都武术馆顾问，西安中国太极拳研究会会长，西安东方气功学校副校长，广东惠阳太极拳研究服务中心理事长兼总教练，陕西省气功抗癌康复中心副理事长，陕西省癌症患者俱乐部副主任，华山秘功研究组特邀研究员，并且许多单位特邀聘请侯先生任名誉会长、顾问或客座教授。

2006年1月，厦门康宝莱生物工程有限公司负责人邀请侯转运先生前去公司传授太极拳；2006年陕西省仿生医学研究院特聘请侯转运先生为“康复保健中心”主任。

2006年5月西安外国语大学太极拳协会邀请侯转运先生前去开办太极拳学习班，同时被聘请为西安外国语大学太极拳协会名誉会长兼总教练；同年在陕西广播电视大学武术协会的邀请下，侯转运先生前去该校开办太极拳学习班，同时被聘请为陕西广播电视大学武术协会名誉会长兼总教练。

2006年9月，由侯转运先生亲自主持，和弟子一起创办了中国侯氏太极拳推广发展中心，本中心是推广传播武当传统太极拳的专业教学、培训机构。同时又创办了中洲武当太极学社，由数名太极名家主持太极文化专业研修会，开设“太极拳理论”“易经”“道德经”等理论课程，定期举办学术交流活动。

2007年3月，侯转运先生应香港“回归杯”第五届国际武术节邀请，率团参加“回归杯”第五届香港国际武术节，荣获一金二银二铜及优秀奖三名。

2007年5月12日至21日，侯氏太极拳推广发展中心接受主办单位陕西省国土资源厅、陕西省人民政府参事室聘请，由侯转运先生担任安保部部长，承担由陕西省观赏石协会承办的“2007西安奇石博览会”安全保障工作，因圆满完成任务而受到聘请单位的高度称赞。

2007年6月，中华武术总会开展组织整理优秀民间传统武术活动，武当传统太极拳经由侯转运先生讲解演示，由俏佳人文化传播有限公司制作出《武当赵堡承架三合一太极拳》光碟一套，包括《侯春秀赵堡太极拳法》《推手技法》《实战应用》共3张。由齐鲁电子音像出版社出版，经全国新华书店统一发行。

五、侯转运先生的高深太极功夫

（一）对拳架运用熟练到位

武当传统承架太极拳共计75式动作，侯转运先生对每式动作的理解与运用都达到高水平。在常人看来很平常的一个动作，经侯先生解释和运用，立刻变成了凌厉的杀招，一旦运用，令人心惊胆寒。甚至就连“起势”“收势”这些被一般人认为没有什么技击功能的动作，在侯先生那里都成了高水平的技击手段，真是令人匪夷所思。侯转运先生可以在推手与实战搏击中随心所欲地运用75式中的任何一式，并且招招制敌。

（二）浑厚的太极整体内力

经过三十多年的不间断修炼，侯转运先生的太极内功已达整体浑厚之境界。随意一个动作，都是一动百动，显示出和合凝聚的整体内劲；随意一个姿势，都是棉里裹铁，体现出内劲透达；不经意间的一拳一掌，均隐含雷霆万钧之意。在与人搏击时接手的一瞬间，就可内劲爆发，发人于丈外。凡与侯转运先生推手者，均感侯先生之力难以捉摸，说有就有，说无就无，瞬息变化，无踪可觅。看似毫不着力，突然坚硬如刚。侯先生在随意一个动作中，可使内力透达全身，其拳、掌、腿、脚的使用，犹如钢筋铁棍。故与侯先生进行散手搏击者，均感侯先生是“出手如红炉铁，人莫敢挨之”。

侯转运先生认为，太极内力就其本质不应该是所谓丹田之力，而应该是骨髓之力。不仅是在脊椎，而且充盈于全身筋骨之中。其内家真力来自数十年如一日的朝夕盘打的拳架训练。由于拳架训练的特点在于“松、柔”“用意不用力”“圆形、弧形运动”，故而才能达到“内敛于髓”的最终结果。侯先生由此而得出“内家功夫在骨髓而不在于丹田”的结论。正所谓：“极柔软然后极坚刚，致圆形而达内家力。”

（三）无与伦比的“闪电手”速度

侯转运先生的反应能力似乎来自于先天素质，加上他几十年的太极训练，其动作的速度达到了极其迅捷的程度。凡与之搭手者莫不惊叹其“闪电神手”。在推手中，若你要擒拿他，必被他截住；但他要拿你，你绝对跑不了。在散手搏击中，侯先生总是后发而先至，迟出而先到，使人倾跌而落败。做到了太极功夫的“彼不动，己不动；彼微动，己先动”。

当有人问到侯先生的动作速度何以如此快捷，侯先生说：“世人误以为以快速动作训练的方法方能致快，其实不然。实际上，极缓慢然后才能达到极神速，极细微然后才能有整体，极凝聚然后才能有爆发。”侯先生在练习拳架时，充分体现出缓慢、细微、凝聚，正是“反者道之动”，易道太极的相反相成的方法在这里得到了充分的体现。

（四）“落空”“放空”的“打空”战术

太极拳散手战术的根本究竟是什么？侯转运先生认为归根到底就是一个“空”字。当年侯春秀先师在总结太极拳战术应用时曾说过一句名言：“打重不如打轻，打轻不如打空。”侯转运先生从小深受“打空”思想的熏陶，对“空”有独特的理解，并体现在推手及实战的具体运用上。当对方一旦袭来，将其力瞬间化解并使其落空，即“引进落空，牵动四两拨千斤”。

“放空”的意思是，在对方感到“落空”，心中暗叫不妙时，已被借力使力，凌空抛出。跟劲好的人被“放空”之后尚可保护自己，跟劲差的人就可能受伤。由于侯先生极善于“引进落空”和“打空”，所以一般人跟侯先生推手都不敢用力。当然，在训练中侯先生都是点到为止，既能让对方感受到某种劲力的效果，又不会使其受伤。

侯先生经过多年的探索，已摸索出一套行之有效的训练方法，可在短期内使受训者掌握“放空”的战术技巧。凡受训者一旦学习掌握了这一技巧后，都感到非常的兴奋，且深感太极功夫的不可思议，其太极拳水平便达到了一个新的境界。

（五）“无招胜有招”的意念功夫

侯转运先生认为，在练拳初期，丁是丁，卯是卯，没有规矩，不成方圆。对初学者一板一眼，严格要求，扎实训练。当练到一定水平后，就开始有了一定的灵活性，这时需要举一反三，融会贯通。练到高水平后，“不求形骸似，但求神意足”。此神意者，乃是多年训练而形成的一种高度协调的自我整体感受，是一种自我生命体验的巅峰感受。这时，“借假修真”阶段已经完成，潜意识灵魂已然达到“悟真”修证阶段，一举手，一抬足，无论是对自我，还是对对手，均感洞若观火，心中自明。这时，已无所谓练，也无所谓打，练即打，打即练，打练合一；随心所欲，举手投足皆成章法；舍己从人，超越规矩，打破形式，神行合一。这时，无招胜有招，无限胜有限，从而臻于太极功夫“拳无拳，意无意，无意之中见真意”的上乘境界。

六、结语

侯转运先生的太极功夫达到了出神入化、炉火纯青的高级水平，已成为中国太极拳的新一代宗师。

今天，为能够造福于更多的百姓，为使各界人士都能因习练太极拳而具有健康的体魄，并由此能够更深切地体会、理解并应用博大精深的中华优秀文化，侯转运先生亲自主持成立了侯氏太极拳会，向社会各界推广普及武当传统承架太极拳，以继承张三丰祖师、王宗岳、侯春秀等历代宗师的一脉传承，并将引领着太极拳事业的继续蓬勃发展，使太极拳在中国和世界上得到更大的发扬和传播。

这正是：祖师回眸应笑慰，擎旗自有后来人。

本篇摘自《中国侯氏太极拳网》

一心扑在太极拳事业上的人

——记武当赵堡太极拳第十四代传人刘会峙先生

李万斌

公元1986年10月30日晚，湖北省丹江口市体育场灯火辉煌，人山人海。偌大个灯光球场门前已被人流挤得水泄不通，原来“特邀全国部分省市武术家和在庙道人来丹表演”正在此隆重举行，故而轰动了丹江口市的各界人士和群众纷纷前来观赏，使这个新建的现代大型体育场热闹非常。应邀参加表演的有：著名老武术家、老红军、陕西省武协主席刘侠僧，老武术家、武当火龙八卦掌传人、93岁高龄的吕紫剑，武当在庙道人、85岁高龄的气功大师朱诚德……他们都是幼小习武，均有数十年的深厚纯清的功夫和精湛的技艺，深受广大群众的欢迎与赞扬。

特别引人注目的是最后登场的一老一少。先是太极推手，老者用武当太极秘传的绝妙腿法和巧採妙拿之术，使得那小伙连连翻跌于丈外。其后，老人干脆也不动手脚，让那小伙子随意进击，谁能料到在那壮小伙进击的同时，只听老者“哈”的一声，那进击老人前胸的小伙像触电一样，已仰面远跌于地。当他从地上爬起，向老者背后偷袭，眼看即将得逞之际，又只听老者“哼”的一声，那壮小伙应声又被凌空掷起摔落于地面。顿时全场观众掌声雷动，盛赞长者武当太极神功，真正以静制动，暗不露形的“哼哈”二气的凌空弹放，周身一太极，无处不太极，依哪儿哪儿发之的上乘功法和奇妙之绝技。这位年近花甲的老人就是武当赵堡太极拳第十四代传人刘会峙先生。他把自己数十年如一日的勤学苦练所继承的武当太极真谛纯功和绝技首次公开表演，以奉献给生他养他的故乡。

刘老生于湖北均县青山港一个文武世家，其尊祖父刘陶安是清代的“贡生”。至今健在、年逾九十岁高龄的刘老祖母还告诉我们说，她青年时代住湖北女子师范专科时，还亲听过陶安先生的讲课哩！他老人家是桃李满乡里。刘老的四尊祖父在八十岁高龄之年若有兴致时，还时而练练武举所用的一百二十斤重的大刀哩！刘老的父亲刘仲芳也是深得武当内家拳真谛并身怀绝技而不露的内家高手，一生教书行医，布善施道。他的医术在乡里远近闻名，为广大群众救死扶伤，不辞辛劳，不记报酬，治愈过许多疑难疾病，深受乡亲们的爱戴。刘会峙先生在父辈崇文尚武精神的熏陶下，五岁即随父习文学武，练武当内家拳，转八卦，习太极十三势，站混元桩功。父亲对其学习要求极严，特别是武德的教育更重于技。常常谆谆教导说：“习武必重德，学武重练功，要德艺兼修。”在幼小时，习武打基础站桩，一站就是一炷香的工夫，因而从小就在严父的要求下，苦练下了一身扎实的基础功夫。后来他参加革命部队，在解放战争年代里，转战南北几十年，始终能保持健壮的体魄，为革命作出了有益贡献。不论在部队还是转业到陕西省文化局主管对外文化繁忙的外事工作活动中，他都未忘坚持习武和锻炼，研究气功和太极拳，故在气功和太极拳的医疗健身方面取得了很好的成效。他还以助人为乐的精神，以气功和太极拳为许多人祛病健体，解除了病痛。刘老勤奋好学，尤重德艺兼修，故而德高艺精。他更有强烈的事业心和高度的责任感，几十年如一日地发展武术运动，传艺育人，不辞辛劳。为进一步搞好挖掘、继承、整理和发扬武当内家拳，特别是古传武当太极拳的精髓和真谛，1974年，他拜武当赵堡太极拳十三代名师侯春秀为师，被侯春秀先师选为入室高足，成为十四代传人。但刘老总是谦逊地说："在知识的海洋里，个人所知总是极少极少，而不知道的却又是很多很多。何况人外有人，山外有山，天外有天哩！活到老，要学到老，在知识和群众面前，我们始终是个小学生！"刘老把自己的精力都用于弘扬民族瑰宝、努力造福人类之上了。

武当赵堡太极拳为武当张三丰所创。它讲究以意承先，因循为用，顺势借力，四两拨千斤。以柔克刚，刚柔相济，以防为主，防中寓攻。起落进退，腾闪圆转，意领身随，处处皆灵。虚领顶颈，沉肩坠肘，松腰落胯，卷尾敛臀。刻刻腰间，后突命门，对拉拔长，进有后撑。气沉丹田，循环周天，意气运转，鼓荡无间。含胸拔背，气贯周身，寓于无形，保健防身。旋转乾坤，太极功纯，出其不意，抖接入榫。分筋挫骨，节拿抓闭，分寸毫厘，切切慎用。武当授真，冷脆快狠，八法能明，归于正宗。三节九曲，阴阳奥蕴，贵在知变，动即法生。动知往返，折叠寓中，必于挫之，斯根自断，太极上乘，哼哈凌空，混元一体，处处太极。阴阳五行，七星八卦，四明八法，融会贯通。武当太极三层功，实乃为重轻空。重不如轻，轻不如空，空空洞洞悟真功。

名师出高徒，在侯先师的严传身教下，经过紧随侯师身边细盘调架子三年，站柱、盘招、推手、散手，加之他心细聪颖好学又有武功基础，循序渐进，十几年如一日地随师苦学勤研，悟通并掌握了武当赵堡太极拳的拳经、歌谱、秘诀等理论和高妙的绝技，运用起来从心所欲、恰到好处，故而深得侯先师的怜爱，成为侯先师的承徒和高足，成为武当赵堡太极拳真正的传人。在老师的口授下，刘老整理编著了《武当赵堡传统三合一太极拳》

一书，从而使这一古老而完整的瑰宝留给人民和后代。刘老练拳以意行气，以气运身，内功深厚，身法中正，不偏不倚，刚柔相济，沉稳厚浑。武当赵堡太极自古以来，以静松正稳、轻灵圆活、均匀沉缓、冷脆快狠而著称。他和人推起手来，轻灵圆活，劲道变化万端，以柔克刚，顺势借力，连招串用，巧採妙拿，抖捌弹发，含而不露，舍己从人，引进落空，使对方在无察中失掉重心而颠栽或凌空跌出丈外，真是奥妙无穷。其运用起“缠踮挑撩劈壁挂蹬”密腿八法来，真是异常自如，得心应手。其哼哈二气的凌空劲无形发放更叫人莫测高深。1985年国际武术邀请赛在西安举行期间，十六国家和地区的武林同道与西安形意八卦散手研究会三次交流，刘老曾显露过的武当太极秘传腿法绝技，受到了同道们的高度赞扬。交流会后，他们异口同声地称道：“中华武术的真谛在民间。”

刘老不仅身怀绝技，更注重于太极拳理论的研究。在太极“顺势借力、引进落空、四两拨千斤”理论的基础上，经多年的实践探索，他提出了“极限加一”的理论，从而使太极拳理论上升到了一个新的、科学的高度，为太极拳理论的发展做出了新的贡献。他又不遗余力，四处奔波，访问、考查、查阅了大量文献资料，分析、比较和研究太极拳发展史问题，解决了太极拳史中的许多疑难问题。他指出，太极拳已具六百多年的历史，实为武当丹士张三丰所创。刘老自1983年离休后，一心扑在太极拳事业上，除将他继承全面、体会深刻的武当赵堡太极拳著书立说外，还应邀为许多刊物撰写论文，如《武当》1987年一、二、三、四期和1988年第一期发表的刘老有关赵堡太极拳的文章，就受到了武术界极大的关注。他曾应邀四返武当山故里去作交流表演，特别是1987年6月盛况空前的武当武术首届擂台邀请赛，受到了行家们的称道。为了发挥自己的余热，他还担任了西安形意八卦散手研究会和西安武当赵堡太极拳研究会的副会长，以及武当山武当拳法研究会的顾问。刘老不顾年事已高，多次应聘于西安冶金建筑学院、西北工业大学、西北大学、西安交通大学等高等院校讲授太极拳史及举办武当赵堡太极拳训练班，传授武当拳法之真谛，尽力推广高校太极拳运动，增强了这些院校师生的身体健康，使古老的武当太极拳进入高等学府，使其在古城西安的教育界和知识层内开花结果，为人类造福，为发扬中华武术作出了贡献。正像他说的那样："我愿把这束武坛奇葩，具有六百多年历史的武当太极之花，盛开于祖国神州大地和世界各地。"

原载《武当》杂志1989第2期

挥毫泼墨悟太极　如痴如醉技击情

——访警官画家、武术家、赵堡太极拳奇人刘晓凯

李万斌

偶然打开电视机，一个熟悉的身影跃上了彩色银屏——他在演练武术的长拳、太极拳、推手、擒拿、散打。只见其打起长拳来快速有力，刚劲威猛；行起太极拳来却又是那么轻灵柔活，如行云流水；推起手来掤捋挤按、採挒肘靠，连环掷发，招招见功；玩起擒拿是採挒折别，手法灵活，变化万端；用起散手更是冷脆快狠，连珠炮动，令对手防不胜防——他就是我的老朋友、西安赫赫有名的警官画家、武术家、赵堡太极拳传人刘晓凯先生。

人常说："三日不见，当刮目相看。"二十多年前，当他来到我们一群专业武术运动员中间走动，欲学马氏通备武艺时，还不过是个武术爱好者，今日却有了如此惊人的进步，功夫竟练到了如此绝妙的境地，不由得使我这个所谓的"专家"肃然起敬，心头涌起一股强烈的探求欲，我一定要去拜访他，探索他练功的奥秘……

到底还是老朋友，没费多大劲我们就联系上了。电话接通没聊上几句，我就迫不及待地表明我的心意，还好，他满口答应我的采访，但由于工作较忙，只能在晨练的练功点上，边活动边聊。于是，第二天我就如约前往西安小雁塔公园（这是他多少年

如一日，坚持上班前必来此练拳的地方）。一心想早去的我，结果还是来晚了，刘先生和他的一大批弟子已开始练功了。我留了一个心眼，没有径直和刘先生照面，而是悄悄钻入人群中先进行观察。果然不出我所料，他的学法、练法、教法，使我恍然大悟，茅塞顿开。只见他边练边教，同时还口中念念有词，真是“拳不离手，诀不离口”，身临其境，融会贯通。只听见他那如滚珠似的语句，滔滔不绝，朗朗上口。我眼疾手快，即刻按下了采访机的录音键：“一要明师，二要传，三要功夫，四要拳。”“掤在两臂，捋在掌中，挤在手背，按在腰攻。採在十指，捌在两肱，肘在屈使，靠在肩胸。进在云手，退在转肱，顾在三前，盼在七星，定在中横。”“掤手两臂要圆撑，动静虚实任意攻。搭手捋开挤掌使，敌欲还着势难逞。按手用着似顾倒，二把採着不放松。来势凶猛捌手用，肘靠随时任意行。进退反侧应机走，何怕敌人艺业精。遇敌上前迫近打，顾住三前盼七星。敌人逼近来打我，闪开正中定横中。太极十三势中法，精意揣摩妙更生。”“逢手遇掤莫入盘，粘黏不离得着难。闭掤要上採捌法，二把得实急无援。按定四正隅方变，触手即占先上先。捋挤二法趁机使，肘靠攻在脚跟前。遇机得势进退走，三前七星顾盼间。周身实力意中定，听探顺化神气关。见实不上得攻手，何日功夫是体全。操练不按体中用，修到终期艺难精。”“三换二捋一挤按，搭手遇掤莫让先。柔里有刚攻不破，刚中无柔不为坚。避人攻手要採捌，力在惊弹走螺旋。趁势进取贴身肘，肩胯膝打靠为先。”“虚虚实实神会中，虚实实虚手行功。练拳不谙虚实理，枉费功夫终无成。虚攻实发掌中窍，中实不发艺难精。虚实自有虚实在，实实虚虚攻不空……”

谈起散打，刘先生更是一位神明之君。他说：“拳术讲知己知彼，随机应变。心气一发，四肢皆动。一肢动，百骨俱随。不论前后左右遇敌，未曾交手，以气当先，既入其手，勇往直冲，起手如闪电，收手如火烧。打前要顾后，打左要顾右，打上要顾下，反之亦之。操练时，面前无人似有人，交手时，面前有人如无人。拳不往空起，亦不往空落。手起足要落，足落手要起。心要占先，意要胜人。身要攻人，步要过人。总要一气相贯，手脚相合。胆颤心寒者，不能取胜。要时时操练、朝朝盘打。始而勉强，久而自然，拳术之道，就是这样。战斗时，立身要占巧地，骨节要对，不对则无力；手把要灵，不灵则生变；发手要快，不快则迟误；打手要狠，不狠则不济；脚手要活，不活则担险；存心要精，不精则受愚。对人之来势，定要审察，足踢头歪，拳打膀诈。侧身进步，伏身起发；足来提膝，拳来肘发；顺来横击，横来拳压；左来左迎，右来右接；右来左挡，左来右格；远击用手，近打用肘，挨身用靠。远用足，近用膝，贴身快用欺和逼。拳术如战斗，击其不备，袭其不意；乘击而袭，乘隙而击；虚而实之，实而虚之，避实击虚，取本为末。眼要明，脑要清，路要真，功要纯，艺要精，胆要正，手要快，心要狠。彼不动，己不动，彼微动，己先动，后发先至。不动如书生，动之如猛虎。用拳拳要卷紧，用把把要有力；上打咽喉下打阴，左右两肋中在心；双风贯耳向前进，紧跟黑虎双掏心；左右捶打紫金冠，二龙戏珠紧着跟；下打两臁并两膝，脑后一掌见真魂；满面开花要打准，选择传授于后人。上节不明，无依无宗；中节不明，浑身自空；下节不明，自己失栽；散开不明，少吉多凶；八窝不明，彼必崩冲。用重不如用轻，用轻不如用空……”

“哎！哎！刘师！刘师！你慢点说。你这快手快嘴、快身子快腿，看得我眼花僚乱，听得我头昏目眩，无法招架，你能不能慢点来呀！”我急了，冲刘先生面前这样说。“好啊！你原来在‘偷拳’啊。”刘先生也开玩笑地说。他先把我向弟子们作了介绍，随之我们就边练边聊，话入了正题。

幼习八卦　少林筑基

1953年，刘晓凯出生于河南省武陟县。从儿时记事起，就与武术结下了不解之缘。受家庭的影响，便在外祖父李耀荣的指导下，练习河南地方少林八卦捶武艺，始用于强身健体。刘先生的家传少林八卦捶，在河南武陟、温县、孟县一带颇有名气，其拳式有四大架、八小架。由于套路一般短小（每套大约20多个动作）精干（快速灵活），所以出拳刚猛，威力无比，没有花架子，非常实用。当然，除了上述拳术内容，还有诸如器械的八卦刀、八卦枪、八卦双刀、八卦双钩、锁喉钩、春秋大刀等器械，应有尽有，但都有一个共同的特点，那就是短小脆快，刚猛异常。对于八卦拳，刘先生至今演练起来，仍是“雷霆万钧，电闪雷鸣”般刚劲有力，威猛无比。20世纪60年代刘先生随母亲来到西安，不久便赶上“文化大革命”的“停课闹革命”。由于家庭成分不好，父母生怕孩子牵连受累，便又把他送回了老家外祖父身边。谁知那个时代到处都一样，都在“闹革命”，“地、富、反、坏、右”的“黑五类”谁能幸免呢？于是，他便白天陪老人上批斗会，晚上到家里，关上门，点蜡烛，在外祖父指导下和众表哥偷偷地练拳，为的是强身健体和对武术的执著追求。那个时代，习拳练武是一件非常可怕的事情，如果被造反派发觉，就会给这个黑五类家庭雪上加霜，由此可见刘先生对武术的痴迷程度。不但如此，在日后的多个寒暑假，刘先生都从不间断地回老家、随老人专门深造八卦拳械，这样的学习一直坚持到1972年参加工作。

东郊校艺　寻师访友

善打好斗是男儿的天性，这一点在刘先生身上亦表现得淋漓尽致。随着年龄的增长、身体的强壮和八卦捶功夫的进一步提高，已不能满足他对武术深层次的探求，他要探索武术的真谛，揭示武术技击运动的奥秘。他利用一切空余时间，四处投明师访高友，切磋武艺，交流心得。譬如，当时的西安市东郊临潼、蓝田、豁口、纺织城、灞桥、洪庆、田家湾、东关一带，练拳的人不少，这中间他通过交往，亦认识和拜访了许多武术高手，可以说几乎都访遍了，其间跟他们学了形意拳、大红拳、小红拳、燕青拳、查拳，及器械刀、枪、剑、棍和金刚圈、双刀等。他经常和他们切磋、学习、较量，以校正自己的武艺。由于刘先生个子高、力量大，又常常身穿一件红色的线衣，和一大拨武迷、跤迷摔打起来，常常获胜，有时甚至是车轮战，连战连胜，颇有名气。所以，当时常常听围观的群众说："那个穿红线衣的小伙力量好得很！"提起此，刘先生还不无感慨地说，当时的摔跤得益于自己的力量大、速度快、反应好。并且认为"不管是摔跤呀、武术呀，速度和力量占很大的优势，技巧再好，没有力量，技巧也发挥不上，没有速度和灵敏的反应，也更谈不上技巧的发挥。"能摔遍所有对手而获胜，一凭个儿高、力量大的先天本力，二靠自己习练少林八卦捶，有了较为雄厚的武术功底，也就是说根基已经较为扎实了。

为了更进一步厚积薄发，他遍访西安市的武术高手，只要别人有长处，或某一个特点适合自己，他都吸收、都学，多层次发展，综合性地武装自己，一个目的，那就是只要是有利于搏击的，他全要。譬如，当时在西安市西门里有位路师傅，精通白猿通背拳，很有名气。路师傅出身于山东国术馆，在散打方面有独到之处。他就拜他为师，练身法、练速度、练反应、练摔法等，后又拜端历门卧龙巷李曾富（李旧时任东北军张学良部武术总教官）为师学习八卦拳、形意拳，由此而精研内家武功技击术，并不断钻研和苦苦寻觅民间各家搏击技术的真谛。

高师举荐　宗师收徒

功夫不负有心人。终于有一天，在一位亲戚的引荐下，他认识了西安颇有名气的赵堡太极拳师陈秀祥老人，通过接触他发现老人的太极拳功力很好，特别是擒拿和推手功夫。他便当即拜老人为师。不到半年的时间，在陈师傅与晓凯推手的过程中，陈师突然对其说："晓凯，我已教不了你了，我引你见我的师傅，让他教吧……"没过几日，他便在陈师的带领下，拜见了客居西安东关南大街的赵堡太极拳一代宗师郑悟清老先生，说明来意，老先生便爽快地答应正式收他为徒了。

郑老宗师的功夫果然不同凡响。他老人家调架圈圈相连，小巧紧凑，身轻步灵，内功深厚，给人以潇洒自如之美感。他与人推起手来常常是"软如棉，硬似钢，滑如鱼，粘如鳔"，打起散手来，也常常是在一进步、一伸手之间，使对方如电击一般，即刻远跌而出。这一切让刘先生看在眼里，喜在心上，他想这可算是见"真佛"了，一定要好好学习，努力掌握他的打法。

郑老先生教他，一开始却犯了难，原因不为别的，只为老人在新中国成立以后，一直不敢教人实用技击，只能教人锻炼身体，否则他这个国民党黄埔军校武术教官"会吃不了兜着走"，这一点他是清楚的。但对于刘先生来讲，因为他是个警察，老人也想开了，破例每周规定时间教他打法。这样的密传大约进行了九个年头，直到老人因身体不好，年老要落叶归根回河南温县赵堡镇老家，他们之间已建立起了难分难舍的感情。就拿分别时的情景说吧，是刘先生把老人从西安火车站广场背上火车卧铺的。老人流着泪，语重心长地拉着他的手说："晓凯呀，你看我想多教你一点东西，我身体不行，要回河南，身体好点我还会回来！"搞得他们师徒垂泪而视……

通过跟郑老先生的学习，使他不管是从理论上还是从技能上，都有了非常大的进步。首先他懂得了郑先生所传的拳艺是正宗的赵堡和式架。说为啥叫和式，一是由于和兆元打拳打出了名，有了心得，成了赵堡街的一代高手。他把拳传给了他的子孙后代，在他的后代中，和庆喜使和家拳得到了广泛的传播，使之发扬广大，郑师这一代人基本都是跟和庆喜老师学的，都受益于和师。第二就是为了纪念和庆喜老师对太极拳的贡献，故大家都称他们练的拳为和式太极拳。此拳亦称"代理架"。为什么叫代理架，郑师讲"是带着道理的架"，所以才称 "代理架"。郑师并指出，赵堡有三种架式，即代理架、忽雷架和三合一架。三合一架很少见，此太极拳打法讲究"出手似闪电，收手似火烧，动手时有手不见手，动脚时山崩地裂"，实战应用极讲究"快"字。郑师讲有人说太极拳以慢打快，他说这是不对的，赵堡太极拳看似慢，实是为了练快而行慢，先慢到最快（复归缓），先柔软后极坚刚，走了两端。必须慢练，快用，由慢逐渐变快，快是最高阶段。最后，一意、一气、一力、一动都要抢到对方前头，"彼不动，已不动，彼微动，已先动"，后发先至。赵堡太极拳的最大特点是走捷径，不枉走路线，手不空出，亦不空回，总要捎带；讲究意到、步到、身到、气到、力到，即身要攻人，步要过人，意要胜人；手法连环套用，採拿是左採右採、双採单採，非常丰富。郑师教拳以柔化刚发为特点，以积极的防预为主导思想。譬如，郑师与人推手，把人打出去，定会再拉回来，就是发快手将人跌掷很远时，在力度的掌握上也会恰到好处，令对方较为舒服，绝不使对方痛苦难当或受伤，这也就是他老人家的最为高明处。

痴迷技击　投拜侯师

“集百家之所长，藏百艺于一身，博采众长，求益多师”，是刘先生渴求武学真谛的一贯准则。对于此，他常常讲学艺不要只学一家，更不能局限于一家，应该博采众长。譬如，20世纪70年代末80年代初他求教于马贤达先生努力学过马氏通备武艺，打得一手绝好的劈挂拳、翻子拳、通备剑、鞭杆、扭丝棍、通备刀、疯魔棍等，受到了马贤达先生的高度赞赏。除此他还苦练过螳螂拳、陈式太极拳、太极剑、陕西拳等，从中汲取了许许多多的养料，不断地充实自己，武装自己。刘先生还举了一个典型的例子，那就是曾在山西和西安两地赫赫有名的孙兰亭先生。孙先生可谓这方面的典范，他本来就武艺高强，并练习多家拳法，尤其玩得一手绝好的枪法和十三把鞭杆棍法，据说十三把棍法还是因与甘肃棍王王天鹏通过比武交流学来的绝技，现在西安许多会十三把鞭杆的大多是孙先生传下来的。孙又通过比武较艺，结识了赵堡太极拳家郑悟清，跟郑先生学习了赵堡太极拳并和自己掌握的其他技艺融会贯通，最后创编了一套别具特色的太极拳架，同时又吸收了赵堡郑伯英（大架）的部分特点，如此架的七寸肘打法就和郑悟清教的不一样。现在西安市南门口练陕西拳的，许多都会这套拳，大部分都是孙兰亭传下来的，和郑悟清传下来的架子有许多区别。正像郑悟清当年所说：“人家孙兰亭本身基础好，功夫好，接受东西快，能力强，又善于研究、总结完善和发展，所以，一上手人家太极功夫也就练得相当好，同时又融汇了自己的所学，结合了自己的特点。”所以成就了以“手法好，出手快”而享誉古城西安。

刘先生在广交武友、兼学百家的过程中，结识了一位博学多才、精通各家武艺的陕西拳名家陈贵才先生，并请益于他。有一次刘先生去陈先生处闲聊时，恰好陈老师好几个弟子正在练推手，孙兰亭先生的著名弟子，人称陕西武术界的“活辞典”的杨斌先生也在场。当时陈贵才老师就跟刘先生说：“晓凯！你给他们说说（推手）、玩玩。”刘先生当即就跟他们推，在推的过程中用了几个诸如採手、挤靠、高探马、白鹤亮翅、倒卷肱的打法。可在一旁的杨先生却答话了，他说：“晓凯！别看你推得这么好，跟郑先生也学得不错，我给你说，我先生（指孙兰亭）在世的时候说，西安市有个高手，高得很，不在郑先生之下！”刘先生急问：“杨兄！他是谁呀？”杨先生说：“这人就是侯老四，名字叫侯春秀，名气大得很，我老师说他都佩服人家。西安市太极拳尤其是推手，就数人家侯老师，功夫高得很，打法好得很。”说者无意，听者有心，刘先生牢记在心上。第二天他便四处打听，终于得到可靠消息说侯老先生家曾住西安市东六路。刚好他的一个亲戚就住在六路，说走便走，到了六路一打听，果然有位玩太极的侯先生。经他的一位表哥介绍，认识了侯老先生的女婿王喜元，当与王先生推手过招后，刘先生即感觉到王先生手法很巧，别具特色。他当即让王先生引荐，拜访侯先生。说起拜师，刘先生不无感慨地说：“侯老师太好了，当他答应收我为徒时，我即刻给老人下跪磕头，但老人马上把我拉起来连连说‘不兴这，不兴这’，感动得我不知说什么好。”从此刘先生在侯老先生家一直接受秘传，直到老人去世为止。

侯老先生所承拳术叫三合一太极拳。他一生不以教拳为业，大多是自娱，人很随和，可惜就是教人不多，但教出的弟子却都比较出众，特别是在技击方面。因为他除了受秘传、身怀绝技外，在技击方面的主导思想就是要求在积极的进攻中防御，是进攻、进攻、再进攻，连环不断，滔滔不绝；用招是随机应变，千变万化，只要用招就是紧追不舍，连珠炮动，不给对方喘息之机，直到将对方制服方肯罢手。他的弟子大多都继承了这一点，刘先生在这方面简直就是侯老先生的翻版。所以，在侯老先生晚年时，每当与人交流、演示，或是代表他演练三合一架及录像等，都首选刘先生。

说起侯老先生练拳，还有一段轶事。侯师祖籍河南温县赵堡镇，父亲是个乡间大夫，有一次给同村张敬芝的媳妇看好了病，同时在前去看病的过程中，发现张敬芝老人在练太极拳，他父亲闲聊时便顺口说出了自己的四儿子春秀也在练太极拳，练的是代理架，已经18岁了。张敬芝听后说："那中，我看看你孩子练得怎样。"就这样，他父亲便将张敬芝请到了家，一看，张老先生便说不中。也可能是由于治病的情分吧，张敬芝当即答应收侯春秀为徒，说："我教你我家传的拳术，叫三合一太极拳。"后来据赵堡镇的人说，张敬芝在50岁之前功夫一般，50岁之后功夫大进，有一靠制服飞奔的惊马之功，被传为佳话。侯春秀随张敬芝学拳的同时，亦跟父亲学会了医术。抗日战争爆发后，日本鬼子侵占了河南，有一次皇协军（伪军）领着端着刺刀的日本鬼子，强行要侯春秀去给他们的人看病。侯春秀哪吃这一套，能干吗？不能，他拨开鬼子的刺刀，快速地撂倒了鬼子和伪军，翻墙跑了。后到了陕西宝鸡，先做点小本生意，后因身缠一场械斗之中，他一条扁担打遍了一条街，无人敢进。那个年代，任凭他有一身武艺，宝鸡也呆不下去了，不久他便来到了西安，定居于火车站附近的西安市东六路，干起了蹬三轮、接送人、拉拉货的活儿。直到新中国成立后，也一直在三轮车工会工作，但这之前，很少有人知道他会武功。到了五六十年代，他便公开在西安火车站旁的尚德门城墙下练拳自娱。这时偏巧有一位同乡也在此练拳，本来都相安无事，但这位好事善斗的同乡却看不起他练。由于这位同乡长得人高马大，也是干力气活的，拳又练得好，人称西安赵堡架“四大金刚”之一，根本就不把他放在眼里，多次挑斗、讥讽和挖苦他，说他练得这不好，那不行。开始时，侯先生并不理会，并自谦地讲自己就是不行，是活动筋骨、锻练锻练身体，不求别的。可谁知，这位同乡就是不依不饶，再三地欺侮他，竟当着众人的面给他难看。有一天围了许多人，这位同乡还是如法炮制，使得观众都讥笑他无能、没骨气。他再也忍不下去了，便对同乡说，那好吧，我跟你过招，咱们转转吧（推手）。可谁知，这一推，这位同乡接二连三地败下阵来。从那以后，好多人都说，侯师，你练得这么好，功夫这么好，为啥不教人呀！侯师心想也对，一是自己也慢慢老了，得有人继承，二是也不至于受此等人的气。从此他才开始慢慢有选择地教人了，但还是非常谨慎。譬如，刘先生说，陈伯陈秀祥后来曾跟他说：“侯老四（侯春秀）掌握的有真东西呢！我和人家交手的时侯，一搭手，就把我打爬下了。我再问人家，人家就是不给我说（陈秀祥算是郑悟清的得力高徒，陈秀祥的功力相当好，但是那么大功力的人，在侯师跟前一招都过不去，可见侯师的功夫的确不同凡响）。侯老四确实身怀绝世武功，你一定要好好学习。”

侯老先生开始教刘先生时，就直截了当地说：“你有郑悟清先生教的代理架底子，再学我的三合一拳，我很高兴，这适合你这干公安的，讲打、讲实用，我也就主要教你这个。”所以刘先生就始终是沿着这一主导思想学练下来，也正好符合他的口味，这也许就是一种机缘吧。据刘先生讲，侯老先生的教法和郑先生的不一样，侯先生是以主动进攻为主，以进攻为防守，注重腿法和手脚相合，注重实战，一招一式紧扣实战这个主题，也就是说一切按照打法来。如他打倒卷肱，和别人不一样，是从耳朵梢子处下手，这样离肩膀近，角度小，一旦发手用招，都比较狠，使对方肩、肘、手腕多处同时疼痛难忍，并常常将对方颠起倒插，使之头朝下，脚朝上，直栽于自己脚下，会使人吓出一身冷汗。侯老先生推手发人时，一般发前必採，一採常常是採、拿、锁、扣小关节，并使用麻花劲，使对方半个身子都麻软无力、疼痛难忍，手法之快、之灵、之巧、之狠，堪称一绝。当然，他在进攻中亦有防守，特别是薄弱环节，他防得特别严，至于发招在最猛烈的时候，预先总是放得特别松。他打招，常常使人非常难受，只要快招一出，总是连环击发，第一个动作打出，第二个、第三个……接二连三地就上来了，你如果有反应（防守），他就不在此处求，即刻却将进攻出现在另一个地方。你一招架，他就变，令你手忙脚乱，防不胜防。他说过，你这儿挡住我了，我不在这儿顶抗，却在别处打你，这时你挡的地方已失去了进攻的能力，你只剩防守了。这种积极主动的进攻，本身就是一种防守解脱，让你急于防我，手忙脚乱，就是我最大的自由和随心所欲。再譬如，侯先生的散手技法，亦常常是一打便是三招，一出手就是四五下。远拳、近肘、贴身靠；远踢、近膝、挨身肘；三节打人，脆快冷弹，出手似闪电，起腿快如风，在连环用招的同时，讲究手不空出，亦不空回，脚手并进。运动时手找手，脚找脚，各管各的事，分工明确。打人上头，脚下一定管住，也就是说，一旦挨着手，脚也一定吃住对方的下部，此时，不是别，就是踩；不是绊，便是缠；不是跪，就是挑，就是撩。也就是说，一旦出手向前的时候，腿同时已把对方下盘封锁得死死的，对方怎能有不栽之理。侯师还讲，三蹋不如一踩（可牵制对方全身），三屈不如一捷（两点间的直线最近）。所以，他在教徒弟们练习手脚配合的同时，下大力气练习“倒梭手”，就是练习两手快速地来回往返，“叭、嗒、叭、嗒”出击，像织布机的梭子一样，快速而准确地往返不断。此种手法的练习，非常适用于散打，出手时去是散手，着人成拳，尽量放长击远，弹力惯性自动收回。所以，此法除练习出手的弹性伸缩能力能有效地得到增强外，还极大地提高了出手速度。因此，在侯老先生的弟子中，大都擅长太极散手，出手速度都相当的快。也可能还是由于这一点，三合一太极拳的推手和散打在赵堡太极拳中都赫赫有名，这是众所周知的。

身知透悟　继承衣钵

太极神功，代有传人。刘先生习少林武功绝技，后练太极如虎添翼，四十余年练功不辍，通晓了太极推手、擒拿搏斗等技术。尤其是在赵堡拳的理论和分筋挫骨手法、冷脆快狠、连环用招、击发连环、颠起倒插、採拿折别、崩撞肘靠连珠炮动、凶狠无比的打法方面，堪称当今一绝，获得了“颇有声名、技艺独到”的称谓，完全继承了侯师之衣钵，展现了三合一太极拳的技击风采。

这一切除了和他的苦练不辍有关外，还应该归功于他对拳术理论在实践中的身知透悟，主要表现在对于松和沉的关系、以步带身和太极拳对劲力速度的要求等方面的理解。譬如在谈到松沉二字时，刘先生讲，现在好多人都讲究松，也讲究沉，但是把松讲究得太多，忽视了沉的讲究。“沉肩坠肘”较为恰当，如果你把肩真正沉下去了，那么你的肘肯定是松的、坠的，反之肯定不行。这就是说松要松在根，肩胯松透了，手臂和腿脚就灵活自如了。但是根部肩胯没有沉的动作，这种松的要求是做不到的。在散打中也是一样，沉就发，就打，你一沉，松便有了。在技击中谁松沉得好，谁就沾光，就是比看谁沉得快、松得好，灵活自如，随心所欲，当然就占上风。

“以步带身，以手领步”是三合一太极拳的一大特点，刘先生对此亦作了较为形象的描述。他说步子一领，身子就起来了，步的运动使整个身肢都随之移动，就好比一棵大树，把根迁移了，树枝没有不走之理。俗话说“教拳不教步，教步赢师傅”，赵堡太极拳无论是推手还是散手，许多奥秘就体现在他的步子上，如勾挂掏绊、缠跪挑撩、劈逼掰卷、踩踏蹬点，无不与步子的应用有关。把人以树作例，在实战中，只要步到了，那么手肯定已打上对方了。赵堡太极拳散手讲究鞭打劲，就是出手冷弹，收放自如，就是我之身体这个树干稍一抖摇，手臂和腿脚就像树枝一样会较大幅度地摆动，而且身体抖发劲力越足，手臂和腿脚的击力就越猛烈。树干摇动一寸，树枝会摇摆一尺，身子一抖前吊后抽，左扇右挂，这就是“以步带身，以手领步，处处动根”取胜的根本所在。

刘先生谈及心得时，他讲学艺一要明师，二要传，三要苦练，四要拳。特别是最后这个“拳”字，是技击运动的速度、力度、反应和爆发力的综合素质。这个综合素质就集中体现在一个“快”字上，表现在技击运动中的所谓“绝招”，其核心也是一个“快”，快到迅雷不及掩耳，闪电不及合眸，处处快于对方，总是抢先击中。子弹发射，可以穿透钢板，可子弹用手掷出，可能连纸板都击不穿，这其中就是速度在起作用，就是这个道理。所以说太极拳调架“缓慢”仅仅是它的一种练法，并不是目的。拳经讲“彼不动，己不动；彼微动，己先动”，后发先至，明确讲的就是速度。

作为侯老先生的衣钵传人，刘先生对他所继承的这门技艺内容和练法也毫不隐瞒。譬如说，此门除了有历代拳师们的拳经、拳论、歌诀、秘谱和七十五势拳架以及各种器械诸如滑杆、扎枪之类的对练、推手、散手外，其他内容也非常丰富。如桩功即有无极桩、太极桩、浑圆桩、控腿桩、实战桩。它的明暗手法有单鞭手、二云手、三接手、四箭手、五花手、六合手、七星手、八卦手、九宫手、迎面手、顺风手、折迭手、抓捏锁扣撮点手等。其上中下散八法则更具特色。上八法为掤捋挤按、採挒肘靠；中八法为起伏进退、反侧收纵；下八法为缠跪挑撩、劈逼挂蹬；散八法为脆快冷弹、随机应变。“採挒肘靠更惊奇”。对于此三合一太极拳来讲向下为採，向上为挒，满把攥为拿。採法有单手（採小关节）、双手（採大关节）施用，技法非常丰富，变化无穷。挒法主要是双手合用，有挒臂、挒颈、挒腰、挒膝之分。其肘法有窝心肘、顶肘、肋下肘、贯风肘、摁肘、挑肘、顶肘、弹肘、崩肘等。而且往往是综合性地交错使用。“宁挨一拳，不挨一肘”，肘的击打非常凶猛。更可怕的是在用肘的时侯，往往配合着下盘步子的勾挂扣摆连环，所以使对方被击很脆，干净利落。靠法也很多，如迎门靠、背折靠、窝心靠、侧身靠、肋下靠、斜行靠等，一般都和肘法配合使用，一般肘打出时，紧接着就是靠。比如，打一个顶肘，顶肘一打下去，马上就打迎门靠。侧身靠是我一肘打对方脸上，我这一肘横着打过去，紧接着来一个侧靠，侧身靠紧接着就是脚下的扫挂腿。这似乎已形成了一种下意识动作，配合得相当好。再比如，对方打直拳，我则打横肘，紧接着就是侧靠；对方上击，我挑架肘，紧接着便是窝心靠；我横截对方来手后，一般紧接着就打对方肋下靠或侧身靠。所以说，它的技法一般都“连珠炮响，三节打人”，不给人喘息之机，非常实用和有效。在练法上刘先生也透露了他的秘诀，那就是早练刚、中练快、晚练柔。先有招，后无招；无法之法乃为大法，要一法不舍，万法不立。由此，刘先生多次与各家太极拳高手交流切磋，鲜有败迹。

代表本门　登台献艺

作为一位武术名人、太极拳专家，1984年，刘先生应邀参加了电影《太极神功》的拍摄。在此过程中，突然有一天接到了恩师侯春秀的电话，在电话的那一头侯师焦急地说："晓凯！你快回来，西安成立武当赵堡太极拳研究会，人家要咱上台表演，我看还是你赶快回来代表咱这三合一门演示一下吧！"于是，他二话没说，给摄制组打了个招呼，便快马加鞭于当天下午赶到了位于社会路的某单位礼堂。当他到来时，整个礼堂已汇聚了许许多多的人，他看有赵堡大架子郑伯英先生的著名弟子、小架子郑悟清先生的著名弟子，再就是侯老师所率领的本门弟子，真是高手云集，难得一见啊！他想一定要不辜负恩师的厚望，给本门争光。他攒足了精神登台了，一趟拳架调得松柔自然，严谨细腻，舒展大方，飘逸洒脱，悠闲自得，形如长江大河，滚滚向前，相连不断，神似闲云野鹤悠然自得。紧接着演示的推手又是活如游龙，轻灵圆活，劲道千变万化，连珠运用，顺势借力，随机应变，动急则急应，动缓则缓随，发招快如风，劲力脆快冷弹，变幻莫测，博得了大家的一致好评，获得了经久不息的掌声。

由此刘先生声名远播，紧接着就有西安体育学院武术系专请他和他的老师拍摄赵堡三合一太极拳录像带，随之又联合师傅的女儿、女婿及儿子等一起献技。后由于侯师年事已高（85岁），身体有所不适，先是由侯师调了一趟架子，接下来的大部分技艺都由他率领师兄弟们完成。这盘像带虽时间不长，质量也不是特别理想，但作为时至今日侯老先生这一辈的高师，却是唯一能看到真人、实影、实技的东西，也是赵堡太极拳爱好者不可多得的珍贵藏品。

为了进一步弘扬赵堡三合一太极拳，陕西电视台第二套节目在1999年春节期间的黄金时段，专门制作和播放了为刘先生和他的拳术而拍摄的《凡人刘晓凯》《赵堡太极拳简介》两个专题片，使亿万观众有幸目睹了赵堡三合一太极拳和刘先生的武功风采。

在2000年来临之际，刘先生已作为全国的武术名人，与著名武术教授马贤达、著名武术教练白文祥一起进入了全国唯一的一个武术网站，向全国和全世界的人们介绍他和他所继承的赵堡三合一太极拳，使全世界的武术爱好者都有机会享受先辈们给我们留下的这一宝贵财富。

刘先生接着还有进一步的计划，那就是招集本门的师兄弟，成立一个三合一太极拳的专门研究机构，并亲自负责这项工作，进一步挖掘、整理，使之更加系统和完善，以慰恩师的在天之灵。

报效公安　第一教官

作为一个痴迷武术的技击迷，用其专长报效公安工作，成了刘先生义不容辞的责任。在参加公安工作的当时，除了自己努力练好武艺外，还常常指导和鼓动身边的同志积极练武。1981年在西安市公安局系统组织的专业擒拿格斗比赛中，刘先生一举夺得了散打和擒拿的第一名。由于有了如此显赫的成绩，即刻被市局聘请为擒拿、散打格斗总教练，负责了随后的多次警察专业擒拿格斗强化培训活动。如1982年于西安市南郊某劳改场训练处，带了2000多名警察训练，随后的1983年又带了七八百人，总数大约有三千多人，个个被训练得身手不凡。经他训练的这些人后来到基层，又各自培养了许许多多的公安民警，为维持社会治安，发挥了巨大的作用，这对于刘先生来讲，是功不可没的。正像市局宣传处的处长薜起才同志所讲："晓凯同志，从小酷爱武术，他从警以后，把中国传统的武术和警技紧密地结合了起来，勤勤恳恳，兢兢业业，既给中国武术增添了新的内容，又使警察的擒拿格斗技术有了新的发展，为警技工作做出了较大的贡献。"

挥毫泼墨　文武融通

在陕西武术界如此赫赫有名的刘晓凯先生，不仅在武术上出类拔萃，他在绘画艺术上的成就亦同样令人赞叹，这几乎和他在武术行当中取得的辉煌等值。1986年，他在西安美院拜刘宝申教授为师，专研海派花鸟，在学习中同时还受到美院肖焕、赵步唐、杨建兮等教授的悉习指导。1992年考入西安美院国画大专班。这期间，刘先生受益匪浅，他的作品在陕西省和西安市多次展出，并多次获得一等奖。1989年他被吸收为中国美术家协会陕西省分会会员，随之又被西安中国画院特聘为画家。2000年，《公安生活报》专题介绍警坛画家名人刘晓凯，他的作品被西安市公安局作为礼品馈赠公安部、文化部和全国29个省、市、自治区公安系统及有关单位，颇有影响。刘先生亦曾赠我一幅《金鸡图》，我细玩、品味他的佳作，从中发现其讲究"隐与显，虚与实，藏与露"，真和他演练太极拳一样变化无穷。他把太极拳中的刚柔相济、轻灵圆润的特点巧妙地运用到中国画大写意和花鸟创作中去了。当我把自己的这一感觉告拆他时，他会意地笑了，说："中国武术，一动无有不动、一静无有不静，动如江河，静如山岳。武术讲究虚实，画画讲究章法，亦讲虚实，画理与武理是相通的。"同时他还说，"画中道理画外求，拳内道理拳外求。"我这才一下子明白了，怪不得多年来他还能两项兼顾，同等发展，这都与他一贯坚持"博采人长，融会贯通"的主导思想有关啊。好一个画中道理画外求，这使得他创作花鸟笔墨酣畅，浑朴苍劲，刚中见柔，洒脱不羁，章法得当，意境深远，用笔豪放而徐疾有度，设色浓淡适中。由此，"精、气、神、技"不仅体现在他的拳术中，而且流露在他的画面上，拳精画亦好，一举两得。刘先生在公安战线工作已30多年了，愿他在这一特殊的岗位上为人民再立新功，谱写更加壮丽辉煌的人生篇章。

原载李万斌新浪博客

参考文献

[1] 顾留馨. 太极拳架与推手的关系［J］. 武术健身，1982（4）.
[2] 方宁. 谈太极拳功夫［J］. 武林，1982（12）.
[3] 陈小旺. 太极大杆［N］. 中国体育报，1983-01-08.
[4] 谷音，培良. 太极技击理论浅谈［J］. 武林，1983（8）.
[5] 冯国栋. 太极拳推手的"借力"［N］. 中国体育报，1983-11-19.
[6] 徐培良. 太极推手的劲力与发放［J］. 武林，1984（12）.
[7] 张裕庚. 太极推手的化与发［J］. 中华武术，1986（2）.
[8] 杨鸿尘. 杨氏太极拳之技击［J］. 精武，1986（3）.
[9] 孟乃昌. 太极"凌空劲"浅释［J］. 武林，1986（5）.
[10] 王西安. 练习陈式太极拳的三个阶段［J］. 少林武术，1986（5）.
[11] 蒋蛟. 谈谈化劲在推手中的作用［J］. 武林，1986（6）.
[12] 李雅轩. 谈太极推手［J］. 武林，1986（10）.
[13] 白云峰. 试论太极拳发展中的流弊［J］. 少林武术，1987（2）.
[14] 白云峰. 浅说进身·武术健身［J］. 1987（2）.
[15] 王善德. 太极拳松柔才是"正品"吗？［J］. 武魂，1987（2）.
[16] 陈固安. 研习太极拳劲法的体会［J］. 武术健身. 1987（4）.

[17] 张义敬. 发劲及其味道 [J]. 武术健身，1988 (5).
[18] 宁远. 记如意太极拳家石明 [J]. 中华武术，1988 (7).
[19] 童军. 太极拳的内劲、内气与内功 [J]. 少林与太极，1989 (1).
[20] 郭铁峰. 太极技击功夫 [J]. 精武，1989 (6).
[21] 王凤鸣. 冯志强在日本受欢迎 [J]. 武术健身，1990 (1).
[22] 于志钧. 太极拳大师吴图南先生谈太极拳之秘 [J]. 武当，1990 (2).
[23] 达斌. 太极拳名师冯志强 [J]. 武术健身，1990 (2).
[24] 蒋家俊. 太极拳推手的力与巧 [J]. 武林，1990 (3).
[25] 陈固安. 武式太极拳推手的特点 [J]. 武林，1990 (3).
[26] 马国相. 有感于“太极十年不出门” [J]. 少林与太极，1990 (6).
[27] 王洁. 杨式太极拳揉手规矩杂谈 [J]. 中华武术，1990 (6).
[28] 宏斌. 求实、求真——太极拳剑及推手研讨会侧记 [J]. 中华武术，1990 (6).
[29] 刘鹏. 推手形成的条件发射及效果 [J]. 武魂，1991 (2).
[30] 江波泳. 退圈柔化是太极拳临战散打的基本接手法 [J]. 武当，1991 (3).
[31] 周有道. “顶牛”与“抱摔”是太极推手的通病 [J]. 武林，1991 (5).
[32] 阮纪正. 试谈太极拳的劲路系统 [J]. 武林，1991 (5).
[33] 赵力. 推手不等于实作——兼答李选民先生 [J]. 精武，1991 (6).
[34] 严翰秀. 四两拨千斤　耄耋能御众——记吴式太极拳嫡系传人马岳梁 [J]. 武林，1991 (9).

[35] 傅钟文. 推手得有深厚的练拳功夫 [J]. 武术健身，1992（1）.
[36] 史凤歧. 大成拳发力之秘 [J]. 精武，1992（1）.
[37] 李照山. 大成拳内劲场及其训练 [J]. 精武，1992（1）.
[38] 赵祯永. 也谈太极拳"打实不打虚" [J]. 精武，1992（1）.
[39] 马岳梁. 吴式太极拳推手入门 [J]. 武术健身，1992（2）.
[40] 王荣泽. 谈"刻刻留心在腰间" [J]. 武术健身，1992（2）.
[41] 张卓星. 太极拳培养体力的探讨 [J]. 武术健身，1992（2）.
[42] 严翰秀. 访永年武式太极拳传人李锦藩 [J]. 武术健身，1992（2）.
[43] 阮纪正. 武术——中国人的存在方式 [J]. 武术健身，1992（2）.
[44] 冯志强，潘厚成. 陈式太极拳的技击功夫 [J]. 武术健身，1992（2）.
[45] 赵力. 再谈推手不等于实作 [J]. 精武，1992（3）.
[46] 王荣泽. 析"引进落空合即发" [J]. 武术健身，1992（3）.
[47] 乔熛. 谈太极推手的自身规律 [J]. 少林与太极，1992（3）.
[48] 张东武. 太极推手的时间差与角度 [J]. 少林与太极，1992（3）.
[49] 马岳梁. 谈推手的八门五步 [J]. 武术健身，1992（3）.
[50] 赵道新. 论爆发 [J]. 武魂，1992（3）.

[51] 冯志强，王凤鸣. 推手“问劲”有火候 [J]. 武术健身，1992 (3).
[52] 韩建中. 擒拿格斗中的手与手法 [J]. 武魂，1992 (6).
[53] 魏文蒲. 浅析叉合力摔法 [J]. 武术健身，1992 (6).
[54] 复生子. 武当龙门拳综 [J]. 精武，1994 (1).
[55] 赵祯永. 夺位与放人 [J]. 精武，1995 (3).
[56] 李万斌. 采拿跌掷　冷脆狠准——武当赵堡侯氏三合一太极拳技法简介 [J]. 中国太极拳，1995 (4).
[57] 高臣，于汶水. 意拳与人体仿生学 [J]. 武魂，1995 (6).
[58] 郭铁峰. 一发莫比毒 [J]. 精武，1995 (7).
[59] 孙南馨. 大成拳的站桩试力和发力 [J]. 武林，1995 (7).
[60] 马虹. 论用意——关于太极拳的内功之三 [J]. 武林，1995 (9).
[61] 王荣泽. 太极拳的呼吸与功力 [J]. 精武，1995 (9).
[62] 王荣泽. 太极拳教师的遗憾 [J]. 精武，1995 (10).
[63] 付涛. 我看中华武术 [J]. 精武，1996 (3).
[64] 王荣泽，陈学明. 太极拳的力、劲、意 [J]. 精武，1996 (3).
[65] 王荣泽. 太极拳解惑 [J]. 精武，1996 (6).
[66] 张东宝. 学会用身体去听 [J]. 武魂，1996 (9).
[67] 李德新. 入门先找形 [J]. 武林，1996 (10).
[68] 王荣泽. 耄耋何以御众 [J]. 精武，1997 (1).
[69] 马原年. 力从何处求，巧从何处得 [J]. 武魂，1997 (3).
[70] 马国相. 太极推手的战术运用 [J]. 中华武术，1997 (3).
[71] 马相国. 太极拳的技击要素 [J]. 中华武术，1997 (7).
[72] 韩康. 灵在太极拳中的作用 [J]. 中华武术，1997 (7).

[73] 张迎忠. 太极拳的练力程序 [J]. 中华武术，1997（11）.
[74] 张迎忠. 练太极拳应研究时速问题 [J]. 搏击，1997（12）.
[75] 林肇仑. 推手——从基础向实战技击过渡的阶段性练功方法 [J]. 武魂，1997（12）.
[76] 刘东晨. 李小龙与阿里谁强 [J]. 精武，1998（1）.
[77] 马胜利. 心意六合拳内劲的构成 [J]. 武当，1998（1）.
[78] 高臣，高华新. 论“一触即爆发，炸力无断续” [J]. 武当，1998（1）.
[79] 高龙骏. 形意母拳应用法则 [J]. 武当，1998（1–5）.
[80] 王芗斋. 大成拳论 [J]. 武当，1998（1–6）.
[81] 张广玉. 什么是中国功夫 [J]. 武魂，1998（2）.
[82] 张全亮. 天下武术是一家 [J]. 武魂，1998（2）.
[83] 谭全亮. 心意六合拳拳艺“意法” [J]. 武魂，1998（2）.
[84] 熊征. 太极拳百家言 [J]. 精武，1998（3）.
[85] 马国相. 太极拳技击出路在何方 [J]. 精武，1998（3）.
[86] 浦汉健. 太极拳的掷抛与击打 [J]. 精武，1998（3）.
[87] 严翰秀. 武禹襄的“身知” [J]. 精武，1998（3）（5）.
[88] 王荣泽. 太极推手、断手、散手之别 [J]. 武魂，1998（4）.
[89] 韩建中. 以巧破千斤，千斤力在后 [J]. 武魂，1998（5）.
[90] 张红. 寂寞英雄——李小龙阐释截拳道的技击将武术推向世界的第一人 [J]. 精武，1998（6）.
[91] 马虹. 拳法之妙在于运动 [J]. 武林，1998（7）.
[92] 姚继祖. 初学推手四要 [J]. 武当，1998（7）.
[93] 韩建中. 如何练好搏击功夫 [J]. 武魂，1998（7）.
[94] 罗名花. 蒙目训练——推手训练的有效方法 [J]. 武魂，1998（7）.
[95] 弘福. 截拳道理论基础探源 [J]. 精武，1998（8）.

[96] 廖翔，关心. 劲——武林之魂 [J]. 精武，1998 (10).
[97] 罗名花. 推手听劲感知的有效方法——蒙目训练 [J]. 精武，1998 (10).
[98] 熊征. 剑宗乎？气宗乎？——谈招与力的关系 [J]. 精武，1998 (12).
[99] 李万斌. 理清概念、悟透真经——太极先辈练功启示 [J]. 精武，1999 (5).
[100] 李达彪，王荣泽. 太极拳的“吞吸” [J]. 武魂，1999 (10).
[101] 陈立新. 一博二通三精四能——明师的四个特点 [J]. 武魂，1999 (11).
[102] 张迎忠. 论太极拳的攻防 [J]. 中华武术，1999 (11).
[103] 郭荣军. 装意卸力 [J]. 武魂，1999 (1).
[104] 陈太平. 勿轻言超越 [J]. 武魂，2000 (1).
[105] 高峰. 实战武术心法注解 [J]. 搏击，2000 (1).
[106] 佚名. 推手中的丢与顶 [J]. 中华武术，2000 (1).
[107] 马国相. 陈式太极拳技击要素 [J]. 精武，2000 (1).
[108] 郭福厚. 心知不如身知，非身知不能真知——说太极拳推手训练 [J]. 武魂，2000 (1).
[109] 马明达. 八极短拳，七刚三柔 [J]. 武林，2000 (6).
[110] 李万斌. 内家拳心理暗示与发声增力 [J]. 精武，2000 (10).
[111] 罗红元. “四两拨千斤”与“以弱胜强”的实质 [J]. 武林，2000 (1).
[112] 洪意. 武道文谈——浑圆门武学宗师王安平先生访谈录 [J]. 武林，2000 (12).

[113] 高翔. 七仙形擒拿术实战要则及难关 [J]. 搏击，2001（1）.
[114] 浦汉健. 传统太极拳的文练与武练 [J]. 武魂，2001（10）.
[115] 罗红元，彭仕青. 太极拳的慢练快用 [J]. 武林，2001（10）.
[116] 张永明，张霞. 太极拳技击的负重练习 [J]. 精武，2001（11）.
[117] 蒋家骏. 太极拳打手的力与巧——太极拳打手的理论与实践 [J]. 武林，2002（2）.
[118] 陈太平. 太极拳能否用于实战？ [J]. 武魂，2002（4）.
[119] 妥木斯. 太极拳的技击也是大力打小力，手慢让手快 [J]. 武魂，2002（4）.
[120] 严翰秀. 剑磨十年锋更亮——记武式太极拳传人乔松茂 [J]. 武魂，2002（4）.
[121] 李紫剑. 发力的原理法则和方式 [J]. 武魂，2002（5）.
[122] 高翔. 七仙拳打击劲力蓄发秘窍 [J]. 武当，2002（6）.
[123] 王志远. 太极劲力解 [J]. 武当，2002（7）.
[124] 王殿祯. 浅谈太极大杆子 [J]. 武魂，2002（7）.
[125] 孙友恒. 说说洛阳心意拳 [J]. 武魂，2002（8）.
[126] 吴澹，陈建南，赵蕾. 杨氏褚（桂亭）架太极拳推手技法 [J]. 武魂，2002（8）.
[127] 陈太平. 如何训练太极推手 [J]. 武魂，2002（9）.
[128] 杨金堂. 太极大师陈固安先生论听、引、化、拿、发 [J]. 少林与太极，2002（9）.
[129] 马国相. 太极拳的技击技术四要 [J]. 中华武术，2002（10）.

[130] 王凤阳，王凤朝. 感知武术推手——科学原理辨听劲[J]. 中华武术，2002（10）.

[131] 贾志浩，寿关顺. 谈太极技击功夫[J]. 武魂，2002（12）.

[132] 张德学，张闻宇. 浅谈太极元功拳的借力打人[J]. 武当，2002（12）.

[133] 一叶. 太极拳的练与用[J]. 武魂，2003（2）.

[134] 聂志勇. 感受“武术推手”[J]. 武魂，2003（3）.

[135] 王凤阳，赤宪明，王凤朝. 武术推手用力与不用力辨析[J]. 武魂，2003（5）.

[136] 李万斌. 谈太极拳技击训练方法[J]. 武当，2003（7）.

[137] 聂志刚. 大成拳推手要领[J]. 武当，2003（8）.

[138] 戎象耕. 四梢新解[J]. 武魂，2003（9）.

[139] 岵栳. 学练太极拳随笔[J]. 武魂，2003（9）.

[140] 向道. 个性武技之胆量训练[J]. 精武，2003（9）.

[141] 张立成. 练拳练功艺更精[J]. 精武，2004（4）.

[142] 谢永广. 姚承光先生谈意拳推手[J]. 武魂，2004（5）.

[143] 岵栳. 学练太极拳随笔——舍己从人[J]. 武魂，2004（5）.

[144] 王志强. 谈形意拳的劲[J]. 武魂，2004（6）.

[145] 岵栳.“学练太极拳随笔”一文[J]. 武魂，2004（7）.

[146] 徐世魁，张迎忠. 技击性太极拳应当加负荷[J]. 中华武术，2005（2）.

[147] 李万斌. 传统武术技击特点[J]. 武当，2005（9）.

[148] 王荣泽，蔡金明. 失重——利用体重力的推手[J]. 少林与太极，2005（11）.

[149] 驾照报. "来回劲"与"反弹力"[J]. 武魂，2006（2）.
[150] 王修雨. 他为什么只会练拳，不会用[J]. 少林与太极，2006（2）.
[151] 王荣泽. 改造利用僵劲拙力[J]. 少林与太极，2006（9）.
[152] 岵栳. 太极拳也是大力打小力[J]. 武魂，2006（12）.
[153] 韩起. 欲知拳滋味，始由对抗起——重读《道新拳论》[J]. 精武，2007（11）.
[154] 邓声韶. 随荣华丰老师学推手[J]. 武魂，2008（1-8）.
[155] 韩起. 短期训练后，就要以对抗训练为主——重读《道新拳论》[J]. 精武，2008（1）.
[156] 韩起. "逆思维"格斗训练与运动训练[J]. 搏击，2008（2-5）.
[157] 韩起. 提高身体素质就是练功夫——重读《道新拳论》[J]. 精武，2008（4）.
[158] 王荣泽. 坚韧关节——"老牛劲"推习[J]. 中华武术，2008（8）.
[159] 韩起. 为什么说"没有对抗训练的拳术就是假拳"[J]. 搏击，2009（8）（10）、2010（3-8）、2011（7）.
[160] 刘习文. 杨氏太极拳大、中、小架推手大观[J]. 武魂，2010（2）.
[161] 萧淳元. 我到大陆学太极——记刘习文老师及所传太极拳艺[J]. 武魂，2012（1）.
[162] 陈炎林. 太极拳刀剑杆散手合编[M]. 上海书店，1988.
[163] 吴孟侠，吴兆峰. 太极拳九诀八十一式注解[M]. 北京：人民体育出版社，1958.

[164] 辞海 [M]. 上海：上海辞书出版社，1979.
[165] 刘晚苍，刘石樵. 太极拳架与推手 [M]. 上海：上海教育出版社，1980.
[166] 顾留馨. 太极拳术 [M]. 上海：上海教育出版社，1982.
[167] 张义敬. 太极拳理传真 [M]. 重庆：重庆出版社，1986.
[168] 方金辉，等. 中华武术辞典 [M]. 合肥：安徽人民出版社，1987.
[169] 张长龄，李光藩. 太极传奇 [M]. 北京：中国民间文艺出版社，1987.
[170] 彭卫国. 中华武术谚语 [M]. 北京：电子工业出版社，1988.
[171] 王培生. 太极拳的健身和技击作用 [M]. 北京：人民日报出版社，1988.
[172] 罗红元，古岱娟. 太极拳技理与训练 [M]. 广州：广东高等教育出版社，1988.
[173] 姚宗勋. 意拳 [M]. 北京：北京体育学院出版社，1989.
[174] 汪永泉，魏树人，齐一. 杨式太极拳述真 [M]. 北京：人民体育出版社，1990.
[175] 康戈武. 中国武术实用大全 [M]. 北京：今日中国出版社，1990.
[176] 马贤达. 中国武术大辞典 [M]. 北京：人民体育出版社，1990.
[177] 于志均. 杨式小架太极拳 [M]. 北京：北京体育学院出版社，1991.
[178] 王宗岳，沈寿. 太极拳谱 [M]. 北京：人民体育出版社，1991.

［179］李万斌，罗名花. 太极拳技击实践［M］. 西安：陕西科学技术出版社，1992.

［180］严翰秀. 太极拳奇人奇功［M］. 北京：人民体育出版社，1996.

［181］于志钧. 杨式太极拳小架及其技击应用［M］. 北京：北京体育大学出版社，2001.

［182］瞿世镜. 杨氏太极两岸一家［M］. 上海：上海古籍出版社，2011.

［183］陈太平. 太极拳练什么［M］. 北京：新世界出版社，2012.

［184］薄家骢. 意拳索钥——意拳（大成拳）进阶与点窍［M］. 北京：人民体育出版社，2013.

［185］李师融，李万斌，刘晔挺. 太极拳源流与发展研究［M］. 台湾：逸文武术文化有限公司，2012.

［186］李万斌. 武当赵堡太极拳技击秘诀［M］. 台湾：逸文武术文化有限公司，2014.

［187］李万斌. 武当张三丰承架太极拳［M］. 香港：心一堂有限公司，2015.

［188］李万斌. 太极拳技击研究［M］. 北京：人民体育出版社，2016.

互联网上的有关内容，在此一并表示感谢！